Erinnerungen und Perspektiven

Evangelische Frauen in Baden 1916–2016

Mit Grussworten von Jochen Cornelius-Bundschuh,
Bärbl Mielich und Axel Wermke

Im Auftrag der Evangelischen Frauen in Baden
herausgegeben von Anke Ruth-Klumbies
und Christoph Schneider-Harpprecht

EVANGELISCHE VERLAGSANSTALT
Leipzig

Bibliographische Information der Deutschen Nationalbibliothek
Die Deutsche Nationalbibliothek verzeichnet diese Publikation in der Deutschen Nationalbibliographie; detaillierte bibliographische Daten sind im Internet über http://dnb.dnb.de abrufbar.

Printed in Germany · H 8064

Das Buch wurde auf alterungsbeständigem Papier gedruckt.

Cover: Zacharias Bähring, Leipzig
Coverbild: Marie Luise Marschall von Bieberstein (1916–1934 Vorsitzende des Evangelischen Frauenverbandes für Innere Mission in Baden), bearbeitete Fotografie © Martina Bocher, ekiba.de
Satz: Steffi Glauche, Leipzig
Druck und Binden: Hubert & Co., Göttingen

ISBN 978-3-374-04417-7
www.eva-leipzig.de

Vorwort Festschrift

Mitten in den Wirren des Ersten Weltkrieges, am 12. Juli 1916, begrüßte »Ihre Königliche Hoheit – Großherzogin Luise« – die anwesenden Damen aus 50 diakonisch-kirchlichen Frauenvereinen, die sich zur Gründung des Evangelischen Frauenvereins bei Karlsruhe zusammenfanden mit den Worten: »Geschmiedet in schwerer Zeit, aber geschmiedet in Liebe.« Alkoholmissbrauch, Prostitution, Sittenverfall, christlich-moralische Verwahrlosung waren damals die Gründe zum Zusammenschluss. Die Gründung erfolgte, zwei Jahre bevor Frauen in Deutschland das aktive und passive Wahlrecht zuerkannt wurde. Den Vorsitz der neu gegründeten Vereinigung übernahm Marie von Marschall, eine geborene von Gemmingen, die dem Kraichgauer Adelsgeschlecht angehörte, das sich früh im 16. Jahrhundert der Reformation angeschlossen hatte. Die adligen und bürgerlich-kirchlichen Frauen übernahmen mutig Verantwortung und boten Hilfsangebote, Bildung und spirituelle Nahrung an. Bis heute bestimmt dieser weibliche Dreiklang von Diakonie, Bildung und Spiritualität die Arbeit der Evangelischen Frauen in Baden. Zwei Jahre später, 1918, wurde die Evangelisch-Soziale Frauenschule in Freiburg gegründet – die Vorläuferin der heutigen Evangelischen Hochschule in Freiburg.

Im Jahr 2016 blickt die Evangelische Landeskirche in Baden auf 100 Jahre bewegende und erfolgreiche Frauenarbeit zurück. Die Evangelischen Frauen in Baden verknüpfen mit diesem Jubiläum eine klärende Rückschau und damit verbunden einen impulsgebenden Aufbruch in eine neue Phase der Partizipation und Vernetzung von Frauen und Kirche in Baden.

Viele Aspekte der Geschichte der evangelischen Frauen in Baden liegen im Dunkeln. Die Arbeit geschah in der Stille oder es gab keine ausreichende Gelegenheit, sie zu dokumentieren. Der Blick auf die historischen Ursprünge der badischen Frauengeschichte zeigt die vielfältigen Wurzeln frauenkirchlichen Handelns auf, die sich jeweils beziehen auf die Bereiche der Diakonie, der Frömmigkeit und der Bildung. Die vorliegende Festschrift erinnert an die prägenden Zeiten und Persönlichkeiten des evangelischen Frauenengagements in der Badischen Landeskirche, entwickelt neue Perspektiven kirchlichen Frauenhandelns und stellt zukunftsweisende Frauenformate vor. Sie nimmt eine Standortbestimmung evangelischer Frauengeschichte in Baden vor, die sich der kirchlich-theologischen Frauenforschung verpflichtet weiß. Es gilt, das Tätig-Sein und Handeln von Frauen der Badischen Landeskirche in der zurückliegenden 100-jährigen Geschichte sowohl sichtbar zu machen als auch kritisch und differenziert zu würdigen. Mit der Festschrift soll ein Beitrag geleistet werden zu einer nachhaltigen weiblichen Erinnerungskultur, die den Fragen nach Wandlungen und Kontinuitäten von Arbeitsfeldern des evangelischen Frauenengagements nachgeht.

Die Gründung der Frauenarbeit in der Badischen Landeskirche, mitten im Ersten Weltkrieg, war ein Meilenstein in einer Geschichte der sozialen Positionierung von Frauen in der Gesellschaft und auf ihrem Weg zur Gleichberechtigung und Gleichstellung. Die Initiative kam aus dem Adel und dem Bürgertum. Im Hintergrund standen jedoch der Freiheitsimpuls der Reformation und die zum evangelischen Christsein gehörende soziale Verantwortung. Die Bewegung der Frauenemanzipation im 19. Jahrhundert kann teilweise als eine späte Frucht der evangelischen Freiheit gewertet werden, die Jahrhunderte vorher ausgesät wurde. In der Inneren Mission und dem kirchlichen Vereinswesen hat sie eine eigene Ausprägung gefunden, die mit den Diakonissen, aber auch in zahlreichen Frauengruppen, die sich in den Gemeinden gebildet haben, besondere Räume für Frauen eröffnete. Die soziale Not von Frauen, ihre erkennbare Benachteiligung, aber auch die Entfremdung breiter Schichten von Kirche und Glauben machten die weitere Selbstorganisation der Frauen in der Kirche dringlich. Die Gründung der Evangelisch-Sozialen Frauenschule in Freiburg ging mit der Selbstorganisation der Frauen in der Kirche einher. Durch sie wurde die Tür geöffnet für eine eigenständige Berufstätigkeit von Frauen als Fürsorgerinnen. Die Evangelischen Frauen in Baden waren von ihrer Gründung an eine Bildungsbewegung und eine diakonische Bewegung. Sie leisteten einen Beitrag zur Professionalisierung von Frauen und damit zu ihrer Verselbstständigung. Sie kümmerten sich dabei zugleich um die Verbesserung der Situation von Frauen, besonders der Mütter in den Familien. Die Evangelischen Frauen in Baden sind in den 100 Jahren ihrer Geschichte in allen Gesellschafts- und Bildungsschichten verwurzelt. Bis heute zeigt sich, dass sie auf dem Land und in der Stadt viele Frauen einbeziehen, zur sozialen Vernetzung, zur Stärkung, zur Vertiefung des Glaubens, aber auch zur ethischen und politischen Meinungsbildung beitragen. Die Evangelischen Frauen verbinden lokale Verwurzelung, die Orientierung am sozialen Auftrag des Evangeliums von Jesus Christus mit einer großen, weltweiten Offenheit.

Der vorliegende Band versammelt 17 interdisziplinäre Beiträge aus Theologie, Geschichtswissenschaft, Soziologie und Gender-Studies zur Geschichte der evangelischen Frauenarbeit in Baden und deutschlandweit. Der Band liefert einen kritischen Beitrag zur historischen Debatte kirchlicher Frauengeschichte (I Erinnern) und gibt Einblicke in die Aufgabenfelder der Evangelischen Frauen (II Einblick). Er macht auf die bleibende Relevanz von Frauenarbeit aufmerksam, entwickelt Perspektiven für das künftige Handeln und zeigt Potenziale für neue Anfänge (III Perspektiven). Autorinnen wie Ute Gause, Renate Kirchhoff, Irmgard Schwaetzer und viele andere vergegenwärtigen die wechselvolle Geschichte der badischen evangelischen Frauenarbeit von ihren Anfängen 1916 bis in die Gegenwart. Ein Anhang dokumentiert die Namen der ehrenamtlichen Vorsitzenden, der hauptamtlichen Geschäftsführerinnen und der Leiterinnen der Geschäftsstelle. Eine Chronologie der Evangelischen Frauen in Baden gibt einen Überblick zu den wichtigsten Stationen ihrer Geschichte.

Frauen sind über sich selbst hinausgewachsen, um ihre Stimme zu erheben, um als Pfarrerinnen tätig sein zu können, um anderen in schweren Zeiten beizustehen, um dem Frieden zu dienen, um Theologie feministisch zu denken, um für Frauenrechte zu kämpfen, um die weibliche Freiheit des Evangeliums stark zu machen. Der Titel der Festschrift »Über mich hinaus [...]« möchte daran erinnern mit vielfältigen Beiträgen unterschiedlicher Autorinnen und Autoren aus Wissenschaft, Kirche und Gesellschaft: »Über mich hinaus« denken, handeln, beten, singen Frauen in Kirche, Diakonie und Gesellschaft. Die Geschichte der Evangelischen Frauen in Baden ist eine beeindruckende Ehrenamtsgeschichte und zugleich eine bewegende Geschichte der Professionen von den Theologinnen bis zu den Religionspädagoginnen. Mit der Kraft der Tradition wollen sich die Evangelischen Frauen in Baden mutig in die Gegenwart begeben.

Zur Erinnerung gehört auch der Dank an Gott und die Menschen für alles, was bei den Evangelischen Frauen gewachsen ist, für die Frauen, die in den Gemeinden und in der Leitung gewirkt haben, für die Vielzahl der Projekte und Initiativen. Ein besonderer Dank gilt der Badischen Landeskirche für die Möglichkeit der Realisierung dieser Festschrift und der Evangelischen Verlagsanstalt, insbesondere Frau Dr. Annette Weidhas, für das Vertrauen und die kompetente Begleitung.

Anke Ruth-Klumbies
Kirchenrätin

Prof. Dr. Christoph Schneider-Harpprecht
Oberkirchenrat

Grussworte

Liebe Evangelische Frauen in Baden,
zum Jubiläum »100 Jahre Evangelische Frauen in Baden« gratuliere ich herzlich. Ich freue mich mit Ihnen über diesen lebendigen Zweig unserer Kirche. Vor 100 Jahren haben sich über fünfzig Frauenvereine aus Gemeinden und Bezirken in Baden zusammengeschlossen, um ihre vielfältigen Aufgaben und Initiativen zu bündeln und um der Stimme der evangelischen Frauen ein stärkeres Gewicht zu verleihen. Seitdem haben Sie durch Ihre engagierte Arbeit und Ihre Impulse unsere Landeskirche geprägt und mitgestaltet. Sie haben die »Männerkirche« herausgefordert: Wie männlich ist Gott? Was heißt in der Theologie gerechte Sprache? Beten Frauen anders, feiern sie andere Gottesdienste? Das Gespräch über diese Fragen hat unser theologisches Nachdenken vertieft, unseren Horizont erweitert und unsere Kirche entscheidend verändert und erneuert. Sie haben das alles im Horizont gesellschaftlicher Veränderungen getan, die Sie aufmerksam wahrgenommen und unserer Kirche einen Zugang dazu eröffnet haben. Sie haben Impulse gesetzt im sozialdiakonischen Bereich, in der Bildung und Ausbildung von Frauen, im Engagement für Gerechtigkeit, Frieden und die Bewahrung der Schöpfung. Für all das danke ich Ihnen im Namen unserer Landeskirche sehr herzlich und bitte Sie, gehen Sie Ihren Weg weiter, wir brauchen Sie.

Drei Dinge beeindrucken mich bei den Begegnungen mit den Evangelischen Frauen in Baden besonders:

Das Interesse und die Freude am Evangelium. Sie zeigen sich in der Ernsthaftigkeit und Konzentration, mit denen bei den Evangelischen Frauen Bibeltexte gelesen und erarbeitet werden, im Frauenkreis in der Gemeinde, in der Vorbereitung und im Feiern des Frauensonntags und des Weltgebetstags, bei feministisch-theologischen Werkstätten und auch im interreligiösen Gespräch mit Frauen anderer Religionen.

Die Verlässlichkeit und Treue des Engagements. Die ehrenamtlich Tätigen tragen die (Frauen-)Arbeit und übernehmen Verantwortung in den Gemeinden, auf Bezirks- und landeskirchlicher Ebene; viele seit Jahren und Jahrzehnten. Sie bilden die Basis. Auch wenn sich ehrenamtliches Engagement in den letzten Jahren deutlich verändert hat. Oft sind es die Frauen, die tatkräftig und kreativ Ideen entwickeln, wo Schwierigkeiten zu meistern sind, die neugierig und mit Begeisterung Neues wagen, Grenzen überschreiten, sich vernetzen, neue Formen des Engagements an anderen Orten erfinden.

Die Aufmerksamkeit und Achtsamkeit für die Nöte und Herausforderungen unserer Zeit, für die Schwachen und Schutzbedürftigen. Das waren vor 100 Jahren z. B. die durch Krieg, Flucht, Krankheit und Armut erschöpften Frauen oder die, die keine Chance für eine qualifizierte Ausbildung hatten. Das sind heute Frauen (und Männer), die durch die Mehrfachbelastung in Familie, Beruf und Sorge für pflegebedürftige Angehörige belastet sind und Unterstützung brauchen. Es sind Frauen, die ohne Wohnung sind, von Altersarmut bedroht oder als Schutzsuchende hier leben. Hier engagieren sich die Evangelischen Frauen mit anderen, bringen ihre Erfahrung und Know-how ein …

Ich danke Ihnen allen für dieses vielfältige Engagement von Herzen. Ich hoffe für unsere Landeskirche, dass die Evangelischen Frauen auch in Zukunft mit Freude am Evangelium, mit Verlässlichkeit und Treue, mit einem wachen und einfühlsamen Blick Kirche und Gesellschaft mitgestalten. Den Evangelischen Frauen wünsche ich dafür Kraft und Würde, Humor und Eigensinn und über und in allem Gottes Segen.

Landesbischof Prof. Dr. Jochen Cornelius-Bundschuh

»100 Jahre erlebte, erfahrene und gestaltete Frauengeschichte – darauf können die Evangelischen Frauen in Baden wirklich stolz sein. Hervorgegangen – angesichts der unbeschreiblichen Not sicher nicht zufällig – im Kriegsjahr 1916 aus über fünfzig selbstständigen Frauenvereinen, haben sich die Mitglieder von Anfang an um soziale und kirchliche, aber auch um kommunale und politische Aufgaben und Themen gekümmert. Schlechte Arbeitsbedingungen, Missbrauch, Prostitution, das Verhältnis zu den Männern auf allen gesellschaftlichen und politischen Feldern standen schon damals im Mittelpunkt der Arbeit. Die Evangelischen Frauen stellen sich seit 100 Jahren den – nicht nur frauenpolitischen – Herausforderungen ihrer Zeit. Heute wie damals. Gäbe es sie nicht, man müsste sie erfinden. Für die Zukunft wünsche ich alles erdenklich Gute, Zuversicht und das Gelingen Ihrer vielfältigen Aufgaben!«

Bärbl Mielich MdL, Staatssekretärin im Ministerium für Soziales und Integration Baden-Württemberg

»Zwar sind die Leitungsorgane unserer Pfarreien, Kirchenbezirke und auch der Landeskirche überwiegend mit Männern besetzt – was sich gerne ändern darf –, doch die Arbeit vor Ort vor allem im ehrenamtlichen Bereich wird in unserer Kirche vorwiegend von Frauen getragen, und dafür dürfen wir sehr danken. Und es ist an der Zeit, hierfür auch einmal sehr offiziell all den engagierten Frauen selbst zu danken. Und dazu ist sicherlich das Jubiläum der Frauenarbeit in unserer Landeskirche ein geeigneter Ort. Ich wünsche meiner Kirche und all ihren Kreisen und Gremien von Herzen eine weiter so engagierte Mitarbeit unserer weiblichen Mitglieder, die doch in vielen Dingen auf ganz andere Art Anteil nehmen und Gedanken einfließen lassen und sich einbringen.

Alles Gute zum Jubiläum und Gottes Segen für Ihre weitere Arbeit!«

Axel Wermke,
Präsident der Landessynode der Evangelischen Kirche in Baden

Inhalt

I Erinnern

II Einblick

III Perspektiven

I Erinnern

Geschichte evangelischer Frauen – Wahrnehmung und Perspektiven

Ute Gause

In der kirchengeschichtlichen Forschung der letzten zwanzig Jahre ist die Geschichte der evangelischen Frauen in vielerlei Hinsicht und unter vielerlei Aspekten aufgearbeitet worden: Eine Fülle von Monographien, Sammelbänden und Aufsätzen lässt, um das gleich vorab zu resümieren, eine nicht nur vorläufige Bilanz zu: Hatte in den 70er Jahren des 20. Jahrhunderts zunächst stark die These reüssiert, dass Frauen als Unterdrückte und Opfer anzusehen seien, so zeigen die neueren und neuesten Forschungen deutlich, dass nicht allein die Kategorie »gender« für sich genommen und ausschließlich die gesellschaftliche Rolle bestimmt, sondern dass die soziale Zugehörigkeit (»class«) ebenfalls von großer, wenn nicht sogar entscheidenderer Bedeutung ist. So hatte eine adlige Frau des 16. Jahrhunderts stets Gestaltungsräume, die leibeigene Bauern – um das etwas holzschnittartig zu illustrieren – selbstverständlich nie erlangen konnten. Die Forschungen jedenfalls der letzten beiden Jahrzehnte zeigen mindestens, dass evangelische Frauen durch die Jahrhunderte hindurch gestaltend und literarisch bzw. theologisch hervorgetreten sind, und dies meist im Sinne der herrschenden gängigen Frömmigkeitsformen. Das heißt, im 16. Jahrhundert dominiert die Rezeption der Theologie Luthers, im 17. die der Orthodoxie und im 18. die des Pietismus. Eine Pluralisierung setzt im 19. Jahrhundert ein, wobei das diakonische Engagement der evangelischen (und katholischen) Frauen analog zur Entstehung der Inneren Mission einen Schwerpunkt bildet. Losgelöst aus einem solchen breiteren Mainstream erfolgen erhebliche Diversifizierungen der theologischen und kirchlichen Positionen von Frauen und schließlich auch ihres Rollenbildes seit dem 20. Jahrhundert.

Der folgende Beitrag will diese Entwicklungen an einigen Beispielen illustrieren und versucht anhand einiger theologisch arbeitender Frauen, deren Theologie zu umreißen sowie zumindest Seitenblicke auf die Alltagsfrömmigkeit und das religiöse Alltagsleben zu werfen. Bewusst wird der Akzent auf das 16. und das 20. Jahrhundert gelegt. In den Anfängen der Reformation schlägt sich einerseits das Selbstverständnis der Anhängerinnen in dezidierten Stellungnahmen nieder; im 20. Jahrhundert erlangen die evangelischen Frauen durch den Zugang zum Pfarramt die rechtliche Gleichstellung. Genderaspekte bleiben nicht völlig ausgeblendet, insofern das Konzept der »Priesterehe« als neuartiges Modell der Reformation den Pfarrer als verheirateten Mann auf dieses Rollenbild und neue Rollenerwartungen verpflichtet sowie als geschlechtliches Wesen akzeptiert. Analog dazu wird für das 20. Jahrhundert zumindest die veränderte Sexualethik der evangelischen Kirche skizziert, die ebenfalls Veränderungen für die Rollenbilder und -erwartungen impliziert.

1 Schrift und Gewissen – das Jahrhundert der Reformation

1.1 Theologische Publikationen und reformatorisches Handeln von Frauen

Der Umbruch durch die Reformation setzt mit Betonung der Gewissensfreiheit der Christenmenschen und der Orientierung am biblischen Wort Impulse frei, die jenseits der gelehrten Institutionen Kirche, Universität und Schule offene Ohren finden. Handwerker veröffentlichen Flugschriften, Bauern nehmen am Disput um Ablass und Gnade teil, Flugschriften und Holzschnitte veranschaulichen die Botschaft der Reformation, die mit dem Priestertum aller Gläubigen bzw. Getauften einen egalisierenden Impuls freisetzt.

Frauen, die in der Reformationszeit publizierten, sahen sich autorisiert durch das Schriftprinzip – auch sie waren in der Lage, die Bibel zu lesen, und fühlten sich durch das Priestertum aller Getauften legitimiert. Ihre Anliegen waren das Eintreten für die Reformation, die religiöse Erbauung und Belehrung. Sie stellten sich damit bewusst in die reformatorische Bewegung hinein. Somit resultiert ihr Sendungsbewusstsein aus der Verantwortung für die Sache der Reformation und nicht aus einem emanzipativen Bewusstsein, das sie gleichwohl mit vorbereitet haben, insofern die Reformation im Sinne eines Individualisierungsprozesses und des Mündigwerdens des und der Einzelnen in seinem und ihrem religiösen Selbstverständnis gewirkt hat.[1]

---

1 Vgl. Wilma Rademacher-Braick, Reformatorische Theologie in Texten von Frauen

Elisabeth Cruziger veröffentlicht im Enchiridion von 1524 das Lied »Herr Christ, der einig Gottes Sohn, Vaters in Ewigkeit« und ist damit eine der Ersten, die dem Appell Luthers, dass für den deutschsprachigen Gottesdienstgesang der Gemeinde neue Lieder gebraucht würden, Folge leistet. Ebenfalls in den 20er Jahren tritt Argula von Grumbach (gest. 1568) als Verteidigerin der Reformation in einem Protestbrief an die Universität Ingolstadt in die Öffentlichkeit und veröffentlicht weitere Flugschriften, die eine breite Rezeption erfahren.[2] Das Schriftprinzip ist das Mittel, dessen sie sich bedient, um ihr Eintreten für die Reformation zu legitimieren:

> »Darum wer ain Christ will seyn, muß ye, so vil er kann, de, die Gottes Wort wöllen widersprechen, aber nit mit fechten, sondern mit dem wort Gottes.«[3]

Als Herrscherinnen gelang es zahlreichen Herzoginnen und Fürstinnen, die Reformation in ihrem Territorium einzuführen: Elisabeth von Rochlitz (gest. 1557) führte im albertinischen Sachsen im Dezember 1537 die Reformation ein. 1538 trat sie als Vollmitglied dem Schmalkaldischen Bund bei.[4] Mit ihrem Bruder, dem Landgrafen Philipp von Hessen, führte sie einen Briefwechsel, in dem er ihr nach dem Marburger Religionsgespräch 1529 ausführlich mitteilte, wieso er selbst zum symbolischen Verständnis des Abendmahls tendierte.[5] Er geriet erneut unter Rechtfertigungsdruck, als er – mit Billigung

---

(1523–1558), Diss. phil. Koblenz 2001 (ungedruckt); Dorothee Kommer, Reformatorische Flugschriften von Frauen. Flugschriftenautorinnen der frühen Reformationszeit und ihre Sicht von Geistlichkeit, Leipzig 2013.

2 Vgl. Peter Matheson (Hrsg.), Argula von Grumbach, Schriften, Gütersloh 2010, 189.

3 Argula von Grumbach, An ain Ersamen Weysen Rat der stat Ingolstat (1523), in: Matheson [s. Anm. 2], 98. Vgl. zu ihr als grundlegende Information: Silke Halbach, Argula von Grumbach als Verfasserin reformatorischer Flugschriften, Frankfurt 1992. Vgl. außerdem: Ute Gause, Schrift und Gewissen – Frauen und ihre Auseinandersetzung mit dem ›sola scriptura‹, in: Simona Schellenberger u. a. (Hrsg.), Eine starke Frauengeschichte. 500 Jahre Reformation, Markkleeberg 2014, 37–39.

4 Vgl. Günther Wartenberg, Herzogin Elisabeth von Sachsen als reformatorische Fürstin, in: Martina Schattkowsky (Hrsg.), Witwenschaft in der Frühen Neuzeit. Fürstliche und adlige Witwen zwischen Fremd- und Selbstbestimmung, Leipzig 2003, 191–201; hier: 195.

5 Vgl. Brief Landgraf Philipps vom 20. Februar 1530, in: André Thieme (Hrsg.), Die Korrespondenz der Herzogin Elisabeth von Sachsen, Bd. 1, Die Jahre 1505–1532, Leipzig 2010, 285–290. Zu Elisabeth von Rochlitz vgl. auch: Elisabeth Werl, Herzogin Elisabeth

Luthers und Melanchthons – 1540 eine zweite Ehe einging, obwohl er gleichzeitig mit seiner ersten Ehefrau Christina von Sachsen, seit 1523 verheiratet blieb. Argumentierte Philipp selbst hier mit der Polygamie der Erzväter, so führte seine Schwester gegen diese Position kritisch Paulus und Christus an.[6]

Elisabeth von Calenberg-Göttingen (gest. 1558) führte nach dem Tod ihres Mannes im Jahr 1542 mit der von Anton Corvinius verfassten Kirchenordnung die Reformation in Calenberg-Göttingen ein. Zwar konnte sie nur vier Jahre lang eigenständig regieren, bevor ihr Sohn Erich, nachdem er 18-jährig die Regentschaft übernommen hatte, das Territorium zum alten Glauben zurückführte. Jedoch verfasste sie 1545 den Fürstenspiegel für ihren Sohn – sie ist damit die erste Verfasserin eines evangelischen Fürstenspiegels – und versuchte so, ihn auf den neuen Glauben einzuschwören. Neben diesem Fürstenspiegel sind zahlreiche Lieder, ein Regierungshandbuch, ein Sendbrief an ihre Untertanen, eine Ehestands- und ein Witwentrostbuch erhalten.[7] Elisabeth ist auf dem Titelblatt der Kirchenordnung abgebildet. Sie hat die Einleitung der Kirchenordnung selbst verfasst und stellt in ihr die bisherige Situation der Kirche und der Christenheit dar:

> »Nu ists aber jhe am tage und klagens viel verstendiger leut, das die arme christenheit lange zeit mit viel irthumbs durch die irrigen geister, von welchen Paulus sagt 1. Timot [1 ff.], beladen und umbgefurt worden sey. Denn seind wir nicht durch menschengebote und -lahr von dem evangelio und der warheit schentlich abgefurt? Und das wir etliche artickel erzelen, was haben wir, ehe denn das evangelium widerumb aufkam, gewust vom catechismos, das ist von der kinderzucht? Was wusten wir vom rechten brauch des hochwirdigen abendmahls? Wo lerete

von Sachsen (1502–1557) als Schwester Landgraf Philipps d. Gr. von Hessen, in: Hessisches Jahrbuch für Landesgeschichte 7 (1957), 199–229.

6 Vgl. WERL (s. Anm. 5), 218. Zur Doppelehe vgl. UTE GAUSE, Durchsetzung neuer Männlichkeit? Ehe und Reformation, in: Evangelische Theologie 73 (5/2013), 326–338; hier: 326 f.

7 Vgl. UTE GAUSE, Domestizierung oder Emanzipation. Frauen und ihre Lebenswelt(en), in: STEFAN FISCHER u. a. (Hrsg.), Reformation und Politik, Thalhofen 2014, 85–98; hier: 94–97. Vgl. auch: INGE MAGER, Das Vermächtnis der Laientheologin Elisabeth von Calenberg-Göttingen (1510–1558) für ihre Untertanen und für ihre Kinder, in: DANIEL GEHRT u. a. (Hrsg.), Fürstinnen und Konfession. Beiträge hochadliger Frauen zu Religionspolitik und Bekenntnisbildung, Göttingen 2015, 151–167.

man recht von der wirde der heiligen tauf? Wo hat man recht gehandelt den artickel von vergebung der sünde? Von der justification? Von rechtschaffen guten werken? Von dem heiligen kreuz? Seind nicht die geistlichen mit lautern fabeln umbgangen? War es nicht dahin komen, das man vergebung der sunde umb gelt, nicht on merklichen nachteil des verdinsts Christi, verkauft hat? Wölte aber jhemand solchs leugnen, so sage er uns, warumb denn der ablas in Deutschland so gemein worden sey?«[8]

Ganz im Sinne des lutherischen *sola scriptura* setzt sie mit dem 1. Timotheusbrief ein, in dessen erstem Kapitel Paulus vor falschen Gesetzeslehrern warnt, um in Folge die Erneuerungen aufzuzählen, die die Wiederentdeckung des Evangeliums mit sich gebracht hat: An erster Stelle steht für sie der Katechismusunterricht, konkretisiert als maßgeblich für die Kindererziehung. Es folgen die Sakramente, bei denen das Abendmahl an erster Stelle vor der Taufe steht. Sündenvergebung und Rechtfertigung, gute Werke und das Kreuz müssen im Mittelpunkt der Lehre stehen – der Ablass als Erlass der Sündenstrafe mit Hilfe von Geld wird als vormals gängiges Mittel der Sündenvergebung dagegengestellt. Zentrale Topoi lutherischer Lehre sind damit prägnant zusammengefasst. Im Vorwort betont sie, als *tutrix*, als Vormünderin ihres Sohnes, zu handeln, die sich aufgrund der ungeklärten Situation zwischen Altgläubigen und Protestanten nach dem Reichstag von Regensburg 1541 entschlossen hat, für Klarheit in Religionsdingen zu sorgen, und sich dabei am Vorbild ihres Bruders, Joachim II. von Brandenburg, orientiere, der sich 1539 auf die Seite der Reformation gestellt hatte.[9] Aus diesem Grund habe sie befohlen, dass die falschen Gottesdienste aufzuhören haben und dass das Wort Gottes »rein und lauter zu predigen« sei.[10]

Um die Ordnung durchzusetzen, ließ sie vom 17. November 1542 bis zum 30. April 1543 eine Visitation der Klöster und Pfarrkirchen des Landes durchführen.[11] Vom 4. November 1542 ist außerdem eine Klosterordnung datiert,

8 Elisabeth von Calenberg-Göttingen, Vorwort, in: Emil Sehling (Hrsg.), Die Kirchenordnungen des 16. Jahrhunderts, Bd. VI/2: Niedersachsen: Die Welfischen Lande, Tübingen 1957, 708–710; hier: 708.

9 Vgl. a. a. O., 709.

10 A. a. O., 709 – Der Anklang an Artikel VII der Confessio Augustana, in der bestimmt wurde, dass Kirche dort sei, wo das Evangelium rein gepredigt wird (»pure docetur«), ist sicher nicht zufällig.

11 Vgl. Paul Tschackert, Herzogin Elisabeth von Münden, geborene Markgräfin von

die keine Auflösung verfügte, sondern eine Umgestaltung in evangelischem Sinne. Zum Teil kam es zu Umwandlungen in evangelische Damenstifte.[12] Elisabeth nahm am 8. Dezember 1542 persönlich an einer solchen Visitation im Nonnenkloster Weende teil. Es kam weder zu Schließungen noch zu Vertreibungen von Nonnen oder Mönchen. Am 16. März 1543 erließ sie ein allgemeines Mandat an alle Obrigkeiten über die Bestrafung von Unzucht und Ehebruch und zeigte damit ihr Bestreben, auch auf die sittliche Besserung ihrer Untertanen Einfluss nehmen zu wollen.[13]

In Genf tritt als erste reformierte Chronistin der Reformation Marie Dentière (gest. 1560) hervor.[14] 1539 schreibt sie an Königin Margarete von Navarra, um sich gegen die Ausweisung Calvins, Farels und Couraulds aus Genf auszusprechen. Selbstverständlich beruft sie sich auf das Priestertum aller Gläubigen und darauf, dass die Botschaft Jesu allen Menschen gilt:

> »Ich frage: Ist Jesus nicht ebenso für die armen Unwissenden und Dummen, wie für die rasierten, kahl geschorenen Herren mit den Bischofsmützen gestorben? Ist etwa gesagt worden: Geht und predigt mein Evangelium den weisen Herren und großen Doktoren? Ist nicht gesagt worden: allen? (Mk. 16,15) Haben wir zwei Evangelien, eins für Männer und eins für die Frauen? Eins für die Weisen und eins für die Verrückten? Sind wir nicht eins in unserem Herrn? (Gal. 3,28)

Brandenburg, die erste Schriftstellerin aus dem Hause Brandenburg und aus dem braunschweigischen Hause, ihr Lebensgang und ihre Werke, Berlin/Leipzig 1899, 9.

12 Vgl. a. a. O., 9 und 16 f.

13 Vgl. Emil Sehling (Hrsg.), Die Kirchenordnungen des 16. Jahrhunderts, Bd. VI/2: Niedersachsen: Die Welfischen Lande, Tübingen 1957, 704.

14 Die um 1490 in Nordflandern geborene Marie Dentière war bis 1521 Äbtissin der Augustinerinnengemeinschaft von Tournai, ihrem Geburtsort. Ihre Konversion zum evangelischen Glauben im Sinne Luthers fand um 1524 statt. Sie verließ ihr Kloster und ihre Heimat, heiratete den ehemaligen Priester Simon Robert (der ebenfalls aus Tournai stammte) und ging mit ihm nach Straßburg, wo sie bis zum Jahr 1526 lebten. Simon Robert war ein Anhänger Guillaume Farels, der an der Genfer Reformation maßgeblichen Anteil hatte. Marie Dentière wurde Mutter zweier Töchter. Später ging die Familie nach Aigle. Dort war Simon Robert bis zu seinem Tod im Jahr 1532 Pastor. Nach dem Tod des ersten Mannes heiratete sie Antoine Froment, der bereits 1532 nach Genf ging – Froment war einer der Hauptakteure der Genfer Reformation. Sie folgte ihm mit nunmehr drei Kindern. 1536 veröffentlichte sie anonym eine Chronik der Ereignisse in Genf zwischen 1504 und 1536, also in der Zeit vor dem Wirken Calvins. Vgl. Ute Gause, Reformation, geschlechtergeschichtlich – auch ein notwendiger Nachtrag zum Calvinjahr 2009, in: Evangelische Theologie 70 (4/2010), 293–309; hier: 305.

In wessen Namen sind wir getauft worden, im Namen von Paulus, Apollon, des Papstes oder Luther? Nicht im Namen Christi? Er ist sicher nicht aufgeteilt. (1Kor. 1,12f.; 3,5f.)«[15]

1.2 KONKRETE ALLTAGSFRÖMMIGKEIT

Im 16. Jahrhundert muss der Protestantismus als Konfession gewissermaßen etabliert werden, muss aus der neuen Theologie eine neue Frömmigkeit entstehen. Dieser Tatsache ist es zu verdanken, dass eine Fülle evangelischer Gebetbuchliteratur entsteht, die versucht, für alle Widerfahrnisse eines christlichen Lebens Trost durch das auf die Situation zugespitzte Gebet zuzusprechen und dabei auch Anweisungen für das angemessene christliche Leben zu geben. In einer Schrift von 1542 heißt es als Trost für Frauen, deren Kind direkt nach der Geburt gestorben ist:

> »Wie wol man nicht wissen sol noch kan Gottes heimlich Gericht in solchem fall, warumb er solche Kindlein, da bey aller müglicher vleis geschehen ist, nicht hat lassen lebendig geborn und getaufft werden, So sollen sich die Müttere doch des zufrieden geben und gleuben, das Gottes wille allzeit besser sey weder unser wille ist, ob uns nach fleischlichem dunckel viel anders ansihet, und zuforderst daran nicht zweifeln, das Gott darumb weder uber die Mütter noch andere, so dazu gethan, erzürnet sey. Sondern sey eine versuchung zur gedult.«[16]

Es ist der undurchschaubare Wille Gottes, der hier geschieht, den die Mütter akzeptieren müssen, der auf jeden Fall besser ist als alles fleischliche Wollen. Die Mütter trifft keine Schuld, und sie dürfen sich dessen gewiss sein, dass ihr Kind durch ihr Gebet bei Gott angenommen ist. Niemand Geringerer als Luther selbst hat diesem Thema eine kleine Trostschrift gewid-

---

15 MARIE DENTIÈRE, Epistel an Margarethe von Navarra (1539), in: DORIS BRODBECK (Hrsg.), Dem Schweigen entronnen. Religiöse Zeugnisse von Frauen des 16. bis 19. Jahrhunderts, Markt Zell 2006, 314–320; hier: 316. Bèatrice Acklin Zimmermann charakterisiert Marie Dentières Theologie: »Die theologische Programmatik, die Marie in ihrer Epistel vertritt, liegt denn auch durchgängig auf der Linie der Reformatoren: Hervorgehoben wird Jesus als der einzige Mittler zwischen Gott und den Menschen, das Kreuz als das einzige Opfer für die Sünden der Menschen, der Glaube als der einzige Weg zum Heil, die Bibel als einzige Quelle göttlicher Wahrheit und somit als einzige Autorität« (in: BRODBECK, 309).

16 MARTIN LUTHER, Ein Trost den Weibern, welchen es ungerade gegangen ist mit Kindergebären, 1542 (WA 53, 205–208; hier: 205).

met, die nicht moralisiert, sondern zum Vertrauen auf das Gebet auffordert. Sie schließt:

»Summa, sihe du allermeist darauff, das du ein rechter Christen seist / und also im rechten glauben zu Gott beten vnd herztlich seufftzen lerest, es sey in dieser oder allen anderen nöten. Als denn las dir nicht leide sein und sorge nichts, widder für dein Kind noch für dich selbest, Und wisse, das dein gebet angenehm ist und Gott alles viel besser machen wird, weder du begreiffen oder begeren kanst.«[17]

Es gibt keinen moralisierenden Unterton, sondern die Klage ist erlaubt, und das Gottvertrauen äußert sich in dem Vertrauen, dass, wenn Gottes Handeln die menschliche Vernunft übersteigt, die Menschen sich dennoch geborgen fühlen dürfen, auch im Hinblick auf das verlorene Kind. Noch deutlicher äußert dies der Augsburger Pfarrer Jeremias Schweiglin, der in einem Trostbuch für schwangere und gebärende Frauen bei Tod des Kindes folgendes Gebet vorschlägt:

»Ach getreuer Gott, barmherziger Vater / wir klagen dir unser ängstliches Betrübnis: Es hat leider der bitter Tod unser liebes Erblein / der Sünde halben / [...] in Mutterleibe jämmerlich ermordet [...] auch ungezweiffelt hoffen, wir werden es dermal einst bei dir in ewiger Gesundheit und englischer Klarheit selig finden und anschauen.«[18]

Hieran sieht man, wie eminent praktisch ausgerichtet diese Literatur ist; sie will sowohl trösten als auch die durch die Situation angefochtene Gottesbeziehung wiederherstellen. Der Tod des Kindes wird beklagt, der Grund für seinen Tod liegt in der nicht näher bezeichneten Sünde, im Prinzip in der Erbsündhaftigkeit aller, dennoch ist es ein jämmerlicher Mord! Der Tod wird nicht relativiert. Jedoch ist das Kind nicht verloren, die Eltern dürfen hoffen, es im Eschaton wohlbehalten, selig und gesund zu treffen.

Zu dieser Gebrauchsliteratur, die man im weiteren Sinne als Ratgeberliteratur bezeichnen könnte, zählt gleicherweise die christliche Hausväterliteratur, die nicht nur den Hausvätern, sondern insgesamt den Eheleuten genaue

---

17 A. a. O., 207.

18 Jeremias Schweiglin, Ein trefflicher Schöner Lere und Trostspiegel / Auß Gottes Wort / D. Luthers seligen / vnd anderer Euangelischer Lehrer Büchern / Schrifften / vnd Sendbrieffen / ec., Frankfurt 1580, 418.

Anweisungen gibt, wie sie ihre Ehe zu verstehen haben. Hieran wird deutlich, wie die Frömmigkeit mit dem weltlichen Leben verbunden, aus der Kirche hinaus in den Raum des Privaten geholt wird. Diese Privatheit spiegelt sich dann auch in den Gebeten und Ratschlägen bzw. Verständnishilfen, die den Menschen gegeben werden.

Ein Augsburger Pfarrer lässt in einem Trostspiegel, der 1580 veröffentlicht wurde – und in dem gerne auch aus Jesus Sirach und den Proverbia zitiert wird (aber auch aus Augustin, Plinius und Livius) –, den christlichen Ehemann ein recht pragmatisches Gebet sprechen:

> »Almechtiger gütiger Gott / der du den H. Ehestand selbst eingesezet und durch deines lieben Sons Jesu Christi erstes wunderzeichen / verehret und gezieret hast / als ein solchen stand / der dir angenem ist [...]. Wehre dem Eheteuffel / dass er nit zwitracht und zanck / zwischen uns erzeuge / vnnd einmenge / vnd wo wir etwan auß Schwachheit vbereilet / uneins würden / so hilff / dass wir vns / baldt miteinander wider versönen.
> Gibt auch weiter gnad / dass ich mich keins andern Ehegemals und Weibesbilde gelüsten lasse / oder dasselbige mit einem bösen auge / ihr zu begeren anschaue. Behüte auch mein Weib / Kinder / vnnd Gesinde / für kranckheit / unnd allem ungemach / nach deinem Göttlichen vätterlichen Willen.
> Du wöllest auch mich / durch deinen Geist dermassen regieren / dass ich meines beruffs fleissig warte / im schweiß menes Angesichts mein brote esse / auch mich nichts lasse verdriessen / ob es mir schon blutsauwer muß werden/seitemal du es dergestalt / als zur straffe der sünden / verordnet hast / [...].
> Hilff auch das Creutz (so nicht aussen bleibt / etc.) mit gedult tragen / vnnd nach diesem gantz kurtzem Leben versamle uns in dein Reich / zu allen Gottseligen Eheleuten / Amen.«[19]

Auffällig ist hier, dass die Einsetzung des Ehestandes durch Gott allein nicht ausreicht, sondern noch durch Christi Wunder auf der Hochzeit zu Kana zusätzlich legitimiert wird. Schlimmstes Eheproblem sind Uneinigkeiten und Zankereien, an zweiter Stelle steht die Untreue, von der an anderer Stelle steht, dass sie sowohl bei Frauen wie bei Männern immer mehr zunehme. Der Ehemann trägt nicht nur Verantwortung für die Ehefrau, sondern auch für Kinder und Gesinde – das Konzept des ganzen Hauses und des Patriarchats des Hausvaters wird vorausgesetzt. Konsequenz des Sündenfalls ist für den Mann die Mühsal der Arbeit, die ebenfalls im Gebet bedacht wird. Im

---

19 A. a. O., 373–375.

Reich Gottes – so die Hoffnung – werden dereinst die Eheleute, die eine christliche Ehe geführt haben, wieder vereint.

Gebetbücher zeigen somit zum einen die Interessenlagen der damaligen Gesellschaft: Ratgeber für das christliche Ehe- und Familienleben, Sterbetrost und Haushaltsführung, das sind Zentralthemen. Zum anderen jedoch setzen sie eine Praxis des Gebets voraus, die in Beispielen entfaltet wird und letztlich zur Selbstreflexion und Gottesbeziehung führt, wie es ansatzweise auch im obigen Gebet schon deutlich wurde. Anfang und Ende des Gebets verweisen jeweils auf Anfang und Vollendung christlichen Lebens bei Gott bzw. im Reich Gottes. Innerhalb dieser Rahmung soll dann offen über eigene Probleme und eigene Gefährdungen reflektiert werden.

Bezeichnenderweise heißt ein evangelisches Gebetbuch aus dem Jahr 1537, das höchstwahrscheinlich von einer Frau verfasst worden ist, »Feuerzeug christlicher Andacht«, d. h., das Gebetbuch soll ein Hilfsmittel sein, um den Glauben zu entzünden und zu verifizieren.[20] Wörtlich heißt es in der Vorrede:

> »Zu sollichem werck das hertz zubewegen / wirdt diß büchlein fast [= sehr] wohl dienen / als das in sonderheyt die begird vnnd andacht zu Gott erregt vnnd anzündt / also das man in lerne förchten / lieben / loben vnd für augen haben. Möchte auch wol genent werden / Itinerarium salutis / ein wegbericht zum heyl vnnd seligkeyt. Weyl David Gottes lob ein weg zum heyl nennet / aber doch wöllen wirs anders tauffen vnd nennen ein feüerzeüg etc. Als das ein feür im herzen anzündt / welliches vnnser lieber Herr Jesus Christus auff erden hat wöllen senden / das es brennen solt / vnnd die menschen zu Gott treybenn.«[21]

1.3 Ehe und neue, nicht asketische Männlichkeit

In neue Darstellungen muss die Ehe als neue Lebenskategorie für die ehemals zum Zölibat verpflichteten Priester einbezogen werden.[22] Die Inszenierung der Ehe ist ein Phänomen des reformatorischen Umbruchs, die etwas für die Reformation Elementares deutlich machen wollte: die Weltzuwendung und demonstrative Sinnlichkeit des neuen Glaubens – eigentlich ein Motiv, das

---

[20] Feurzeug Christenlicher andacht, Nürnberg 1537, drei weitere Auflagen: Leipzig 1546, Leipzig 1557, Nürnberg 1559.

[21] A. a. O., Aiii.

[22] Vgl. als Überblick – wenn auch nicht geschlechtergeschichtlich orientiert: Stephen E. Buckwalter, Die Priesterehe in Flugschriften der frühen Reformation, Gütersloh 1998.

man dem Protestantismus gemeinhin nicht unterstellt.[23] Im 16. Jahrhundert zeigt die Diskussion um die Priesterehe, dass sie einen Tabubruch, einen Skandal bedeutete, um dessen Anerkennung durch die Laien gekämpft werden musste. Die angloamerikanische Forschung vertritt hier häufig die These, es handele sich bei der reformatorischen Aufwertung der Ehe vornehmlich um eine Bändigung der Sexualität (»taming the beast of sexuality«).[24] Im Vordergrund steht anfangs, jedenfalls bezogen auf die Priesterehe, die Anerkennung der männlichen Sexualität überhaupt.

Erste Diskussionen um die Priesterehe beginnen um 1520. Martin Luther hatte 1520 in seiner Adelsschrift bereits merken lassen, dass er ein genaues Bild der Situation hatte, die faktisch darin bestand, dass viele Priester im Konkubinat lebten, weil ihnen die Ehe verboten war und sie deswegen schwere Skrupel hatten. Obwohl Luther hier bereits für das Ausleben natürlicher Bedürfnisse plädiert, bezieht er noch keine eindeutige Position.[25] Eindeutig ist für ihn, dass der Papst über die Ehelosigkeit eines Priesters nicht verfügen könne, »als wenig er macht hat zuuerpieten / essen / trinken / vnd den naturlichenn auszgang / odder feyst werdenn / drumb ists niemandt schuldig zuhaltenn / unnd der Bapst schuldig ist aller sund / die dawider geschehen / aller seelen / die dadurch verloren sein«.[26] Sexualität gehört für Luther zu den natürlichen Bedürfnissen des Menschen. Er sieht anhand einiger Pastoralbriefstellen (1Tim 3,2; Titus 1,6) eine eindeutige biblische Fundierung der Priesterehe.[27]

Noch schritten allerdings nicht die Wittenberger Reformatoren selbst, sondern nur ihre Schüler zur Tat. Sie wurden jedoch von den Wittenbergern juristisch und in schriftlichen Stellungnahmen unterstützt: Im Mai 1521 heiratete der Kemberger Priester Bartholomäus Bernhardi, der in Wittenberg

---

23 Vgl. auch THOMAS KAUFMANN, Der Anfang der Reformation. Studien zur Kontextualität der Theologie, Publizistik und Inszenierung Luthers und der reformatorischen Bewegung, Tübingen 2012, der in seiner dortigen Darstellung von Luthers Ehetheologie von einer »Reformation der Lebenswelt« spricht (a. a. O., 551–564).

24 Vgl. SUSAN KARANT-NUNN, Reformation of Ritual, London 1997, 6–42; vgl. LYNDAL ROPER, Einleitung, in: DIES., Ödipus und der Teufel. Körper und Psyche in der Frühen Neuzeit, Frankfurt 1995, 35f., und im selben Band: Sexualutopien in der deutschen Reformation, 78–106.

25 Vgl. MARTIN LUTHER, An den christlichen Adel, in: StA Bd. 2, hrsg. v. H.-U. DELIUS, Berlin 1982, 134–137.

26 A. a. O., 137.

27 Vgl. BUCKWALTER (s. Anm. 22), 64–66.

ausgebildet worden war und dort an der Artistenfakultät gelehrt hatte.[28] Insofern als die Kemberger Propstei dem Wittenberger Allerheiligenstift inkorporiert war, waren Stift und Universität von diesem Schritt betroffen. Luthers Freund und Kollege in Wittenberg, Andreas Bodenstein von Karlstadt, erzielte dann mit seiner schriftlichen Verteidigung dieser Ehe einen publizistischen Erfolg.[29] Die Druckorte seiner ›Apologie‹ zwischen Paris und Königsberg, die zahlreichen Neuauflagen und Neubearbeitungen zeigen ein vitales Interesse an ihr und eine »geradezu europäische Wirkung der Schrift«.[30]

Bereits im Januar 1522 inszenierte Karlstadt seine eigene Hochzeit als »propagandistische Aktion« mit öffentlichem Einladungsschreiben an die weltlichen Obrigkeiten und lud die »gantz universitet« ein. Bernd Moeller urteilt: »Der Wittenberger Theologieprofessor und Stiftsherr hatte aus ihr eine propagandistische Großaktion gemacht, er hatte ›eine Show abgezogen‹.«[31] Justus Jonas kommentierte das Spectaculum folgendermaßen: »die meisten ahmen ihn glücklich und tapfer nach«.[32]

Als Wenzel Linck 1523 als einer der ersten reformatorischen Prediger in Altenburg öffentlich heiratete, reiste die Wittenberger Prominenz, sprich: Luther, Melanchthon, Jonas, Schurff, Bugenhagen, Lukas Cranach – um nur die Bekanntesten zu nennen – nach Altenburg, um ihn zu unterstützen bzw. den offenen Widerruf der Mönchsgelübde Lincks fürbittend zu begleiten und zu bekräftigen, dass er damit den evangeliumsgemäßen Weg einschlüge.[33] Zudem war es wohl Luther selbst, der die Ehe einsegnete und eine Predigt hielt, die leider nicht überliefert ist. Bernd Moeller spricht von einer »Rebellion gegen das herkömmliche Verständnis der Gottesbeziehung selbst«, weil Wenzel Linck nicht Zölibatsbruch beging, sondern sein Mönchsgelübde öffentlich widerrief. Luther qualifizierte den frisch Verheirateten dann als einen ›neuen Mann‹, ja, als einen ›neuen Menschen‹ und ›neuen

---

28 Vgl. Marjorie Plummer, From Priest's Whore to Pastor's Wife. Clerical Marriage and the Process of Reform in the Early German Reformation, Farnham 2012, 51 f.

29 Vgl. a. a. O., Fußnote 40; vgl. auch Ulrich Bubenheimer, Streit um das Bischofsamt in der Wittenberger Reformation 1521/22, Teil 1, in: Zeitschrift der Savigny-Stiftung für Rechtsgeschichte 104 (1987), 155–209, der ausführlich die Auseinandersetzungen um Bernhardi darstellt.

30 Bubenheimer (s. Anm. 29), 189.

31 Bernd Moeller, Wenzel Lincks Hochzeit. Über Sexualität, Keuschheit und Ehe in der frühen Reformation, in: ZThK 97 (2000), 317–342, hier 325.

32 Zitiert nach Bubenheimer (s. Anm. 29), 200.

33 Vgl. Moeller (s. Anm. 31), 331.

Mann‹.[34] Offensichtlich vollendet für Luther nun die Ehe die Bestimmung des Menschseins. Analog kann er sagen: »Wer sich der Ehe schämt, schämt sich auch, dass er ein Mensch ist.«[35] Diese Ebene der Argumentation zeigt ein Verständnis von Männlichkeit und (männlicher) Menschlichkeit, die die Sexualität akzeptiert und als elementar empfindet.

Der Straßburger Pfarrer Matthäus Zell verheiratete am 9. November 1523 den Leutpriester Anton Firn unter großer Beteiligung der Bevölkerung vor dem Münster. Im November veröffentlichte Zell die gehaltene Predigt, in der er die Priesterehe als dem *sola scriptura* gemäß rechtfertigt. Die Heilige Schrift entlarve die Unzucht des Klerus als Sünde.[36] »Durch ihre Heirat hätten Anton und Katharina Firn ›der teufels vn des Antichrists bande starckmütigklich zerrissen / vn das schwert des gottsworts dapfferlich in die hend‹ genommen.«[37]

Am 3. Dezember 1523 heiratete Zell selbst und wurde von Martin Bucer getraut. Die Brautleute erhielten das Abendmahl in beiderlei Gestalt – dies war das erste Mal, dass das in Straßburg geschah. Damit wurden sowohl der Öffentlichkeitscharakter dieser Handlung als auch die demonstrative Aufwertung der Ehe nochmals gestärkt. Katharina Zell, die Ehefrau, verteidigte 1524 selbst ihre Eheschließung. Dass hier eine Priester-Ehefrau erstmals und wohl singulär für das 16. Jahrhundert das Wort ergreift, steht ebenfalls im Kontext der ›Umwertung der Werte‹ innerhalb der Reformation.[38] Bei Katharina Zell handelte es sich um eine ausgesprochen gebildete Straßburgerin, die aus der führenden Handwerkerschicht der elsässischen Reichsstadt stammte. Der Vater war im Rat der Stadt vertreten. Sie selbst bewegte sich im Umkreis frommer, angesehener Bürgerfrauen.[39] Die Lektüre von Lutherschriften führte schließlich zu ihrer entschiedenen Wende zur Reformation. Ihre Eheschließung war für sie ein »Bekenntnisakt im Einsatz für das Evangelium«.[40]

---

34 A. a. O., 326.

35 Zitiert nach A. a. O., 333.

36 Vgl. Buckwalter (s. Anm. 22), 230 f.

37 A. a. O., 233.

38 Instruktiv zu Katharina Zell: Thomas Kaufmann, Pfarrfrau und Publizistin – Das reformatorische »Amt« der Katharina Zell, in: Zeitschrift für historische Forschung 23 (1996), 169–218.

39 A. a. O., 179.

40 A. a. O., 181.

Katharina Zell setzte sich unter anderem mit den Gerüchten auseinander, die in Straßburg über ihre Ehe bzw. über sie und ihren Mann kolportiert wurden. Damit wird deutlich, dass der Angriff auf das Zölibat von der altgläubigen Seite wahrgenommen, relativiert und desavouiert wurde. Die Glaubwürdigkeit ihrer beider Ehe wird angetastet. Dagegen wehrt sie sich. Folgende Gerüchte hat sie gehört: Sie sei ihrem Mann weggelaufen. Er habe sich erhängt, aus Leid, dass er sie geheiratet habe. Er habe eine Bürgerin in einem Garten verführt. Er habe sie [d. i. Katharina Zell] geschlagen. Sie habe ihn bei einer Magd liegend gefunden, und weil sie das nicht akzeptiert habe, habe er sie wiederum geschlagen und aus dem Haus gejagt.[41] Damit wird von der Gegenseite unterstellt, dass die nun verheirateten Priester aufgrund ihrer Aufgabe des Keuschheitsgelübdes insgesamt die Kontrolle über ihre Emotionen und ihre Sexualität verloren hätten. Katharina Zell schlägt argumentativ zurück. Kurz dementiert sie die Unterstellungen, aber ausführlich und schonungslos schildert sie die bisherige Situation der Kleriker, die sie der »sündtflüssige[n] Sodomitische[n] Noezytische[n] hurerey«[42] bezichtigt. Ihrer Zustandsbeschreibung mangelt es nicht an Drastik: »o blintheit der häupter / wie sehen jr hie einander zu / die aller erberkeit sollten geneigt sein / und die helffen hanthaben die miessen [= müssen] selbs von inen sagen / das einer fünff / sechs huren hab / der ander syben kindbetterin uff ein zyt / und dannoch ein hüpsche metzen [= mädchen] im huß auch«[43]. Sie unterstellt den Priestern, dass sie sich gegen eine Änderung wehren, weil das für sie bedeuten würde, sich auf die Monogamie einzulassen und nicht mehrere Frauen gleichzeitig zu haben und sie wechseln zu können.[44] Auch würden die ehelichen Pfarrer endlich den Ehebruch strafen. Katharina Zell spricht damit schonungslos die Zölibatsvergehen der Priester an. Sie sieht sich gemeinsam mit ihrem Mann als »Arbeitsgemeinschaft für den Glaubenskampf« in seelsorgerlicher Verantwortung für die Gemeinde und ergreift als »Kirchenmutter« – so eine Selbstbezeichnung – und Seelsorgerin das Wort. Ihre Kontrastierung der frommen Pfarrerehe einerseits, die sie mit ihrem Mann führt, und dem zuchtlosen Leben der Priester andererseits dient selbstverständlich auch der Stabilisierung ihres eigenen Status.

---

41 Vgl. Katharina Zell, An Apologia for Matthew Zell, in: Dies., The Writings, ed. by Elsie Ann Mckee, 40f.; vgl. dazu auch Kaufmann (s. Anm. 38), 186.

42 Zell, Apologia (s. Anm. 41), 36.

43 A. a. O., 36.

44 Vgl. a. a. O., 37.

2 Das 20. Jahrhundert: Aufbrüche

Weitgehend unbemerkt geblieben und meist nicht in den kirchengeschichtlichen, geschweige denn in den geschichtswissenschaftlichen Darstellungen des 20. Jahrhunderts reflektiert, gab es eine Revolution des protestantischen Frauenbildes – und damit Jahrhunderte langer evangelischer Tradition –, die ich exemplarisch anhand von drei Entwicklungen charakterisieren werde.

Das 20. Jahrhundert eröffnete erstens den protestantischen Frauen den Weg ins Theologiestudium und in den 60er Jahren auch die Ordination. Protestantische Frauen schlugen den Weg ins Theologiestudium ein, obwohl es für sie zunächst keine Berufsaussichten gab. In zähem Ringen wurde die Männerdomäne Pfarramt erobert.

Die evangelische Kirche gab zweitens ihre repressiven Moralvorstellungen in Hinblick auf vorehelichen Geschlechtsverkehr auf und zog sich, wie Simone Mantei es plakativ gesagt hat, »aus den Schlafzimmern der Nation« zurück.[45] Das heißt, sie überließ mündigen Frauen und Männern die Entscheidung, zu welchem Zeitpunkt ihrer Partnerschaft sie eine sexuelle Beziehung eingehen, und verwies hierfür nicht mehr strikt auf die Ehe – die mindestens im Luthertum doch bis weit in die Mitte des 20. Jahrhunderts geradezu als existenzbestimmend für die protestantische Frau galt. Hier geschah meines Erachtens eine entscheidende Wandlung im evangelischen Frauenbild, das zwar in den protestantischen Dogmatiken und Ethiken des 20. Jahrhunderts keinen Eingang fand, aber deutliche gesellschaftliche Veränderungen spiegelt, die bewirkten, dass sich protestantische Frauen auf den Weg in die Gleichberechtigung machten. Sinnfällig wird diese revolutionäre Veränderung am Rollenmodell Diakonisse, das als Erfolgsmodell des 19. Jahrhunderts nicht mehr weitertransportiert werden kann. Das ist eine Revolution, auch wenn sie als solche nicht wahrgenommen wird.

Mit diesen beiden parallelen Aufbrüchen ging schließlich drittens die Entstehung einer feministischen Theologie einher, die auf Gemeinde- bzw. Verbandsebene dezidiert aus einem politischen Engagement von Frauen entstand – allerdings beschäftigten sich längst nicht alle kirchlich gebundenen

---

45 Simone Mantei, Protestantismus und sexuelle Revolution in Westdeutschland – ein Schlaglicht, in: Siegfried Hermle / Claudia Lepp / Harry Oelke (Hrsg.), Umbrüche. Der deutsche Protestantismus und die sozialen Bewegungen in den 1960er und 70er Jahren, Arbeiten zur Kirchlichen Zeitgeschichte, i. A. der Evangelischen Arbeitsgemeinschaft für Kirchliche Zeitgeschichte, B/47, Göttingen ^{2}2012, 163–175; hier: 173.

Frauen mit diesen Fragen. Während die feministische Theologie zunächst einer Repristination betont weiblicher positiver Eigenschaften verpflichtet war, entwickelte sie sich zur Genderforschung weiter und stellt nun zunehmend ontologische Vorstellungen von Weiblichkeit und Männlichkeit infrage.

2.1 Inklusion und Professionalisierung: Der Weg ins gleichberechtigte Pfarramt

Erst im 20. Jahrhundert öffneten sich für Frauen auch die Universitäten. Seit 1908 konnten sich in Preußen Frauen für ein Studium, und damit auch für das Theologiestudium einschreiben.[46] Ihre einzige Abschlussmöglichkeit war die Promotion. Sie hatten noch keine Möglichkeit, ein kirchliches Examen abzulegen. 1922 wurde in der Verfassung der Kirche der Altpreußischen Union erstmals erwähnt, dass man theologisch gebildeten Frauen eine kirchliche Anstellung gewähren solle.[47] Zwischen 1924 und 1927 waren an allen deutschen Universitäten 65 Frauen für Theologie eingeschrieben – zum Vergleich:[48] Im Jahr 1925 standen dem 1811 männliche Theologiestudierende gegenüber.[49] Seit 1927 bestand in der Kirche der Altpreußischen Union die Möglichkeit eines kirchlichen Abschlusses für Frauen. Sie wurden als voll ausgebildete Theologinnen als »Vikarinnen« eingesegnet, nicht ordiniert. Sie konnten in einem Vertrags- oder Beamtenverhältnis eingestellt werden. Sowohl in der Dienstbezeichnung wie in der Bezahlung als auch in der Einsetzung ins Amt geschah keine Gleichstellung mit den männlichen Pfarrerkollegen. Ein »Geistlicher« konnte nur männlichen Geschlechts sein.[50] Die Vikarinnen durften nicht die Sakramente verwalten. Zusätzlich galt für sie die Zölibatsklausel: Frauen, die heirateten, mussten den Beruf aufgeben. In anderen Landeskirchen wurden diese theologisch ausgebildeten Frauen als »Pfarramtshelferin« oder »Pfarramtsgehilfin« bezeichnet.

Im Zweiten Weltkrieg übernahmen viele Vikarinnen den vollen Dienst in Kirchengemeinden, wurden aber nach dem Krieg trotzdem nicht zum vollen Pfarramt zugelassen, sondern erhielten in den meisten Landeskirchen gegen Ende der 40er Jahre den Titel »Pfarrvikarin«. Immerhin weitete die Kirche

---

46 EVA SENGHAAS-KNOBLOCH, Die Theologin im Beruf. Zumutung – Selbstverständnis – Praxis, München 1969, 13.

47 Vgl. a. a. O., 16.

48 Vgl. a. a. O., 17.

49 Vgl. a. a. O., 16.

50 Vgl. a. a. O., 29.

der APU 1944 ihre Bestimmungen – sicher notgedrungen – folgendermaßen aus:

> »(1) Bibelstunden, Andachten und Mithilfe in der Gemeindeseelsorge werden ihr allgemein zuerkannt; in besonderen Situationen darf sie darüber hinaus Gemeindegottesdienste halten, Sakramente geben und die herkömmlich vom Pfarrer zu vollziehenden Amtshandlungen vornehmen. (2) Eine Vikarin im Dienst einer Kirchengemeinde soll an den Sitzungen des Gemeindekirchenrats mit beschließender Stimme teilnehmen.«[51]

Allerdings änderten diese Bestimmungen nichts am Status der Theologinnen, selbst innerhalb der Teile der Kirche, die sich zur Bekennenden Kirche zählten.[52]

In den Kirchengesetzen der APU von 1952/53 wird von dem »Amt der Vikarin in einer besonderen Gestalt« gesprochen. Sie wird zwar als Pfarrvikarin ordiniert, bekommt aber ihren Tätigkeitsbereich vorgeschrieben. Sie hat nur mit Antrag eine Stimme im Gemeindekirchenrat. Sie muss, wenn sie heiratet, das Amt verlassen.[53] Von der Arbeit der Theologinnen wird weiterhin als »kirchlicher Dienst besonderer Art« oder »geistliches Amt besonderer Art« gesprochen, d. h., in der Nachkriegszeit wurden den Theologinnen erneut Beschränkungen auferlegt.[54] Faktisch arbeiteten die Theologinnen nach dem Kriege in Sonderpfarrstellen im Bereich der Landeskirchlichen Frauenarbeit, der Krankenhaus- und Gefängnisseelsorge, als Kreiskatechetinnen und Stadtvikarinnen – das reguläre Gemeindepfarramt blieb ihnen noch vorbehalten.[55]

---

51 Zitiert nach: Senghaas-Knobloch (s. Anm. 46), 31. Wichtig ist hier noch der Beschluss der 11. Bekenntnissynode der Ev. Kirche der APU im Oktober 1942, dass »[i]n Zeiten der Not, in denen die geordnete Predigt des Evangeliums aus dem Munde des Mannes verstummt, […] die Kirchenleitung gestatten [kann], dass Frauen, die dazu geeignet sind, auch im Gemeindegottesdienst das Evangelium verkünden« (a. a. O., 44).

52 Vgl. Dagmar Herbrecht u. a. (Hrsg.), Der Streit um die Frauenordination in der Bekennenden Kirche. Quellentexte zu ihrer Geschichte im Zweiten Weltkrieg, Neukirchen-Vluyn 1997.

53 Vgl. Senghaas-Knobloch (s. Anm. 46), 32. Vgl. auch Christiane Drape-Müller, Frauen auf die Kanzel? Die Diskussion um das Amt der Theologin von 1925 bis 1942, Pfaffenweiler 1994.

54 Vgl. Senghaas-Knobloch (s. Anm. 46), 31 f.

55 Anschauliche Erfahrungsberichte liefert Anna Paulsen (Hrsg.), Die Vikarin, Gelnhausen/Berlin 1956.

Die faktische Gleichstellung wurde erstmals 1962 innerhalb der Kirche der APU auf dem Gebiet der DDR erreicht. Die Diskussionen um das volle Pfarramt hielten unterdessen an.[56] Am 1. Januar 1978 kam es schließlich zur vollen rechtlichen Gleichstellung der Frau in allen Gliedkirchen der EKD bis auf die lutherische Landeskirche von Schaumburg-Lippe, die die Frauenordination erst 1991 einführte.[57] Die Berufung von Maria Jepsen zur ersten Bischöfin einer Landeskirche schließlich im Jahr 1992 und die Ernennung der hannoverschen Bischöfin Margot Käßmann zur EKD-Ratsvorsitzenden 2009 zeigen, wie relativ schnell der Weg in die Gleichstellung gegangen wurde. Indem die Kirchen also – wenn auch zunächst eingeschränkt – eine Professionalisierung ermöglichten, betraten sie langfristig den Weg zur vollen Gleichstellung. Dies gehört zu den »revolutionären Strukturänderungen« der evangelischen Kirche im 20. Jahrhundert.[58]

Im Vergleich mit anderen christlichen Kirchen und Denominationen haben die deutschen evangelischen Landeskirchen damit eine progressive Haltung eingenommen, die weder gesamteuropäisch oder gar weltweit verwirklicht ist. Diese Veränderungen stehen selbstverständlich in Zusammenhang mit der veränderten staatlichen Gesetzgebung, vor allem dem staatlichen Gleichberechtigungsgesetz von 1957.[59]

2.2 Selbstbestimmung in Hinblick auf Ehe und Sexualität

In Auseinandersetzung mit der »sexuellen Revolution« votierten die Protestanten seit den 1960er Jahren – wenn auch nicht im absoluten Konsens und u. a. unter Protest evangelikaler Gruppen – für die sexuelle Selbstbestimmung von Frau und Mann – während Papst Paul VI. mit der am 31. Juli 1968 als Ansprache gehaltenen Enzyklika Humanae Vitae genau diese sexuelle Selbstbestimmung, die auch den Gebrauch von Verhütungsmitteln erlaubte, nicht akzeptierte, sondern sich explizit gegen jede Form künstlicher Empfängnisverhütung aussprach. Mit Bezug auf die Enzyklika Casti Conubii von Papst Pius XI. aus dem Jahr 1930 hielt er daran fest, dass »›jeder eheliche Akt‹ von sich aus auf die Erzeugung menschlichen Lebens hingeordnet bleiben

---

[56] Vgl. z. B. Leonore Volz (Hrsg.), Frauen auf der Kanzel? Eine brennende Frage unserer Kirche, Stuttgart 1967.

[57] Vgl. den Überblick von Helga Kuhlmann, Protestantismus, Frauenbewegung und Frauenordination, in: Hermle u. a. (Hrsg.) (s. Anm. 45), 147–162.

[58] Wolf-Dieter Hauschild, Evangelische Kirche in der BRD zwischen 1961 und 1979, in: Hermle u. a. (Hrsg.) (s. Anm. 45), 51–90; hier: 67.

[59] Vgl. ebd.

muss«.[60] Einzig sei »nach kirchlicher Lehre den Gatten erlaubt, dem natürlichen Zyklus der Zeugungsfunktion zu folgen, dabei den ehelichen Verkehr auf die empfängnisfreien Zeiten zu beschränken und die Kinderzahl so zu planen, daß die oben dargelegten sittlichen Grundsätze nicht verletzt werden«.[61]

Wiederum setzte sich die evangelische Kirche mit der gesamtgesellschaftlichen Entwicklung in der Bundesrepublik auseinander. Sehr schnell wurde deutlich, dass hier die bisherige christliche Normenstruktur infrage gestellt wird. Seit 1962 ist mit der sogenannten Antibabypille ein Kontrazeptivum für Frauen auf dem Markt, das fast 100 Prozent sicher Sexualität von Fortpflanzung trennt. Die Reformen des Sexualstrafrechtes 1969 und 1973 schließlich stellen Unzucht – d. h. Sexualität vor bzw. außerhalb der Ehe und Homosexualität – nicht mehr unter Strafe. Eine breite Sexualaufklärung, die in den Schulen verankert und medial vermittelt wird – beispielsweise durch den durch das Bundesgesundheitsministerium 1967 hergestellten Aufklärungsfilm »Helga«, den über sechs Millionen Deutsche in den Kinos sahen –, sowie die Experimente der Studentenbewegung (Kommune I) führten insgesamt zu einem liberaleren Umgang mit Sexualität, auf den auch die Kirche reagieren musste.[62] Der Rat der EKD berief deshalb 1966 ein Gremium, das sich mit sexualethischen Fragen befassen sollte. Die Denkschrift des Gremiums, die 1971 verfasst wurde, machten sich die Kirchenleitungen jedoch – als zu fortschrittlich – nicht zu eigen, und sie erschien auch nicht als offizielle Denkschrift des Rates der EKD. Unter anderem wurde dort formuliert:

»Der Mensch lebt nur als Mann oder als Frau; er ist also durch seine Sexualität bestimmt. Das geschlechtliche Gegenüber und die Begegnung von Männern und Frauen haben ihren Sinn in sich selbst.«[63] Deshalb diene Sexualität nicht in erster Linie der Fortpflanzung. Konsequent wird auch die Empfängnisverhütung anerkannt.[64] Selbstverständlich erfolgt ein breites Plädoyer für die Ehe. Partnertausch und Gruppensexualität werden ausdrücklich abgelehnt.[65]

---

60 Akten Papst Paul VI., Enzyklika Papst Pauls VI. über die rechte Weitergabe menschlichen Lebens, Trier 1968, 23.

61 A. a. O., 31.

62 Vgl. hierzu Mantei (s. Anm. 44), 166.

63 Kirchenkanzlei der EKD (Hrsg.), Denkschrift zu Fragen der Sexualethik, Gütersloh 1971, 17.

64 Vgl. Mantei (s. Anm. 45), 170.

65 Vgl. EKD (s. Anm. 63), 24.

»Ebenso geht wechselnder Geschlechtsverkehr mit verschiedenen Personen an der Erfahrung einer vertieften Partnerschaft vorbei. Er mißachtet fast stets die Person des anderen und dient, auch wenn gegenseitige Übereinstimmung vorliegt, lediglich der Befriedigung eigener Wünsche, die den anderen Menschen zum Objekt machen.«[66]

Allerdings wird es der Gewissensentscheidung der Partner überlassen, zu welchem Zeitpunkt innerhalb ihrer Beziehung es zum Geschlechtsverkehr kommt, der damit nicht auf die Ehe beschränkt wird, auch wenn dies verklausuliert formuliert wird:

»In der christlichen Ethik herrscht die einhellige Überzeugung, daß volle geschlechtliche Partnerschaft ihren Ort in der Ehe hat. Doch wird auch die Notwendigkeit anerkannt, sexuelle Entwicklungsprozesse differenziert zu sehen. Daher wird Geschlechtsverkehr verlobter oder fest befreundeter Paare in einer ganzheitlich-personalen Beziehung, die mit der Absicht auf Dauer verbunden ist, anders gesehen als das ›Ausprobieren‹ mit wechselnden Partnern.«[67]

Innerhalb der universitären Theologie gab es eine auf wenige Personen (Siegfried Keil, Hermann Ringeling, Gyula Barczay, Joachim Scharfenberg, Wolfgang Trillhaas) beschränkte Zustimmung zu dieser Denkschrift, weder in den Kirchenleitungen noch auf der Gemeindeebene machte man sie sich entschieden zu eigen. Dennoch stellte sie ein Votum dar, das den Christinnen und Christen Selbstbestimmung erlaubte und, wie der Ethiker Siegfried Keil es betonte, nicht eine »Revolution der Unmoral«, sondern eine »Herausbildung personaler Verantwortungsstrukturen« fördern wollte.[68] Dennoch ist in dieser Zeit – und die kontroverse Diskussion um die Sexualdenkschrift zeigt es – von einem Normendissens im kirchlichen Raum auszugehen, der jedoch nach und nach zu immer größerer Toleranz gegenüber nichtehelichen Partnerschaften und damit einer gelebten Sexualität außerhalb der Ehe führte.[69] Es gab – und gibt bis heute – entschiedene Gegner dieser Öffnung, die sich nun zu evangelikalen Kreisen orientierten oder ganz von der evangelischen Kirche abwandten, wie die EKD-Synodale und Psychotherapeutin Christa Meves, die

---

66 Vgl. EKD (s. Anm. 63), 26f.

67 A. a. O., 27.

68 Vgl. MANTEI (s. Anm. 45), 172.

69 Vgl. die instruktive Untersuchung von BERND BUSCHE, Sexualethik kontrovers. Analyse evangelischen Schrifttums zu Sexualität, Partnerschaft und Ehe, Essen 1989.

in den 1970er Jahren zahlreiche Schriften zur Ehe in der Moderne und ihren Gefährdungen veröffentlichte[70] und schließlich 1987 zum Katholizismus konvertierte.[71] Die Debatten um Ehe und Sexualität, wie sie vornehmlich durch evangelisches Schrifttum verbreitet wurden, zeigten starke Divergenzen der Argumentation zwischen den sich von den gesellschaftlichen Entwicklungen negativ abgrenzenden evangelikalen und den nichtevangelikalen Verlagen.[72] Im Hinblick auf eine unbedingt positive Bewertung der Ehe und einer Skepsis gegenüber der Zunahme nichtehelicher Lebensgemeinschaften blieben sich evangelikale und nichtevangelikale ähnlich: So richtete sich die 1985 erschienene Schrift der EKD »Ehe und nichteheliche Lebensgemeinschaften. Positionen und Überlegungen aus der Evangelischen Kirche in Deutschland« gegen die »zunehmende Ehemüdigkeit«.[73] Auch wenn die in solchen Gemeinschaften lebenden Paare nicht aus der christlichen Gemeinde ausgeschlossen werden, bleibt die »Ehe Grundgestalt für das Zusammenleben von Mann und Frau, gegen deren Entwertung und Relativierung sich die Kirche wendet«.[74]

Im Hinblick auf die Debatten um die Reform des Paragrafen 218 in den 1970er Jahren votierte der landeskirchliche Protestantismus ebenfalls pluralismus-konform, d. h., er passte sich der gewandelten Rechtslage an – diese Haltung wurde jedoch in einem mühsamen Prozess der Auseinandersetzung, u. a. zwischen dem EKD-Ratsvorsitzenden Dietzfelbinger und dem EKD-Sachverständigen für die Strafrechtsreform Erwin Wilkens, errungen.[75] In den Reflexionen spiegelte sich zum Teil ein deutliches Bewusstsein für die veränderte Lage der Frauen in zweiten Drittel des 20. Jahrhunderts wider, die zunehmend versuchten, Beruf und Familie miteinander zu vereinbaren, und ein Verständnis dafür, dass es Notlagen der werdenden Mutter gab, die eine Notlagenindikation als zulässig erscheinen ließen.

---

70 Z. B. CHRISTA MEVES, Chancen und Krisen der modernen Ehe. Um unsere Grundwerte, Kassel-Harleshausen 1977; DIES., Ehe-Alphabet, Freiburg 1973 (über 20 weitere Auflagen!); DIES., Jugend und Ehe. Die Frühehe – Gefährdungen und Chancen, Wuppertal 1979.

71 Vgl. MANTEI (s. Anm. 45), 171, dort Fn. 35.

72 Vgl. BUSCHE (s. Anm. 69), 142–151.

73 KIRCHENAMT DER EKD (Hrsg.), Ehe und nichteheliche Lebensgemeinschaften. Positionen und Überlegungen aus der Evangelischen Kirche in Deutschland, Hannover 1985. Vgl. ebenso die gemeinsam mit der katholischen Deutschen Bischofskonferenz herausgegebene Schrift »Ja zur Ehe« von 1981. Vgl. auch BUSCHE (s. Anm. 68), 299–301.

74 EKD (s. Anm. 73), 17.

75 Vgl. hierzu ausführlich SIMONE MANTEI, Nein und Ja zur Abtreibung. Die Evangelische Kirche in der Reformdebatte um § 218 StGB (1970–1976), Göttingen 2004, hier: 151–153.

Auch die protestantischen Frauen meldeten sich zu Wort: Der Rechtsausschuss der Evangelischen Frauenarbeit unter der Leitung der damaligen Oberkirchenrätin im Kirchlichen Außenamt Elisabeth Schwarzhaupt veröffentlichte eine Stellungnahme, in der es im Einleitungsteil zwar hieß, »Abtreibung bleibt Tötung«, aber zugleich betont wurde, dass eine solche Entscheidung nicht mit Hilfe des Strafgesetzes gefällt werden könne. Es gebe »Situationen, welche die Frau schwer belasten und in denen sie sich – wenn nicht frei von Schuld, so doch mit einem getrösteten Gewissen – dazu entschließen darf, ihre Schwangerschaft abbrechen zu lassen.«[76]

Die Denkschrift von 1971 ließ die medizinische oder ›mütterliche‹ Indikation gelten, lehnte die soziale Indikation ab und stellte die ethische Indikation oder ›Vergewaltigungsindikation‹, die genetische und kindliche Indikation in die Gewissenentscheidung der Einzelnen, allerdings unter der deutlichen Prämisse, dass »[j]eder Eingriff, der das beginnende Leben vernichtet, […] Tötung werdenden Lebens« sei.[77]

2.3 Feministische Theologie

Mit der Politisierung der protestantischen Frauen auf Gemeindeebene begann seit den 70er Jahren eine feministische Bewegung, die, neben der faktischen beruflichen Gleichstellung der Frau im Pfarramt, nun insgesamt für eine geschlechtersensible und Gleichstellung fordernde Kirche und Theologie votierte. Nicht nur auf der offiziellen Ebene der Kirche und der Kirchenleitungen geschahen revolutionäre Entwicklungen, sondern gerade an der Basis entstanden neue Bewegungen. Seit den 70er Jahren meldete sich eine feministische Bewegung innerhalb der Kirche und später auch innerhalb der universitären Theologie zu Wort, die auf vielfältige Weise die bisher schweigenden christlichen Mitschwestern und ihre Perspektiven in Hinblick auf Glauben, Theologie und Kirche in die Debatten einbrachte. Die kirchlich engagierten Frauen auf der ›Laienebene‹, die die Mühsal der Emanzipation von verkrusteten Strukturen nochmals auf einer persönlichen Ebene reflektierten und erlebten, emanzipierten sich zunehmend und verschafften sich Gehör. Jedoch begann dieser Aufbruch zunächst nicht als ein feministischer, sondern als ein politisch-befreiungstheologisch motivierter.

Mit dem Politischen Nachtgebet entstand 1968 zunächst in Köln, später in zahlreichen anderen Städten der Bundesrepublik, Hollands und der

---

76 Zitiert nach Mantei, (s. Anm. 75), 155.

77 EKD (s. Anm. 63), 31.

Schweiz, eine ökumenische Veranstaltung, die großes Aufsehen in der medialen Öffentlichkeit erregte und mit ihrem politischen Fokus Debatten um den Öffentlichkeitsauftrag der Kirchen anregte.[78] Dieses Engagement war motiviert durch Theologinnen und Theologen beider Konfessionen, die nicht zuletzt durch die Auseinandersetzung mit einer »Theologie nach Auschwitz« politisch sensibilisiert worden waren. 1968 formulierte die evangelische Theologin Dorothee Sölle[79] zusammen mit anderen für eine solche Veranstaltung folgenden liturgischen Text:

»wir haben gelernt
sorgfältig und genau zu unterscheiden
zwischen persil cascade und den anderen waschmitteln
zwischen katholischen und evangelischen schulgebeten für kinder
zwischen empfängnisfreien und empfängnisgünstigen tagen
wir haben nicht gelernt
sorgfältig und genau zu unterscheiden
zwischen dem kommunismus und dem stalinismus
zwischen der sozialisierung des eigentums
und der blinden gewalt der panzer
zwischen der gerechten verteilung der bildung
und des wissens und der imperialistischen anmaßung
der parteibürokratie
zwischen dem sozialismus den ein ganzes volk
bejaht und will und dem terror seiner unterdrücker
wir haben gelernt worauf es ankommt
auf die ordnung die darin besteht
daß die produktion läuft und die studenten büffeln
die schüler parieren die gammler sich waschen
die kirchen beten und sich nicht einmischen
wir haben nicht gelernt worauf es ankommt
daß ein christliches leben ohne politisches handeln
eine heuchelei ist

---

78 Vgl. Peter Cornehl, Dorothee Sölle, das »Politische Nachtgebet« und die Folgen, in: Hermle u. a. (Hrsg.) (s. Anm. 45), 265–284.

79 Vgl. zu ihr: Ralph Ludwig, Die Prophetin: Wie Dorothee Sölle Mystikerin wurde, Berlin 2008; und Renate Wind, Dorothee Sölle – Rebellin und Mystikerin, Freiburg 2012; zu ihrer Theologie: Michael Korte, »Gott um Leben bitten hören jeden Tag«. Zur Theologie Dorothee Sölles, Bonn 2001.

daß jeder religiöse satz zugleich ein politischer sein muß
daß in den generalstäben und planungsbüros
über christus entschieden wird
[...] wir haben nicht gemerkt worauf es ankommt
daß christus uns für seine revolution braucht«[80]

Was hier pathetisch artikuliert wird, ist die Forderung nach politischer Einmischung der Christinnen und Christen. Dabei wird mit einer kritischen Beschreibung bundesdeutscher Wirklichkeit 1968 begonnen. Konsum- und Kapitalismuskritik klingt an, indem die Warenvielfalt als ein prägendes Merkmal bundesdeutscher Existenz beschrieben wird. Die Menschen, besonders die Frauen, beschäftigen sich mit den Überlegungen, welches Waschmittel (Persil oder Cascade) sie kaufen sollen – diese Entscheidungen nehmen Zeit und Raum ein, während andere, wichtige gesellschaftliche und politische Entscheidungen und Einstellungen unhinterfragt bleiben. Die nach wie vor herrschende Trennung zwischen evangelischen und katholischen Schulen bzw. Gebeten wird benannt. Auch diese Frage erscheint den ökumenisch orientierten Verfassern und Verfasserinnen nicht relevant, in dem Moment, in dem politische Positionen nicht mindestens ähnlich intensiv reflektiert werden. Schließlich wird die allein von der katholischen Kirche akzeptierte natürliche Methode der Empfängnisverhütung erwähnt. Hier ist der zeitgeschichtliche Bezug besonders deutlich, hatte doch der Papst mit seiner Enzyklika »Humanae Vitae« deutlich jede Form künstlicher Empfängnisverhütung zurückgewiesen. Für die katholischen Frauen, die seit dem II. Vatikanum (1962–1965) mit der Stärkung der Laien und der Aufbruchstimmung in ihrer eigenen Kirche die Hoffnung auf baldige Zulassung von Frauen zum Priesteramt verbunden hatten, bedeutete diese Enzyklika einen herben Rückschlag. Diese vergleichsweise banalen Fragen beschäftigen die Menschen, die gleichzeitig politisch wenig differenziert urteilen, indem sie Kommunismus mit Stalinismus gleichsetzen und nicht unterscheiden zwischen einer – augenscheinlich von den Verfassern erwünschten – Sozialisierung des Eigentums und der blinden Gewalt der Panzer – damit ist auf die gewaltsame Niederschlagung des Prager Frühlings 1968 angespielt. Der Konflikt zwischen Herrschenden und Beherrschten wird beschrieben als einer von einem Volk, das den Sozialismus will, und einer Regierung, die ihn unterdrückt. Wiederum antithetisch argumentierend, wird nun erneut bundesdeutsche Ge-

---

80 Dorothee Sölle u. a. (Hrsg.), Politisches Nachtgebet, Stuttgart ^{4}1971, 21f.

genwart ironisch kommentiert: Ordnung, die darin besteht, dass die Wirtschaft läuft, das Bildungssystem mit seinen autoritären Strukturen (»die schüler parieren«) funktioniert und Sauberkeit (»die gammler sich waschen«) werden als basale Strukturelemente einer offensichtlich repressiven Gesellschaft genannt, die von der Kirche spirituelle Dienstleistungen erwartet, aber keine politische Einmischung will. Es ist diese Politisierung, aus der eine Sensibilisierung für Repression auch in der Geschlechterfrage erwächst. Verknüpfungen zur Frauenbewegung ergeben sich allenfalls dadurch, dass diese sich ebenfalls mit einem entsprechenden Medienecho zu Gehör bringt.

Flankierend zu diesen beiden Entwicklungen, aber unabhängig davon initiierten die evangelischen Frauen ein Jahrzehnt später eine konkrete Boykottaktion: 1978 begann die Unterstützung des gewaltlosen Kampfes der schwarzen Südafrikaner und -afrikanerinnen mit der Aktion »Kauft keine Früchte aus Südafrika« der evangelischen Frauenarbeit in Deutschland – sie erhielten allerdings keine offizielle kirchliche Unterstützung. Der Weg in die Politisierung wurde von den protestantischen Frauen u.a. im Engagement gegen die Apartheid in Südafrika sowie mit der Beteiligung an den Politischen Nachtgebeten beschritten. Aus dieser Politisierung erwuchs eine Sensibilisierung für die eigene Diskriminierung. Die Frauen in den Gemeinden entdeckten, dass sie gehört werden wollen und eigene Anliegen haben.

Eine bedeutende Protagonistin dieser ersten Frauenaufbrüche war neben Dorothee Sölle, mit eindeutig feministischer Stoßrichtung, Elisabeth Moltmann-Wendel, die die Bücher »Ein eigener Mensch werden. Frauen um Jesus« und »Menschenrechte für die Frau« veröffentlichte, die die Fragen der »Frauenbefreiung« und die des eigenen Weges thematisierten und die historischen Grundlagen der Frauenemanzipation aufarbeiteten. Frauenliturgien, feministische Exegese und Predigtarbeit, feministische Gottesdienste – eine Vielfalt von neuen »spezifisch weiblichen« Formen und Inhalten drang in Theologie und Kirche ein.[81] Viele Impulse kamen nicht zuletzt durch die USA, bzw. den transatlantischen Austausch: Unter anderem katholische Theologinnen wie Mary Daly, Elisabeth Schüssler Fiorenza, Rosemary Radford Ruther wurden auch in Deutschland breit von feministisch orientierten Frauen rezipiert, was den dezidiert ökumenischen Charakter der Bewegung unterstreicht.

---

81 Vgl. als umfassende Bestandsaufnahme: Elisabeth Gössmann u.a. (Hrsg.), Wörterbuch der feministischen Theologie, Gütersloh 1991, 2. überarbeitete und grundlegend erweiterte Auflage 2002.

Die Einrichtung von Frauenreferaten stellte einen weiteren Schritt in die intendierte Gleichberechtigung der Frauen in der Kirche dar. Die Evangelische Akademie in Hofgeismar und die evangelischen Akademien thematisierten Frauenfragen, Fragen einer weiblichen Spiritualität und einer feministisch orientierten Theologie. Die Gründung der European Society of Women in Theological Research (ESWTR) (Europäische Gesellschaft für theologische Forschung von Frauen) im Jahr 1986 zeigt, dass die Institutionalisierung der feministischen Theologie als einer wissenschaftlich ernst zu nehmenden Forschungsrichtung weiter voranschritt. Seit den 1990er Jahren kann man von einer Etablierung der feministischen Theologie auch an den Universitäten sprechen. In der wissenschaftlichen Theologie hat sie mittlerweile einen festen Platz – dies zeigt sich an den zahlreichen Publikationen und Themen –, auch wenn ihr nach wie vor eher der Status der Nische zugeordnet wird.

2.4 1968 und die Frauen in der Kirche

In den 60er Jahren des 20. Jahrhunderts begannen somit vielfältige Neuaufbrüche in der evangelischen Kirche, die das Frauenbild und die Rollenbilder für evangelische Frauen fundamental veränderten. Die Modernisierungskraft und Fortschrittsaffinität, die dem Protestantismus gemeinhin unterstellt wird, brach sich auch in den kirchlichen und theologischen Neuaufbrüchen der protestantischen Frauen Bahn. Hier geschahen nun weitreichende Ablösungsprozesse von bisherigen Normen. Die gesellschaftlichen Entwicklungen im Nachkriegsdeutschland spiegelten sich auch in den gezeichneten Veränderungen, jedenfalls in Hinblick auf das Pfarramt und die »sexuelle Revolution«. Anders verhielt es sich bei der Politisierung der Frauen auf Kirchen- bzw. Verbandsebene. Dorothee Sölle spielte hier meines Erachtens eine Vorreiterrolle, weil sie von der Frage einer »Theologie nach Auschwitz« geprägt war. Über den Weg der Politisierung wurde dann auch die Frage nach Gleichberechtigung und Partizipation unter den protestantischen Frauen virulent.

Diese Aufbrüche standen in engem Zusammenhang sowohl mit rechtlichen (Zulassung von Frauen zum Universitätsstudium, Überarbeitung des Strafrechts) und gesamtgesellschaftlichen (Stichwort: 1968) Veränderungen. Wenngleich manche dies als Zeitgeistanfälligkeit des Protestantismus und Anpassung an gesellschaftliche Entwicklungen kritisieren, kann der beschriebene Wandel aus evangelischer Sicht uneingeschränkt positiv als Aufbruch und Modernisierung gewertet werden. Jahrhundertelange Traditionen wurden aufgebrochen, und eine Neuorientierung in Hinblick auf Gleichberechtigung begann.

Erinnerungsorte und Erinnerungskultur – gegen das Vergessen der Geschichte der Frauen

Susanne Asche

»Die Geschichte aller Zeiten […] lehrt: dass diejenigen, welche selbst an ihre Rechte zu denken vergessen, auch vergessen wurden.« Mit diesen Worten begann die erste Ausgabe der Frauen-Zeitung, die Louise Otto am 21. April 1849 herausbrachte.

Louise Otto war Frauenrechtlerin, Journalistin und Schriftstellerin. Unter dem Motto »Dem Reich der Freiheit werb' ich Bürgerinnen« gab sie ab 1849 die »Frauen-Zeitung« heraus, die die damalige Obrigkeit so aufschreckte, dass nach Niederschlagung der Revolution von 1848/49 ein Gesetz erlassen wurde, das Frauen verbot, eine Zeitungsredaktion zu leiten.

Damit wurde ihnen die Möglichkeit genommen, öffentlich für ihre Rechte einzutreten – sie wurden bei der Verteilung der Freiheitsrechte vergessen wie auch in der Geschichtsschreibung und damit in der Erinnerungskultur.

Warum?

Die französische Revolution formulierte gegen die ungleiche Ständegesellschaft die Idee der Gleichheit vor dem Recht, doch diese Gleichheit galt nur für den Mann bzw. unter Männern. Gab es im 18. Jahrhundert noch Fürstinnen und Äbtissinnen, Schriftstellerinnen und Handwerksmeisterwitwen, die im öffentlichen Leben eine Rolle spielten, so verschwanden diese im Zuge der Durchsetzung der bürgerlichen Gesellschaft in den Jahrzehnten nach 1800.

Erst gegen Ende des 19. Jahrhunderts wuchs eine Frauenbewegung, die Teilhabe am öffentlichen Leben verlangte und die sich bis zum Beginn des Ersten Weltkriegs zur größten sozialen Bewegung in Deutschland entwickelte. Im Jahr 1913 waren im »Bund Deutscher Frauenvereine« (BDF), einem Zusammenschluss vieler deutscher Frauenorganisationen, reichsweit schätzungsweise 500.000 Mitglieder.

In dieser Zeit entstanden die ersten Werke, die die Geschichte der Frauen und der Frauenbewegung darstellten. Auch in der Zeit der Weimarer Republik, die die politische Gleichberechtigung brachte, gab es weibliche Stimmen in der öffentlichen Erinnerungskultur.

Das alles wurde im Jahr 1933 mit der Machtübernahme der Nationalsozialisten abgebrochen.

Erst in den 1970er Jahren begannen im Zuge der neuen Frauenbewegung die Frauen, erneut sich ihrer Geschichte zu erinnern und sich auf Spurensuche zu begeben. Seitdem ist viel geschehen. Die Geschichte der Frauen wurde erforscht und in zahlreichen Bänden und Büchern und Ausstellungen dargestellt, Straßen und Plätze wurden nach Frauen benannt, Kongresse veranstaltet, Lehrstühle an den Universitäten eingerichtet, Verbände und Vereine erinnerten an die Leistungen der Frauen.

Was wollen wir mehr? Doch Vorsicht: »Die Geschichte aller Zeiten […] lehrt: dass diejenigen, welche selbst an ihre Rechte zu denken vergessen, auch vergessen wurden.«

Wir stehen vor einem Generationenwechsel: Die jüngeren Frauen wissen nichts mehr von der Geschichte der neuen Frauenbewegung und kennen meist die Forschungsergebnisse der 1990er Jahre nicht.

Das heißt, wir müssen uns unsere Geschichten und Erkenntnisse von Generation zu Generation weitererzählen. Dafür ist es notwenig, die eigene Geschichte auch ernst zu nehmen und die Zeugnisse des eigenen Tuns für archivwürdig zu halten. Lange Zeit wurden die Zeugnisse weiblicher Geschichte für nicht erhaltenswert gehalten. Der Sammlungsauftrag muss für die Archive und Museen klar formuliert werden.

Weitere Strategien des Nichtvergessenwerdens sind: auf Kontinuität zu beharren, Archive bei ihrer Pflicht zu nehmen, im öffentlichen Diskurs mitzureden, Straßennamen und Erinnerungstafeln einzufordern, Forschung zu betreiben und bei allen Veranstaltungen, Tagungen, Ausstellungen usw. auf den Anteil der Frauen zu beharren.

Nur das Wissen über die Geschichte der Frauen als wichtiger und prägender Teil der Menschheitsgeschichte – sowohl als Opfer, als Täterinnen oder als Heldinnen – gibt die Gewähr, nicht bei der Verteilung von Rechten vergessen zu werden.

»Die Frauenwelt ist zum Dienst bereit. Wir bitten uns nicht zurückzuweisen.«[1]

Einige Aspekte zur Gründungsgeschichte der Evangelisch-sozialen Frauenschule in Freiburg 1918

Ulrich Bayer

1 Die Entstehung der ersten sozialen Frauenschulen im Deutschen Kaiserreich

Kurz nach dem hundertjährigen Jubiläum der Evangelischen Frauenarbeit in Baden 2016 wird auch die Evangelische Hochschule in Freiburg im Jahr 2018 ihren einhundertsten Geburtstag feiern. Sie war im Oktober 1918, wenige Wochen vor Ende des Ersten Weltkrieges, als Evangelisch-soziale Frauenschule gegründet worden. Die Schule sollte die Ausbildung zur Sozialbeamtin, zur Wohlfahrtspflegerin mit den Spezialgebieten Gesundheitsfürsorgerin und Jugendwohlfahrtspflegerin sowie die Ausbildung zur Arbeits- und Berufsfürsorgerin anbieten.

Die Entstehung der Evangelisch-sozialen Frauenschule in Freiburg ist nur vor dem Hintergrund der Zusammenfassung der Evangelischen Frauenarbeit in Baden und ihrer organisatorischen Neuausrichtung ab 1916 zu verstehen. Sie steht in unmittelbaren Zusammenhang mit der Herausbildung der Sozialen Arbeit zu einer eigenständigen Profession und mit der raschen Entwicklung weiblicher Berufstätigkeit während des Ersten Weltkriegs.[2] Da-

---

1 Schreiben der Vorsitzenden der Vereinigung Evangelisch-sozialer Frauenschulen, Gräfin Berta von der Schulenburg (1861–1940) an die badische Landeskirchenleitung vom 02.07.1919, mit Bearbeitungsvermerk und Paraphe von Prälat Ludwig Schmitthenner (1858–1932), in: Landeskirchliches Archiv Karlsruhe (LKA), Generalia (GA) 5568.

2 Die Geschichte der Evangelisch-sozialen Frauenschule ist anlässlich verschiedener Jubiläen immer wieder Gegenstand von Darstellungen gewesen, die erste Festschrift zum zehnjährigen Bestehen entstand 1928: Evang.-soziale Frauenschule des Evangelischen Frauenverbandes für Innere Mission in Baden. Freiburg i. Br. 1918–1928, Karlsruhe o. J.

bei galt für den Beginn des 20. Jahrhunderts bezüglich der Stellung der Frau in der evangelischen Kirche im Wesentlichen das Gleiche, was der Historiker Lucian Hölscher für das gesamte 19. Jahrhundert konstatiert: »Zunächst standen die Frauen einer von männlichen Geistlichen dominierten Kirche gegenüber, in der sie [...] nur wenige öffentliche Aufgaben übernehmen durften.« Dabei nahmen Frauen »im 19. Jahrhundert deutlich häufiger und intensiver als Männer am kirchlichen Leben teil [...]. Frauen bildeten gegen Ende des 19. Jahrhunderts immer häufiger das einzige familiäre Band zur Kirche: Männer gingen meist überhaupt nur in Begleitung ihrer Ehefrauen [...] zum Gottesdienst und Abendmahl.«[3]

Die Entwicklung der Sozialen Arbeit zu einem Frauenberuf begann im letzten Drittel des 19. Jahrhunderts. In dieser Zeit wuchs die Einsicht, dass die Fürsorge qualifizierter und professioneller ausgeübt werden müsse. Damit einher gingen Initiativen der bürgerlichen Frauenbewegung, sich neue Berufsfelder zu erschließen. Alice Salomon, eine der Pionierinnen der Sozialen Arbeit und der Frauenemanzipation im Kaiserreich und während der Wei-

---

(1928), hrsg. von HELENE VON DUNGERN. Besonders ausführlich: MARIA HEINSIUS, 40 Jahre Berufsausbildung für Sozialarbeit und Gemeindedienst 1918–1958, Freiburg 1958. HANS-ULRICH NÜBEL (Hrsg.), Fachhochschule für Sozialwesen, Religionspädagogik und Gemeindediakonie der Evangelischen Landeskirche in Baden: Frauen. Fenster. Wege. Aktivitäten. Zum 70jährigen Bestehen der Bildungsstätte mit Beiträgen von HANS HERRMANN und WALTER DENNIG, Freiburg 1988. JOACHIM WALTER, »Spurensuche«. 75 Jahre EFH 1918–1993, Freiburg 1993. Des Weiteren: HERMANN ERBACHER, Die Innere Mission in Baden. Ein Beitrag zur Geschichte des 19. und 20. Jahrhunderts der Evangelischen Landeskirche in Baden. VVKGB 18, Karlsruhe 1957 (v. a. 63). CHRISTOPH SCHNEIDER-HARPPRECHT, »Bildung und Ausbildung« – Die Evangelische Fachhochschule Freiburg, in: In Gottes Wort gehalten. Die Evangelische Kirchengemeinde Freiburg 1807–2007, Freiburg 2006, hrsg. von RÜDIGER OVERMANS in Zusammenarbeit mit ULRICH BAYER u. a., 195–198. STEFAN TABLER, Freifrau Marie Luise Marschall von Bieberstein und die Anfänge der Evangelisch-sozialen Frauenschule in Freiburg, in: Protestantismus und Politik. Zum politischen Handeln evangelischer Männer und Frauen für Baden zwischen 1819 und 1933. Eine Ausstellung der Badischen Landesbibliothek in Zusammenarbeit mit der Evangelischen Landeskirche in Baden aus Anlaß des Kirchenjubiläums 1996: 175 Jahre Evangelische Landeskirche in Baden, Karlsruhe 1996, 217–227. Tabler bringt im Rahmen des Kataloges zur Ausstellung eine Reihe von Dokumenten mit Kurzbeschreibungen aus der Geschichte der Evangelisch-Sozialen Frauenschule, allerdings wird über das eigentliche Gründungsjahr 1918 und die Hintergründe hier nichts berichtet.

3 LUCIAN HÖLSCHER, Geschichte der protestantischen Frömmigkeit in Deutschland, München 2005, 301.

marer Republik, fasste dies programmatisch in der These zusammen: »Wir wachsen nur bei der Arbeit«.[4]

Noch um 1900 gab es zeitgenössische Charakterisierungen des Frauenberufes, die die Aufgabe der Frau auf das »Helfen, Heilen und Tränentrocknen« reduzieren wollten, und zwar aufgrund des spezifischen »naturgegebenen« Wesens der Frau.

Bis zur Jahrhundertwende dominierte bei der sozialen Hilfstätigkeit fast nur die Form von Ehrenamtlichkeit. Nun begannen sich aber im Zuge des gesellschaftlichen Wandels die Anforderungen an die Soziale Arbeit ebenso zu verändern wie die Erwartungen einer Vielzahl bürgerlicher Frauen an ihr Leben. Sowohl die bürgerliche wie auch die sozialistische Frauenbewegung forderten für die Frau die Wahlfreiheit zwischen Ehe und Beruf.[5]

Bis zum Beginn des Ersten Weltkriegs gab es im Bereich der Wohlfahrtspflege nur wenig Erwerbsarbeit. Ende des 19. Jahrhunderts entstanden jedoch bereits eine Vielzahl von sozialen Vereinen, die sich der Frauenbewegung zugehörig fühlten. Aus diesen Vereinen heraus wurden viele soziale Projekte gegründet wie Wohnheime für junge Arbeiterinnen und Wöchnerinnen sowie Asyle für junge, alleinstehende Mütter.

Auf Initiative von Alice Salomon und Jeanette Schwerin[6] entstand in dieser Zeit die Idee, die berufliche Schulung für Kindergärtnerinnen und Hortnerinnen mit der Ausbildung von Fürsorgerinnen und Wohlfahrtspflegerinnen zu verbinden. Dies war der Beginn einer schulischen Ausbildung für Soziale Arbeit und die Geburtsstunde der sozialen Frauenschulen.

Im Mittelpunkt stand nun die Professionalisierung der Sozialen Arbeit durch eine gezielte Ausbildung, gemäß dem Motto von Alice Salomon »Helfen will gelernt sein«.

Ende des 19. Jahrhunderts kam es dann in Berlin zur Zusammenlegung eines Seminars für Kindergärtnerinnen und einer Hauswirtschaftsschule im »Pestalozzi-Fröbel-Haus« in Schöneberg, einem Vorläufer der ersten Sozialen Frauenschule Deutschlands.

---

4 Zitiert bei Sabine Hering / Richard Münchmeier, Geschichte der sozialen Arbeit. Eine Einführung, 5. Aufl., Weinheim/Basel 2014, 53. Alice Salomon wurde 1872 in Berlin geboren und musste als Jüdin Deutschland während der NS-Diktatur verlassen, sie starb 1948 in New York.

5 Dies war z. B. neben dem Frauenwahlrecht eine zentrale Forderung des Erfurter Programms der SPD von 1891.

6 Jeanette Schwerin (1852–1899) gilt als Pionierin der Frauenbewegung und der Sozialen Arbeit in Deutschland.

In diesem Haus gab es dann ab 1899 Jahreskurse mit einem festen Programm, das Alice Salomon als Leiterin dieser Kurse folgendermaßen beschrieb:

> »Durch Einrichtung eines geschlossenen Jahreskurses soll einem kleinen Kreis von Frauen eine systematische Ausbildung für Berufsarbeit in der Armenpflege oder auf einem anderen Gebiete sozialer Hilfsarbeit ermöglicht werden.«[7]

Zur Ausbildung gehörten eine Einführung in die Armenpflege, Tätigkeit in Krippen, Kindergärten und Horten, Erziehungslehre, Wohlfahrtspflege sowie Volkswirtschaftslehre.

1908 entstand dann in Berlin-Schöneberg im »Pestalozzi-Fröbel-Haus« die erste Soziale Frauenschule Deutschlands unter Leitung von Alice Salomon. Diese Einrichtung existiert noch heute unter dem Namen »Alice-Salomon-Hochschule« in Berlin, Schwerpunkte sind die Masterstudiengänge Soziale Arbeit, Gesundheit sowie Erziehung und Bildung im Kindesalter. Zu den Mitarbeiterinnen der ersten Stunde gehörten Elly Heuss-Knapp (1881–1952), die Ehefrau des späteren ersten Bundespräsidenten Theodor Heuss, und Gertrud Bäumer (1873–1954), die während der Weimarer Republik viele Jahre die links-liberale Deutsche Demokratische Partei (DDP) im Deutschen Reichstag vertrat.

In der Folge entstanden im ganzen Deutschen Reich eine Vielzahl sozialer Frauenschulen. Träger waren teilweise freie Vereine wie in Berlin-Charlottenburg (gegr. 1910), in Frankfurt am Main (1913) oder Mannheim (1916). Soziale Frauenschulen/Wohlfahrtsschulen in städtischer Trägerschaft entstanden unter anderem in Leipzig (1911), Köln (1915) oder Breslau (1919). Die katholische Kirche eröffnete 1909 in München die erste Soziale Frauenschule unter ihrer Regie, weitere Gründungen erfolgten in Aachen 1916, Münster 1917 und Freiburg 1918. In evangelischer Trägerschaft wurden soziale Frauenschulen in Berlin 1909, in Elberfeld (Wuppertal) 1910, in Dresden 1913, in Kaiserswerth 1916, in Freiburg 1918, in Stuttgart 1924, in Danzig 1926 und in Nürnberg 1927 gegründet.[8]

---

7 HERING/MÜNCHMEIER, Geschichte der Sozialen Arbeit, 58.

8 Vgl. HERING/MÜNCHMEIER, Geschichte der Sozialen Arbeit, 97. Zur Entstehung der Profession einer evangelischen Gemeindehelferin, die in den 20er Jahren als Avantgarde der protestantischen Kirche galt, jetzt neu: REBECCA MÜLLER, Von der Diakonisse zur Gemeindehelferin – die Entstehung protestantischer (Frauen-)Berufe im 19. Jahrhundert, in:

1917 kam es auf Initiative von Alice Salomon zur Einberufung einer Konferenz Sozialer Frauenschulen mit dem Ziel einer Vereinheitlichung der Lehrinhalte.

Die Gründung und der Aufbau so vieler sozialer Frauenschulen innerhalb von weniger als zwei Jahrzehnten war eine beispiellose Entwicklung, die zudem fast ausschließlich von Engagierten aus dem Bereich der Sozialen Arbeit selbst ausging, wie Alice Salomon rückblickend bilanzierte:

> »Es ist charakteristisch für die Stellung der sozialen Ausbildungsanstalten innerhalb des beruflichen Bildungswesens, dass ihre Entstehung nicht von pädagogischen oder wissenschaftlichen Kreisen ausging, dass die Anregung nicht von den Universitäten oder anderen Anstalten mit sozialwissenschaftlichen Bildungszielen kam, sondern von Männern und Frauen der sozialen Praxis.«[9]

Einen deutlichen Einschnitt in das wirtschaftliche und soziale Leben Deutschlands brachte der Beginn des Ersten Weltkriegs 1914. Innerhalb kurzer Zeit begann für große Teile der Bevölkerung eine Phase der Verarmung und des sozialen Elends. Gleich mit Kriegsbeginn wurden ganze Industriezweige stillgelegt, so dass es zu einem raschen Einbruch der Konsumgüterindustrie kam. Aufgrund des Kohleengpasses, der Überlastung der Verkehrsstrukturen sowie der Seeblockade durch Großbritannien ging die deutsche Industrieproduktion bis 1918 um 30 Prozent zurück.[10] Die Einkünfte der an der Front stehenden Soldaten waren viel geringer als die Löhne und Gehälter zu Friedenszeiten und reichten nicht für Miete und Lebensmittelversorgung der Angehörigen in der Heimat. Nahrungsmangel führte im gesamten Deutschen Reich ab 1915 zu Hunger, das Fehlen von Heizmaterial sorgte dafür, dass die Kälte der Kriegswinter 1916/17 und 1917/18 schier unerträglich wurde. Während des gesamten Krieges starben in Deutschland bis zu 700.000 Menschen an den direkten und indirekten Folgen der Unterversorgung.[11] Als Folge des ständigen Mangels an Lebensmitteln und Waren des alltäglichen Bedarfs entstand eine Vielfalt von zum Teil kuriosen Behörden: Ab 1916 existierte eine Reichs-

---

Dies., Ausbildung zur Gemeindehelferin. Das Seminar für kirchlichen Frauendienst im Burckardthaus e.V. 1926–1971. Konfession und Gesellschaft Bd. 50, Stuttgart 2014, 47 ff.

9 Hering/Münchmeier, Geschichte der Sozialen Arbeit, 60.

10 Zu den Folgen der kriegsbedingten Wirtschaftskrise in Deutschland vgl. Jörn Leonhard, Die Büchse der Pandora. Geschichte des Ersten Weltkriegs, München 2014, 517 ff.

11 Vgl. Leonhard, Die Büchse der Pandora, 518.

bekleidungsstelle, eine Reichsfleischstelle, eine Reichszuckerstelle und ein Reichsausschuss für Zucker und Tee.

Die 1916 gebildete neue Oberste Heeresleitung (OHL) unter Generalfeldmarschall Hindenburg und General Ludendorff regierte mit quasi-diktatorischen Vollmachten. Die Bedeutung der zivilen Reichsregierung unter Reichskanzler Bethmann-Hollweg und des Kaisers ging gegenüber der OHL deutlich zurück. Zur totalen Kriegsmobilisierung der deutschen Zivilbevölkerung wurde ein Gesetz über den vaterländischen Hilfsdienst erlassen. Für die Mobilisierung der weiblichen Arbeitskräfte war das Kriegsamt unter Generalleutnant Groener zuständig.

Auf Initiative der Vorsitzenden des Bundes Deutscher Frauenvereine (BDF), Gertrud Bäumer, wurde der Nationale Frauendienst (NFD) gegründet. In ihm kam es erstmals zu einer Zusammenarbeit von bürgerlicher und sozialdemokratischer Frauenbewegung. Die Mitarbeiterinnen des Nationalen Frauendienstes engagierten sich vor allem in der Wohnungs-, Kranken- und Kinderfürsorge. Ebenso betreuten sie Schwangere und Wöchnerinnen, bauten Volksküchen auf und gaben Anleitungen zum sparsamen Hauswirtschaften. Außerdem kümmerte sich der NFD um Kleider, errichtete Arbeitsstätten und organisierte Heimarbeit. Dabei gelangen dem Nationalen Frauendienst in einigen Bereichen sogar politische Erfolge, die die Frauenbewegung im Kaiserreich vor 1914 nicht durchsetzen konnte, wie zum Beispiel staatliche Unterstützung auch für uneheliche Kinder. Auch in den meisten anderen kriegführenden Staaten hatten die Frauenbewegungen ihre Länder ebenso vehement unterstützt wie der NFD das Deutsche Reich.

Viele Zeitgenossen deuteten den Ersten Weltkrieg als Schrittmacher der Frauenemanzipation – nicht zuletzt mit Blick auf die Erwerbstätigkeit der Frau. Während des Krieges hatten sich zahlreiche Berufe erstmals für Frauen geöffnet und Frauen in vielen Bereichen die eingezogenen Männer ersetzt. Durch die Mobilisierungsprogramme der Obersten Heeresleitung war die Zahl erwerbstätiger Frauen ab 1916 sprunghaft angestiegen. Damit einher gingen dann massive Probleme für viele Kinder und Jugendliche, die jetzt plötzlich auf sich allein gestellt waren. Gegen deren soziale Verwahrlosung sollten die an den neu gegründeten Sozialen Frauenschulen ausgebildeten Fürsorgerinnen kämpfen.

In allen Bereichen des gesellschaftlichen Lebens gab es nun einen immensen Bedarf an Fürsorgerinnen und Wohlfahrtspflegerinnen, die Wohlfahrtspflege war faktisch eine Gewinnerin des Ersten Weltkriegs: »Das Soziale ist selbstverständlich geworden wie das Nationale. Nicht mehr ein Zugeständnis an die Benachteiligten, sondern die Selbsterhaltung der Gemeinschaft«[12], so die Vorsitzende des Nationalen Frauendienstes, Gertrud Bäumer.

Für die Frauenbewegung war wichtig, dass Frauen auch die Leitung der verschiedenen sozialen Hilfsdienste übernahmen, männliche Leitung wurde abgelehnt. Der Krieg bot die einzigartige Chance, Soziale Arbeit als bezahlte Frauenarbeit zu etablieren. Aufgrund des hohen Bedarfs erhielten erstmals nicht nur die höheren Töchter, sondern auch junge Frauen aus der Arbeiterschaft Zugang zur sozialen Berufsausbildung. Der Historiker Thomas Nipperdey resümiert den Fortschritt in der Frauenemanzipation durch die Umwälzungen des Ersten Weltkriegs folgendermaßen: »Auch wenn der Anstieg der Frauenlohnarbeit also nicht so ›revolutionär‹ war, wie man lange gemeint hat, ist es schlechterdings nicht zu übersehen, daß der Krieg im einzelnen die Frauenarbeit und auch die sozialpolitische Stellung der Frauen entscheidend beeinflußt hat.«[13]

Ab 1916 entstand ein spezielles Fürsorgewesen für die erwerbstätigen Frauen mit den Schwerpunkten Kinder- und Säuglingsfürsorge, Fabrikpflege und Jugendfürsorge. Auf der von Alice Salomon gegründeten Konferenz Sozialer Frauenschulen wurden 1917 die Schwerpunkte der Ausbildung an den Frauenschulen festgelegt. Zum Curriculum sollten Hauswirtschaft, Hygiene, Verwaltung, Recht und Volkswirtschaft gehören – damit waren die Ansätze einer sozialwissenschaftlichen Ausbildung gelegt.

Die Nachfrage nach gut ausgebildeten Hilfskräften war so groß, dass die zahlreichen neu eröffneten sozialen Frauenschulen kaum mit der Ausbildung nachkamen. Vor diesem Hintergrund ist auch die Gründung der Evangelisch-Sozialen Frauenschule in Freiburg im Oktober 1918, nur wenige Wochen vor Kriegsende, zu sehen.

---

12 Hering/Münchmeier, Geschichte der Sozialen Arbeit, 92.

13 Thomas Nipperdey, Deutsche Geschichte 1866–1918. Zweiter Band: Machtstaat vor der Demokratie, München 1998, 799.

2 DIE SCHULGRÜNDUNG IN FREIBURG 1918

Marie von Marschall schrieb zu den Hintergründen der Schulgründung am Ende des Ersten Weltkrieges:

> »Der Krieg war in ein kritisches Stadium getreten. Man sah, daß nach Kriegsende viel Kummer zu betreuen, viel Not zu lindern sein werde. Und ebenso, daß da Frauen gebraucht würden [...], die überall, wo es nottat, zugreifen würden, in der Wohlfahrtspflege, in der Gesundheitsfürsorge, in der Betreuung der Jugend, oder die den vielfach mit Arbeit überlasteten Pfarrern eine Hilfe sein könnten. Wohl bestanden da und dort schon soziale Frauenschulen [...] Uns aber leitete der Gedanke, daß es gut wäre, in unserm Lande selbst[14] eine Schule zu haben [...] Unsere Schule aber sollte ein ausgesprochen evangelisches Gepräge tragen, bei aller Bereitschaft, auf freundschaftlichem Fuße mit den anderen Schulen zu stehen.«[15]

Ein maschinenschriftlicher Auszug aus dem Protokollbuch der Evangelisch-sozialen Frauenschule, der sich im Landeskirchlichen Archiv in Karlsruhe befindet, vermerkt zur Gründungsgeschichte der Schule:

> »25. 6. 1918. Gründungssitzung unter Teilnahme von Freifrau von Marschall, Freiin von Dungern, Frl. Ries, Kirchenrat Kattermann, Pfarrer Krapf, Pfarrer Bornhäuser. Die Arbeit soll im Sinn der Inneren Mission geschehen. An Geldmitteln sind 4000.-M vorhanden (2000.-M der Landesverein[16], 1000.-M Frau von Marschall, 1000.-M die Freiburger Pfarrer). [...]
> 16. 7. 1918. Die Obengenannten konstituieren sich als Arbeitsausschuss.
> 30. 7. 1918. Die Schule mietet eine Wohnung Maienstr.1.
> 1. 10. 1918. Eröffnungsfeier im Gemeindesaal der Christuskirche. Eröffnungsansprachen von Frau von Marschall und Kirchenrat Kattermann.«[17]

Die »Freiburger Zeitung« berichtete in ihrer Morgenausgabe vom 3. Oktober 1918 über die Gründungsfeier: »Eine schlichte, aber erhebende Feier war es, mit welcher [...] im Gemeindesaal der Christuskirche die neugegründete evangelische Frauenschule eröffnet wurde. Nach einem einleitenden Lobgesang hielt Herr Stadtpfarrer Kattermann eine eindrucksvolle Ansprache, in

---

14 Also im damaligen Land Baden.

15 HEINSIUS, 40 Jahre Berufsausbildung, 6.

16 Für Innere Mission, d. Verf. Der exakte Termin dieses Gründungstreffens ist unsicher, nach anderen Angaben (Heinsius) war es der 18. Juni 1918.

17 Maschinenschriftlicher Auszug aus dem Protokollbuch der Evangelisch-Sozialen Frauenschule Freiburg, in: LKA Karlsruhe, Spezialia (SpA) 16131.

der er, anknüpfend an des Herrn Wort von dem reichen Erntefeld und den wenigen Arbeitern, die Bedeutung der weiblichen Mitarbeit am Bau des Gottesreiches darlegte. Nach einem weiteren Lied trat Ihre Exzellenz Freifrau v. Marschall vor die Versammlung, um zunächst allen Mitwirkenden für das Zustandekommen des neuen Werkes zu danken und dann in schlichten, aber tief empfundenen Worten noch einmal die Ziele der neugegründeten Frauenschule klarzulegen. Es habe sich auch für Baden das Bedürfnis nach einer Frauenschule gezeigt, die auf dem Grunde evangelischen Glaubens stehe. Zweck der Schule sei, ihre Schülerinnen mit einem gediegenen Wissen auszurüsten, das aber wiederum nur den Zweck verfolge, sie zum Dienen tüchtig zu machen, zum Dienen an ihren mannigfachen der Hilfe und Fürsorge bedürftigen Mitmenschen und in ihnen an ihrem Herrn und Heiland. Die Rednerin betonte schließlich die Wichtigkeit der Fürbitte für das begonnene Werk und forderte zu treuer Pflege derselben auf. Sie übermittelte der Versammlung die teilnahmsvollsten Grüße Ihrer königlichen Hoheit, der Großherzogin Luise, und verlas schließlich noch einen Brief des Herrn Prälaten Schmitthenner, der ebenfalls die junge Schöpfung christlicher Liebe mit treuen Wünschen begleitet. Nach einem Schlußvers wurde die Versammlung mit Gebet geschlossen. Die Teilnehmer besichtigten nun noch die äußerst geschmackvoll und behaglich eingerichteten Räume der neuen Schule und empfingen einen neuen Eindruck von der hingebenden Liebe und Sorgfalt, mit der hier alles begonnen wurde. Möge der Segen Gottes auf dem jungen Werke ruhen und aus dem Senfkorn der früchte- und schattenbringende Baum erwachsen.«[18]

Träger der Schule war der 1916 gegründete Evangelische Frauenverband für Innere Mission in Baden, dessen Vorsitzende Freifrau von Marschall (1862–1949) wurde. Sie blieb über viele Jahre die zentrale Person für die Trägerschaft der neu entstehenden Evangelisch-sozialen Frauenschule. Marie von Marschall wurde 1862 als Freiin von Gemmingen geboren, sie entstammte der alten Adelsfamilie von Gemmingen, die schon sehr früh im 16. Jahrhundert der Reformation im Kraichgau zum Durchbruch verhalf. Ihr Vater war Oberhofmarschall beim liberalen badischen Großherzog Friedrich I. (r. 1856–1907). Nach ihrer Heirat mit dem badischen Gesandten Freiherr

---

18 Freiburger Zeitung (Morgenausgabe) vom 03. 10. 1918, in: Universitätsbibliothek Freiburg – Freiburger historische Bestände – digital. Interessant aus heutiger Sicht die fast schon entschuldigende Begründung für die Einrichtung der Schule durch Marie von Marschall, dass die jungen Schülerinnen nur deswegen dort etwas lernen sollten, um zu dienen.

Adolf Marschall von Bieberstein verbrachte sie zunächst einige Jahre in Berlin, wo ihr Mann Staatssekretär im kaiserlichen Auswärtigen Amt war. Hier in Berlin wurden ihre fünf Kinder geboren. Von 1897 an lebte sie mit ihrem Mann in Konstantinopel, wo Freiherr von Marschall deutscher Botschafter beim Osmanischen Reich war. Nach dessen frühem Tod kehrte sie auf den Familiensitz der von Marschalls in das Schloss Neuershausen bei Freiburg zurück und widmete sich nun ganz dem sozialen Engagement und der evangelischen Frauenarbeit. Sie gehörte 1916 zu den Gründerinnen des »Evangelischen Frauenverbandes für Innere Mission in Baden«, der alle damals bestehenden Frauenvereine und Frauenverbände einschließlich Diakonissenmutterhäuser unter dem Dach der Inneren Mission zusammenfassen sollte.[19] In ihre langjährige Tätigkeit als Vorsitzende des Evangelischen Frauenverbandes fielen unter anderem die Gründung der Evangelisch-sozialen Frauenschule in Freiburg 1918 ebenso wie die Errichtung des ersten badischen Müttererholungsheims »Sonnenschein« in Königsfeld im Schwarzwald.[20]

Eine weitere wichtige Gründungspersönlichkeit der Frauenschule war Freifrau Helene von Dungern (1865–1935), die die erste Leiterin der Evangelisch-Sozialen Frauenschule in Freiburg war. Sie entstammte einer hessischen Adelsfamilie, ihr Großvater war leitender Minister in dem 1866 an Preußen gefallenen Herzogtum Nassau. Durch Kontakte mit Friedrich Naumann und Martin Rade, dem Herausgeber des liberalen protestantischen Wochenblattes »Christliche Welt«, entwickelte sich bei der jungen adligen Frau ein starkes soziales Verantwortungsgefühl. Als Oberin des Hessischen Diakonievereins in Darmstadt richtete sie 1907 in den Städtischen Kliniken in Darmstadt eine Krankenpflegeschule ein, deren erste Leiterin sie wurde und für die sie das Ausbildungskonzept erarbeitete. Ab 1909 war sie in leitender Funktion beim Fürsorgeverein Freiburg e.V. tätig, der aus der Ortsgruppe des Deutsch-Evangelischen Frauenbundes hervorgegangen war. Hier widmete sie sich der Betreuung von Schwangeren in der Universitätsfrauenklinik und besuchte re-

19 Dem neuen Evangelischen Frauenverband hatten sich folgende Organisationen angeschlossen: der Landesverband für weibliche Jugend, der Landesverband der Freundinnen junger Mädchen, die evangelischen Hausgehilfinnen-Vereine, die evangelischen Arbeiterinnen-Vereine, die evangelischen Fürsorge-Vereine, der Deutsch-Evangelische Frauenbund, die Mädchenbibelkreise und die Diakonissenmutterhäuser Badens, vgl. Erbacher, Die Innere Mission in Baden, 63.

20 Weitere biographische Details zu Marie Marschall von Bieberstein bietet Heinsius, 40 Jahre Berufsausbildung, 7–9.

gelmäßig die Gefangenen im Freiburger Frauengefängnis. Außerdem wirkte sie beim Aufbau der Freiburger Bahnhofsmission mit. In den schweren Jahren der unmittelbaren Nachkriegszeit leitete Helene von Dungern von 1918 bis 1921 die Evangelisch-Soziale Frauenschule in Freiburg, der sie bis zu ihrem Tod 1935 verbunden blieb. Außerdem war sie eine der ganz wenigen Frauen, die einen Beitrag für das theologische Standardlexikon der Evangelischen Kirche in Deutschland, »Die Religion in Geschichte und Gegenwart« (RGG) verfassten, nämlich den Artikel »Frauenverbände, kirchliche, in Deutschland« für die erste Auflage der RGG (1909–1913). Ihre 1900 in Göttingen bei Vandenhoeck und Ruprecht erschienene Arbeit über »Die Führer der christlich-sozialen Bewegung Englands 1848–1866« war ein wichtiger und häufig rezipierter Beitrag zur Sozialgeschichte Englands.

Schließlich gehörte mit Berta Ries (1849–1935) eine dritte Frau zum Gründungskreis der Freiburger Schule. Sie galt als Vorkämpferin der weiblichen Berufstätigkeit[21] und war zunächst Vorsteherin der Frauenarbeitsschule in Pforzheim und hat dann später in Stuttgart die dortige Frauenarbeitsschule und das von ihr aufgebaute Handarbeitslehrerinnenseminar geleitet. In der neu gegründeten Freiburger Frauenschule unterrichtete sie das Fach Pädagogik.

Von den männlichen Gründungsmitgliedern ist vor allem der spätere Kirchenrat Philipp Kattermann (1868–1951) von Bedeutung. Er war damals Pfarrer der Freiburger Paulusgemeinde und gehörte von 1918 bis 1950 dem Vorstand der Evangelisch-sozialen Frauenschule an.[22]

Nach dem bereits erwähnten ersten Treffen im Pfarrhaus der Paulusgemeinde im Juni 1918 konstituierte sich am 16. Juli 1918 der Arbeitsausschuss, der die Gründung der Schule in Angriff nahm. Als erster Schritt wurde in der Maienstraße 1 eine größere Wohnung angemietet und mit gestifteten alten Möbeln eingerichtet. Am 1. Oktober 1918 fand dann im Gemeindesaal der Christuskirche die bereits erwähnte Eröffnungsfeier der Schule statt. Großherzogin Luise spendete 100 Goldmark zur Anschaffung von Büchern[23] – Grundstock der Schulbibliothek, die heute noch als Bibliothek der Evangelischen Hochschule Freiburg existiert. Mit zwölf Schülerinnen im Alter zwischen 20 und 42 Jahren nahm die Schule wenige Tage später ihren Lehrbetrieb auf.

---

21 Vgl. Heinsius, 40 Jahre Berufsausbildung, 11.

22 Pfarrer Kattermann trat 1935 in den Ruhestand.

23 Vgl. Heinsius, 40 Jahre Berufsausbildung, 13.

Der erste offizielle Name, den die Schule ab 1919 trug, lautete »Evangelische Frauenberufsschule für kirchliche und soziale Arbeit«, ab 1921 hieß die Einrichtung dann »Evangelisch-soziale Frauenschule«.

Dass man mit der Gründung der Freiburger Frauenschule gewissermaßen »im Trend« lag, zeigt ein Schreiben der Vorsitzenden der Vereinigung Evangelisch-sozialer Frauenschulen in Deutschland, Gräfin Berta von der Schulenburg, vom 2. Juli 1919 an die badische Kirchenleitung. In diesem Brief wurde auf die Notwendigkeit der Einrichtung und Unterhaltung Evangelisch-sozialer Frauenschulen hingewiesen:

Die Aufgabe der neu entstehenden Frauenschulen sei es, »[…] die gebildete evangelische Frauenwelt auf die mannigfachen Arbeiten christlicher Liebestätigkeit und sozialer Fürsorge in den Gemeinden und im Volksleben nicht nur aufmerksam zu machen, sondern sie auch zu praktischer Mitarbeit zu erziehen und auszubilden. Gerade die neue Zeit, die der Frau in der Gemeinde größere Rechte verleiht, stellt sie damit auch an neue Pflichten.[24] Es wird nötig sein, vielmehr als in der Vergangenheit die Frauenwelt für die Aufgaben der Kirche und Mitarbeit im Gemeindeleben heranzuziehen. […] Die Frauen üben schon lange als Gemeindeschwestern, Armen- und Krankenpflegerinnen eine gesegnete Tätigkeit aus. […] Die neue Zeit fordert auch neue Formen. Die Pfarrgehilfin als Leiterin einer Gemeindefürsorgestelle, als Beraterin und Helferin in der Kriegsbeschädigten- und Hinterbliebenenfürsorge, als religiöse Erzieherin im Kindergottesdienst und wenn nötig auch im kirchlichen Religionsunterricht, sowie als Organistin und Kirchnerin, wird ein Bedürfnis für ein reges Gemeindeleben werden […]. Schon einmal sind aus der Frauenwelt der Kirche starke Segensströme zugeflossen und wir preisen den Namen Fliedners, dessen Werk es vor allem war.[25] […] Wir richten daher die Bitte an die Hohe Kirchenbehörde, gerade dieser Mitarbeit der Frau ihr ganz besonderes Augenmerk zuwenden zu wollen, die Ausbildungsstätten nach Kräften zu fördern, vor allem aber auch die Gemeinden eindringlich auf die neuen Pflichten hinzuweisen, die ihnen aus der Arbeit durch die Frauen und an den Frauen erwachsen. Besonders machen wir darauf aufmerksam, dass leider bisher die Besoldung kirchlicher Beamtinnen in den meisten Fällen recht unzureichend ist. Viele und vielleicht die besten Kräfte könnten uns dadurch

24 »Die neue Zeit« in Gestalt der sich konstituierenden Weimarer Republik gab sich gerade in diesen Tagen ihre demokratische Reichsverfassung, die im August 1919 in Kraft trat.

25 Die Einrichtung der ersten Diakonissenhäuser durch ihn, d. Verf.

verloren gehen […]. Die Frauenwelt ist zum Dienst bereit. Wir bitten uns nicht zurückzuweisen. Der Herr der Kirche bekenne sich aber auch zu dieser Arbeit mit seinem Segen.«[26]

Dass dieses Schreiben zur Unterstützung der Evangelisch-sozialen Frauenschulen bei der Badischen Landeskirchenleitung nicht ohne Wirkung blieb, zeigt unter anderem die Tatsache, dass Kirchenpräsident Uibel zusammen mit dem Oberkirchenrat für den 7. Dezember 1919 eine landeskirchliche Kollekte anordnete »zum Besten der Frauenberufsschule des Evang. Frauenverbands der Inneren Mission«.[27]

Ein undatiertes Informationsblatt der Frauenschule aus den Gründungsjahren 1919/20 beschrieb die damalige »Evangelische Frauenberufsschule für kirchliche und soziale Arbeit« folgendermaßen:

> Die Evangelische Frauenberufsschule »will Frauen und Mädchen, welche auf dem weiten und wichtigen Gebiet der Kirche, der Inneren Mission und der sozialen Arbeit einen Beruf suchen oder sich ehrenamtlich betätigen wollen, eine gründliche und allseitige Ausbildung auf christlicher Grundlage bieten. […] Gedacht ist an folgende Frauenberufe: Helferin in der Gemeindearbeit und bei der Stadtmission; Vereins- und Verbandssekretärin; Gehilfin bezw. Leiterin in Kinderheimen, Horten, Erziehungs- und Waisenhäusern, Mädchenheimen, Arbeiterinnenheimen, Erholungsheimen; ferner bei der Waisen- und Jugendpflege […], Berufsvormundschaft, Jugendgerichtshilfe, Fürsorge für (sittlich) Gefallene und Gefangene […].«[28]

Während der zweijährigen Ausbildung sollte jeweils ab Oktober theoretischer Unterricht mit stunden- und halbtageweiser Betätigung erfolgen, danach praktische Arbeit von Ostern bis zur Sommerpause. Neben dem normalen Fachunterricht bot die erste Leiterin der Schule, Helene von Dungern, auch »regelmäßig Einzelvorträge der Schülerinnen verbunden mit Uebungen in der Diskussion«[29] an. Das jährliche Schulgeld betrug 300 Reichsmark, das Mindestalter der Studentinnen lag bei 20 Jahren, und neben den offiziell Angemeldeten waren Gasthörerinnen ebenfalls zugelassen.

---

26 Schreiben der Vorsitzenden der Vereinigung Evangelisch-sozialer Frauenschulen, Gräfin Berta von der Schulenburg, an die badische Landeskirchenleitung vom 02. 07. 1919, in: LKA Karlsruhe, GA 5568.

27 LKA Karlsruhe, Spezialia (SpA) 16130.

28 Informationsblatt der Evangelischen Frauenberufsschule Freiburg, in: LKA Karlsruhe, SpA 16130.

29 Ebd.

3 Die erste Prüfung an der Evangelisch-sozialen Frauenschule 1920 und die staatliche Anerkennung 1921

Die erste Prüfung an der Freiburger Frauenschule fand unter Leitung von Prälat Schmitthenner am 13. und 14. Juli 1920 statt, und alle zwölf Schülerinnen des Kurses hatten die Prüfung bestanden, wie Marie von Marschall am 23. Juli 1920 in einem Brief dem Oberkirchenrat meldete.[30] Im gleichen Schreiben bat von Marschall den Oberkirchenrat im Gesetzes- und Verordnungsblatt der Landeskirche darauf hinzuweisen, dass einige Schülerinnen, die die Prüfung bestanden hätten, noch ohne Anstellung seien.[31] Bei dieser ersten Prüfung anwesende Vertreter des badischen Arbeitsministeriums bemängelten den Lehrplan der Frauenschule, insbesondere das Fehlen der Fächer Volkswirtschaftslehre und Gesetzeskunde wurden als Defizit vermerkt. Erst nachdem der Lehrplan in diesem Sinne ergänzt worden war, teilte Marie Baum als Vertreterin des badischen Arbeitsministeriums am 10. September 1921 in einem Schreiben an Prälat Schmitthenner mit, dass ab diesem Tage die Evangelische Frauenschule Freiburg als staatliche Prüfungsstelle anerkannt worden sei.[32] Erst danach wurden die Zeugnisse von den zuständigen Staatskommissaren im badischen Arbeitsministerium unterzeichnet.[33] Im gleichen Jahr erhielt die Schule dann den Namen »Evangelisch-soziale Frauenschule« und wurde in die Konferenz der sozialen Frauenschulen Deutschlands aufgenommen.

Eine der Forderungen des badischen Arbeitsministeriums war, dass die Freiburger Frauenschule eine akademische Leitung bekommen sollte. Diesem Anspruch wurde durch die Ernennung von Dr. Lina Mayer-Kulenkampff zur neuen Schulleiterin Ende 1921 Rechnung getragen. Lina Mayer-Kulenkampff (1886–1971) hatte nach dem Studium der Fächer Geschichte, Deutsch und

---

30 Schreiben Marie von Marschall an EOK vom 23. 07. 1920, in: LKA Karlsruhe, SpA 16130.

31 Ebd.

32 Schreiben des badischen Arbeitsministeriums (Marie Baum) an Prälat Schmitthenner vom 10. 09. 1921, in: LKA Karlsruhe, SpA 16130. Marie Baum war eine der führenden badischen Frauenrechtlerinnen und Mitarbeiterin von Gertrud Bäumer. Vgl. Marie Baum. Ein Leben in sozialer Verantwortung. Archiv und Museum der Stadt Heidelberg. Schriften 4, Ubstadt-Weiher 2000.

33 Schreiben des badischen Staatsministeriums an den Evangelischen Oberkirchenrat vom 20. 10. 1921, in: LKA Karlsruhe, SpA 16130.

Englisch für das Lehramt die Leitung der sozialen Frauenschule in Mannheim übernommen. Im Ersten Weltkrieg hatte sie bereits sehr früh ihren Mann verloren und musste nun als alleinerziehende Kriegerwitwe für sich und ihre kleine Tochter sorgen. Neben der Leitung der Evangelisch-sozialen Frauenschule Freiburg unterrichtete sie hier auch die Fächer Pädagogik, Psychologie und Sozialethik. Nach ihrer Freiburger Zeit wurde sie 1923 Leiterin des Kindergärtnerinnen-Seminars in Halle an der Saale, hier wurde sie dann bald zur Vorsitzenden des Verbandes Hallescher Frauenvereine gewählt. Nachdem sie in Halle Studiendirektorin an der Helene-Lange-Schule geworden war, übernahm sie 1931 die Leitung der staatlichen Augusta-Schule in Berlin-Schöneberg. Da sie 1934 den Eid auf Hitler verweigerte, wurde sie zwangspensioniert. Nach 1945 blieb sie eine bedeutende Persönlichkeit der Frauenbewegung und der Sozialpädagogik, sie leitete unter anderem in den 50er Jahren die Victor-Gollancz-Stiftung in Hamburg. Auf einer Gedenktafel an der ehemaligen Augusta-Schule (heute: Sophie-Scholl-Schule) steht: »Lina Mayer-Kulenkampff verweigerte 1934 den Eid auf das nationalsozialistische Regime und setzte damit ein vorbildliches Zeichen für Zivilcourage.«[34]

Zu den Lehrkräften der ersten Stunde zählte auch der spätere badische Staatspräsident Leo Wohleb (1888–1955), der in dieser Zeit Professor am Freiburger Bertholdgymnasium war und sowohl an der sozialen Frauenschule des Caritas-Verbandes als auch an der Evangelisch-sozialen Frauenschule das Fach Volkswirtschaftslehre unterrichtete.[35]

Die ersten Absolventinnen der Evangelisch-sozialen Frauenschule in Freiburg übernahmen folgende Tätigkeiten: Vier von ihnen kamen in den städtischen Fürsorgedienst in Freiburg, Pforzheim und Recklinghausen, zwei in den kirchlichen Wohlfahrtsdienst in Lahr und Pforzheim, zwei wurden in Hamburg und Freiburg Gemeindehelferinnen, eine wurde Lehrerin in Baden-Baden, eine arbeitete bei der Bahnhofsmission in Frankfurt am Main und eine wurde Hausfrau und Mutter.[36]

---

34 Zu Mayer-Kulenkampff vgl. Anja Dernick, Lina Mayer-Kulenkampff (1886–1971). Ihr Leben und ihr Beitrag zur Bildungsarbeit an sozialen Frauenschulen, an Mädchengymnasien und für die Neukonzeptionierung der sozialen Arbeit nach 1945, Diplomarbeit Universität Oldenburg 2002.

35 Vgl. Heinsius, 40 Jahre Berufsausbildung, 16.

36 Vgl. Evang.-soziale Frauenschule Freiburg i. Br. 1918–1928, 8–9.

4 Der Beginn der Ära Julie Schenk 1923 und der Abschluss der Gründungsphase

Als Nachfolgerin von Lina Mayer-Kulenkampff übernahm 1923 Julie Schenck (1895–1955) die Schulleitung. Sie begann im Krisenjahr 1923 im Alter von nur 29 Jahren diese Aufgabe, die sie bis zu ihrem Tode 1955 mehr als 30 Jahre lang innehatte. Julie Schenck war die prägende Führungspersönlichkeit in den ersten Jahrzehnten der Evangelisch-sozialen Frauenschule. In ihre Amtszeit fiel 1928 der Umzug der Schule in die wesentlich erweiterten Räume in der Freiburger Goethestraße 2. Der Beginn ihrer Tätigkeit als Schulleiterin war überschattet von einer existenzbedrohenden Krise der Frauenschule, die galoppierende Inflation des Jahres 1923 schien einen weiteren Schulbetrieb unmöglich zu machen, wie Marie von Marschall in einem Schreiben an den Evangelischen Oberkirchenrat vom Januar dieses Jahres deutlich machte:

> »Die fortgesetzte Entwertung des Geldes macht die Erhaltung der Frauenschule außerordentlich schwierig. Trotz größter Einschränkung in Heizung und Beleuchtung, trotz Heraufsetzung des Schulgeldes und finanziellen Entgegenkommens von seiten der neuen Leiterin Frl. Dr. Schenck und fast aller Lehrkräfte wird es sehr schwer, ja unmöglich sein, das Fortbestehen der Schule zu sichern, wenn nicht von evangelischer Seite durchgreifend geholfen wird. [...] Es würde einen schmerzlich empfundenen Rückgang unserer evangelischen Sache bedeuten, wenn wir nicht mehr in der Lage wären, unsere Schule zu halten, während doch 2 katholische soziale Frauenschulen im Lande bestehen.«[37]

Der Beginn der Schulleitertätigkeit von Julie Schenck stand also unter äußerst schwierigen Vorzeichen. Julie Schenck hatte am Karlsruher Mädchengymnasium das Abitur absolviert, einem der ersten Mädchengymnasien im Deutschen Reich.[38] Das anschließende Studium der Nationalökonomie an der Universität Freiburg beendete sie 1918 als eine der ersten Frauen mit der Promotion zum Dr. rer. pol. Danach leitete sie die soziale Frauen-

---

37 Schreiben von Marie von Marschall an EOK vom 31.01.1923, in: LKA Karlsruhe, SpA 16130. Als Folge dieser Bitte fand am 22.04.1923 in der Badischen Landeskirche eine Kollekte für die Evangelisch-soziale Frauenschule und für die Errichtung eines Müttererholungsheimes in Königsfeld statt. Marschall war es im Krisenjahr 1923 auch gelungen, durch freundschaftliche Verbindungen zum schwedischen Königshaus mehrere hundert schwedische Kronen als Spende zu akquirieren.

38 Die Gründung des Karlsruher Mädchengymnasiums war 1893, das erste Abitur wurde 1899 abgenommen, d. Verf.

schule des Badischen Frauenvereins in Karlsruhe. Angesichts der schwierigen wirtschaftlichen Verhältnisse der Freiburger Frauenschule verzichtete sie zunächst auf ein Viertel ihres Gehaltes. Ihre erste wichtige Entscheidung als Schulleiterin bestand im Jahr 1924 darin, einen Vorschlag des Landesvereins für Innere Mission, die Evangelisch-soziale Frauenschule nach Karlsruhe zu verlegen, abzulehnen.[39] Damit war der Standort Freiburg gesichert, aus der Evangelisch-sozialen Frauenschule wurde 1956 das Evangelische Seminar für Wohlfahrtspflege und Gemeindedienst, 1971 die Evangelische Fachhochschule und 2008 schließlich die Evangelische Hochschule Freiburg, die somit 2018 auf eine einhundertjährige Geschichte zurückblicken kann.

Nach den schwierigen Gründerjahren war die Evangelisch-soziale Frauenschule ab etwa 1924/25 im Zusammenhang mit der wirtschaftlichen Stabilisierung der Weimarer Republik weitgehend konsolidiert. Ein in dieser Zeit entstandenes Informationsblatt beschreibt den damals zum Abschluss der Gründungsphase erreichten Stand der Schule und soll deshalb den Schluss dieses Artikels bilden.

Folgende Studiengänge konnten demnach an der Evangelisch-sozialen Frauenschule studiert werden: Gesundheitsfürsorge, Jugendwohlfahrtspflege sowie Arbeitsfürsorge. Der Lehrplan umfasste in der Unterstufe folgende Fächer: Geschichte und Wesen der Wohlfahrtspflege, Praxis der Wohlfahrtspflege, Volkswirtschaftslehre, Bürgerkunde, Rechtslehre, Pädagogik und Psychologie, Gesundheitslehre, Sozialhygiene, Geschichte des 19. Jahrhunderts, Sozialethik, Glaubens- und Lebensfragen sowie Vortrags- und Diskussionsübungen. In der Oberstufe kamen die Fächer Sozialpolitik und Bürgerkunde ergänzend hinzu. In einem fakultativen kirchlichen Aufbaukurs, der weitere sechs Monate umfasste, standen folgende Fächer auf dem Lehrplan: Bibelkunde, Biblische Geschichte mit Lehrproben, Kirchengeschichte, Katechismuslehre mit Lehrproben, Gesangbuchlehre mit Lehrproben, Gesangsunterricht, Kirchenkunde, Glaubens- und Lebensfragen, kirchlich-soziale Arbeit sowie Vorträge über einzelne Spezialgebiete.[40]

Der Grundstein für einen langen, inzwischen fast einhundertjährigen Weg evangelischer Bildungspräsenz im traditionell katholischen Freiburg war gelegt. In der heutigen Freiburger Bildungslandschaft gibt es neben der traditionsreichen Evangelischen Hochschule für Soziale Arbeit und Religi-

---

39 Vgl. Heinsius, 40 Jahre Berufsausbildung, 19.

40 Das undatierte Informationsblatt findet sich im LKA Karlsruhe, GA 4788.

onspädagogik eine Evangelische Fachschule für Sozialpädagogik, eine Evangelische Fachschule für Altenpflege sowie das reformpädagogisch-inklusiv orientierte Evangelische Montessori-Schulhaus Freiburg mit Realschule und Gymnasium.

Theologinnen in der Frauenarbeit – Wahrnehmungen eines Weges

Johannes Ehmann

Für Hilde Bitz

1 Vorüberlegungen

Der Begriff »Theologinnen« ist nur scheinbar präzise. Nach heutigem Sprachgebrauch wird man darunter im Bereich der Universität zunächst Studentinnen der Theologie verstehen. Somit fallen unter die Bezeichnung nicht nur Frauen, die ein kirchliches (und mit der Ordination verbundenes) Amt anstreben, sondern heute auch Religionsphiloloqinnen mit dem Beifach Theologie. Im Bereich der »angewandten« Ausbildungsstränge«, also in den Pädagogischen und (ehemals Fach-)Hochschulen mit dem Ziel des Masters (Lehramt) bzw. der diplomierten Religionspädagogin, ist dagegen meist von »Religion« die Rede.

Dies ist keine terminologische Quisquilie. »Theologin« trägt nicht etwa einen rein deskriptiv-pragmatischen Charakter, sondern impliziert zumindest in historischer Perspektive die Affirmation der Anerkennung einer Bildungsleistung, die den gleichen Bedingungen und Folgen eines akademischen Studiums genügt, wie sie von Männern erfordert und diesen gewährt wurde. Das heißt, der wissenschaftlichen Examinierung folgte eine praktische Ausbildungsphase, an die sich eine kirchliche Examinierung anschloss, die wiederum in die Ordination mündete. Diese wiederum bedeutete die Berufung ins Amt der öffentlichen und allgemeinen[1] Wortverkündigung.

Man muss diese Selbstverständlichkeiten schildern, wenn man die Arbeit der Theologinnen würdigen will, für die diese Selbstverständlichkeiten eben nicht gegeben waren.

1 Also nicht *pro tempore et loco.*

Rückwirkend zum WS 1899/1900 war Frauen das Studium an badischen Universitäten ermöglicht worden, was freilich auch im nichtkirchlichen Bereich nicht mit der Ausfüllung des gewöhnlich dem Studium folgenden Berufsbildes verbunden war (z. B. Medizin/ prakt. Arzt). Im badisch-kirchlichen Bereich gab es zwar seit 1962 Pfarrerinnen (zuvor war der geistliche Dienst als der einer Vikarin definiert worden), doch erst 1971 waren Pfarrerinnen auch zum Gemeindepfarramt zugelassen, was (erst auch) sukzessive die Übernahme kirchlicher Leitungsämter (Dekanin, Prälatin, theol. Oberkirchenrätin) ermöglicht hat.[2]

Für den Begriff der »Theologin« bedeutet(e) dies *einerseits* die unbestreitbare wissenschaftlich-theologische Qualifikation einer Frau, *andererseits* die historisch ebenso unbestreitbare Tatsache, dass die Ausübung des Amtes der öffentlichen Wortverkündigung nur beschränkt gewährt und die Ordination (im Vollsinne) verweigert wurde. Pointiert ausgedrückt: Galt die Frau bis 1900 als nur beschränkt *bildungsfähig*, so nach 1900 als nur beschränkt *amtstauglich*.

Nur so wird die Emphase erkennbar, wenn am 20. Juli 1938 Grete Gillet »(n)amens der badischen Theologinnen« eine *rite* vorzunehmende *vocatio*[3] mit Verpflichtung und Einsegnung verband. Die Begründung zeigt nicht etwa eine rückständige Entsolidarisierung hinsichtlich »frauenrechtlicher Bestrebungen«, sondern die Berufung auf das Amt, das ihrer bereits geleisteten kirchlichen Arbeit entsprach. »Wir Theologinnen« bedeutet somit keine abstrakte Berufung auf zu gewährende Rechte, sondern in der Krise des Kirchenkampfes die bekenntnisgemäße und somit pflichtgemäße »Einordnung in die kirchliche Arbeit«.[4]

---

2 Eine schöne Übersicht gibt SARAH BANHARDT, »Das Leben zu einem rechten Gottesdienst gestalten«, Theologinnen in der evangelischen Landeskirche in Baden von 1916–1933, kirchengeschichtliche Hauptseminararbeit Heidelberg (WS 2014/15). Aus dieser Arbeit stammt die »Liste früher badischer Theologinnen«, die ich mit Dank an Frau Banhardt hier als Anhang aufnehme.

3 Also in klarer Anlehnung an CA XIV (lat.), BSELK 108, also Begründung evangelischer Ordination.

4 »Wir Theologinnen bitten […] herzlich darum (scil. vocatio durch Verpflichtung und Einsegnung). Uns bewegt kein Grund und Interesse irgendwelcher frauenrechtlerischer Bestrebungen, sondern allein die Not unserer kirchlichen Amtslage, die uns dringend eine verpflichtetere [!] und berufenere [!] Einordnung in die kirchliche Arbeit nötig werden lässt.« Schreiben an den EOK, Abdruck bei RUTH PFISTERER, GRETE GILLET in: Dem Himmel so nah – dem Pfarramt so fern. Erste evangelische Theologinnen im geistlichen Amt. Be-

Weder auf die Geschichte der Frauenordination, des theologischen Frauenstudiums noch auf das Problem der Anstellungsverhältnisse (also Verhältnis von Ordination und kirchlicher Versorgungspflicht im Sinne der Verbeamtung) kann im Folgenden eingegangen werden. Vielmehr soll anhand dreier Beispiele[5] – auch sind hier keine neuen biographischen Skizzen beabsichtigt – die kirchliche Arbeit von Frauen dargestellt werden, dies in der Perspektive, welche *spezifischen* Aufgaben wahrgenommen wurden vor dem Horizont eines für Frauen noch nicht erreichten bekenntnisgebundenen Amtes.

Ein vergleichbares Problem stellt sich hinsichtlich des Begriffs »Frauenarbeit« oder auch »Frauenwerk«. Binnenkirchlich und heute verstanden als kirchlich strukturierte Zielgruppenarbeit innerhalb der Landeskirche (Innere Mission, Werke und Dienste)[6], stellt ein solches Verständnis eher einen terminologischen Spätling dar, der wiederum in die Entwicklung während des Kirchenkampfes einzuordnen ist.[7]

Frauenarbeit soll demgegenüber hier in größter Weite begriffen werden – als Arbeit von Frauen für Frauen in theologischer Absicht. Gewährsfrau ist hier Maria Heinsius. Ihr noch zu skizzierendes Lebenswerk betrachtete »Frauenarbeit« als die geschichtlich wirksame, wenngleich unterschätzte Arbeit von Frauen in der Kirche. In diesem Sinne ist sie (wissenschaftliche)

---

arbeitet von HEIKE KÖHLER, DAGMAR HENZE, DAGMAR HERBRECHT, HANNELORE ERHART, Neukirchen-Vluyn 1996 [künftig: Himmel/Pfarramt], 39.

5 Die folgenden Ausführungen beschränken sich auf Maria Heinsius, Grete Gillet und Doris Faulhaber. Zu nennen wären etwa noch Elsbeth Oberbeck, Renate Scherer und Gertrud Harsch; vgl. HILDE BITZ, Kraft und Würde, 46–49 u. 52–54; dort auch Hinweise auf weitere Theologinnen; vgl. auch BANHARDT. Die hier aus Platzgründen nicht gewürdigten Theologinnen wären freilich gesonderter Beachtung wert, da die u. a. von ihnen betreute »Mütterarbeit« teilweise als frauenspezifisch-volksmissionarische Arbeit vertreten wurde, was nach den frömmigkeitsgeschichtlichen Profilen der damaligen Theologinnen fragen lässt.

6 HILDE BITZ, In Kraft und Würde: Frühe Theologinnen im Frauenwerk; in: © Evangelische Frauenarbeit Baden (Redaktion ANNEGRET BRAUCH, ANJA BREMER-WALKLING), »Kraft und Würde sind ihr Gewand und sie lacht des kommenden Tages«. 90 Jahre Evangelische Frauenarbeit in Baden, Karlsruhe 2006, 43–69; ADELHEID M. VON HAUFF (Hrsg.), Frauen gestalten Diakonie. Bd. 2: Vom 18. bis zum 20. Jahrhundert, Stuttgart 2006, 2. Aufl. 2012.

7 Vgl. dazu JULIA KAISER, Vom »Evangelischen Frauenverband für Innere Mission in Baden« zur »Frauenarbeit der Evangelischen Landeskirche in Baden«. Eine Untersuchung zu den strukturellen Entwicklungen zwischen 1933 und 1942, kirchengeschichtliche Hauptseminararbeit Heidelberg (WS 2014/15).

Historiographin der Frauenarbeit geworden; nicht als Aktuarin einer Verbandsgeschichte, sondern in der programmatischen Herausstellung der Tatsache, »daß es schon in sehr früher Zeit eine bedeutsame kirchliche Frauenarbeit auf der Grundlage einer vollwertigen theologischen Ausbildung gegeben hat«.[8]

2 Maria Heinsius (1893–1979)[9]

Maria Heinsius, geb. Stoeber, war Wissenschaftlerin[10] und hat zugleich *kein* kirchliches Amt bekleidet. Das heißt, sie gehört zu den Frauen, die als (kinderlose) Pfarrfrau und Ehefrau eines durch den Ersten Weltkrieg nervlich belasteten Mannes sich in ihrer Lebensarbeit einen Freiraum erarbeitete, der außerhalb des Hauptberuflichen blieb. Auch das Zweite Examen[11] hat sie nach Abschluss ihres Studiums *zunächst* nicht angestrebt.

Die am 30. März 1893 als Tochter des lutherischen Pfarrers Wilhelm Stoeber und dessen (zweiter) Ehefrau Julie in Regensburg geborene Maria Stoeber erfuhr ihre schulische Bildung zunächst in ihrer Heimatstadt. Ihre hohe Begabung erkennend, hat ihr der Vater privaten Unterricht in Latein und Griechisch erteilt. Der frühe Tod ihrer Mutter dürfte der Anlass gewesen sein, dass die 16-Jährige zur Familie ihres älteren Bruders nach Nürnberg übersiedelte – insofern ein Glücksfall, als sie dort – der *allgemeine* Zugang

---

8 Zitat nach Zeilfelder-Löffler, Maria Heinsius (1893–1979); in: Gerhard Schwinge (Hrsg.), Lebensbilder aus der Evangelischen Kirche in Baden im 19. und 20. Jahrhundert. Band IV: Erweckung – Innere Mission/Diakonie – Theologinnen, Heidelberg u. a. 2015, 386–403, 390 (Nachlass Faulhaber). Zu beachten ist freilich, dass eine Verwechslung von »Frauenarbeit« in diesem Sinne mit dem »Frauenwerk« nach damaligem Sprachgebrauch kaum möglich war.

9 Hilde Bitz, Maria Heinsius, in: Himmel/Pfarramt, 63–65; Ute Gause, Maria Heinsius (1893–1979); in: Frauenprofile des Luthertums. Lebensgeschichten im 20. Jahrhundert (Die Lutherische Kirche – Geschichten und Gestalten 22), Gütersloh 2005, 390–409, Annalena Graf, Maria Heinsius. Porträt einer zu Unrecht unbeachteten Theologin, kirchengeschichtliche Hauptseminararbeit Heidelberg (WS 2014/15); Stephan Ph. Wolf, Maria Heinsius; in: Fred Ludwig Sepaintner (Hrsg.), Baden-Württembergische Biographien 4, Stuttgart 2007, 133–135; Monika Zeilfelder-Löffler, Maria Heinsius (wie oben).

10 Eine (überprüfungsbedürftige) Bibliographie findet sich bei Gause, Heinsius, 407–409.

11 Der EOK anerkannte ihre sogenannte Lizentiatenprüfung als Erstes Examen, ein nicht zu unterschätzendes Entgegenkommen, vgl. Zeilfelder-Löffler, 390.

zum Abitur für Mädchen war in Bayern damals nicht möglich – einen dreijährigen Gymnasialkurs besuchen konnte, den sie mit brillantem Erfolg absolvierte. 1912 konnte sie am Würzburger Realgymnasium das Abitur ablegen.

Welchen theologischen Einflüssen sie in Nürnberg begegnete, lässt sich nur vermuten. Sie selbst verwies in ihrem Lebenslauf auf den Religionsunterricht, in dem sie (heute undenkbar!) die lutherischen Bekenntnisschriften und Stücke der Altprotestantischen Theologie kennenlernte. In Nürnberg wirkten damals die Pfarrer Christian Geyer (1862–1929) und Friedrich Rittelmeyer (1872–1938), der spätere Gründer der Christengemeinschaft. Maria Stoeber zeigte sich von den Predigten beider Theologen beeindruckt, die – das dürfte den Interessierten nicht verborgen geblieben sein – seit 1910 in Auseinandersetzungen um eine liberalere Stellung zu Bibel und Bekenntnis mit der bayerischen Kirchenleitung verstrickt waren.

1912 nahm Stoeber das Studium der Germanistik in München auf. Im selben Jahr starb der Vater. Ob die als 19-Jährige (damals also noch nicht volljährige) Verwaiste den Tod des Vaters als Krise erlebt hat, auch das lässt sich nur vermuten. 1913 jedenfalls vollzog sie den Übergang zur Theologie, als sie sich in Heidelberg für Theologie (und zunächst noch Germanistik) einschrieb. »Ich darf wohl sagen, dass es eine Stimme der inneren Berufung war, die mich und andere gedrängt hat, vor 40 Jahren mit dem Studium der Theologie zu beginnen – ganz auf eigenes Risiko und ohne viel nach etwaigen Berufsmöglichkeiten zu fragen.«[12] Auch wenn diese Erfahrung im 40-jährigen Abstand von der damaligen Entscheidung formuliert wurde, so gewann sie doch gleichsam prophetische Kraft: Die klassischen Berufsmöglichkeiten blieben ihr versagt, sie studierte aus innerer Berufung. Stoeber/Heinsius war theologisch viel zu versiert, um den Begriff der inneren Berufung (*vocatio interna*) leichtfertig zu gebrauchen. Sie *war* berufen, zu welchem Beruf, sollte sich zeigen.

Prägungen erfuhr die junge Theologin durch die religionsgeschichtliche Schule aus dem Geiste des Liberalismus, für den die Heidelberger Fakultät der Vorkriegszeit bekannt war. Hatte dies Stoeber/Heinsius nach Heidelberg geführt, um sich vom lutherischen Konfessionalismus zu lösen? Neben dem Systematiker Ernst Troeltsch und dem Neutestamentler Johannes Weiß – der freilich schon 1914 starb – trat sie in Kontakt mit dem Kirchenhistoriker Hans von Schubert, dem wohl bedeutendsten Reformationsgeschichtler der

---

12 Bei Zeilfelder-Löffler, 387.

ersten Hälfte des 20. Jahrhunderts. Dessen Einflüsse dürften die stärkste Nachhaltigkeit erfahren haben.[13]

Als Nachfolger Ernst Troeltschs, der 1915 an die Berliner philosophische Fakultät wechselte, wurde Georg Wobbermin gewonnen, der 1913 mit einer zweibändigen *Systematische[n] Theologie nach religionspsychologischer Methode* hervorgetreten war. Dass Maria Stoeber Studentin Wobbermins wurde, belegt nicht nur ihre spätere Lizentiatsveröffentlichung, sondern scheint mir nahezuliegen im Bestreben, *eigene* Fragen zu klären, die im Bereich Glaube und Erfahrung und somit Theologie und Psychologie (nach damaligem Verständnis) zu verorten waren. Wenn die Theologin jetzt anhand Schleiermachers Theologie *Religion als Beziehungsverhältnis zu einer transzendenten Wirklichkeit* entfaltete und somit Gotteserfahrung kritisch gegen einen objektiven Doktrinalismus stellte, umgekehrt aber die Gotteslehre auf die *geschichtliche* Wirklichkeit des Menschen bezog, erwies sie sich ganz als Schülerin ihres Lehrers. Die Untersuchung, mit der sie 1917 als erste Frau zur Lizentiatin der Theologie promoviert wurde, ist in überarbeiteter Fassung 1918 bei Mohr gedruckt worden.[14]

Im Januar 1918 heiratete Maria Stoeber den aus Suhl/Thüringen gebürtigen (1890), aber in Freiburg aufgewachsenen Wilhelm Heinsius. Die beiden, durch Wobbermin getraut[15], dürften sich im Studium kennengelernt haben. Der gegenseitige Einfluss ist wohl erheblich gewesen: Wilhelm Heinsius hat 1920 (also *nach* seiner Frau) als Vikar im badischen Odenwald das Lizentiat mit einer Arbeit über den badischen Vater der Erweckung, Aloys Henhöfer, erworben.[16] Diese frömmigkeitsgeschichtliche Studie wurde fortgeführt durch

---

13 Ihre Sammlung von Frauenbiographien »Mütter der Kirche in deutscher Frühzeit« (zuvor in der Zeitschrift der Evangelischen Frauenarbeit für Kirche und Gemeinde 1937/38 erschienen), Potsdam o. J. (1938), widmete Maria Heinsius *dem Andenken des verehrten Lehrers D. Dr. Hans von Schubert.*

14 Maria Heinsius, Der Streit über theozentrische und anthropozentrische Theologie im Hinblick auf die theologische Grundposition Schleiermachers (Diss. Lic. HD), Tübingen 1918. Eine Charakterisierung der Studie hat Gause, 393–395, vorgenommen, dort auch die Belege. Trotz der kaum zu bezweifelnden Qualität der Untersuchung spielt diese – nach meinem (vielleicht zu) kurzen Blick in die zeitgenössische Literatur der Schleiermacherforschung – keine Rolle mehr.

15 Das dürfte auf ein starkes Vertrauensverhältnis Maria Stoebers schließen lassen. Wilhelm Heinsius hat wissenschaftlich bei Johannes Bauer gearbeitet.

16 Gedruckt 1925, Neuausgabe durch Gustav Adolf Benrath: Aloys Henhöfer und seine Zeit, Karlsruhe 1987. In der Neuausgabe (Vorwort, 11) spricht Benrath auch davon, dass Maria Heinsius 1956 ordiniert worden sei. Das trifft im Vollsinne nicht zu.

eine religionspsychologische, von Carl Jaspers betreuten Untersuchung zum »Katholizismus als Geisttypus«, mit der Wilhelm Heinsius bereits 1921 zum Dr. phil. promoviert wurde.[17] Religionspsychologische Fragen – damals so modern wie modisch – wurden also von beiden Eheleuten bearbeitet. Waren beide (noch) Suchende? Es ist zu bedenken, dass beide quasi in Krisenzeiten (samt wirtschaftlicher Not) hineingeheiratet hatten. Als Theologie der Krise stieß nach dem Krieg auch in Deutschland das Denken der Schweizer Wort-Gottes-Theologie auf verstärktes Interesse. »In den 20er Jahren las Maria Heinsius gemeinsam mit ihrem Mann die Werke Barths, [Emil] Brunners und Thurneysens und wandte sich der Dialektischen Theologie zu. Bewusst vollzog sie die Wende von der historisch-kritischen und religionspsychologischen Schule zur biblischen und reformatorischen Theologie bzw. zur christozentrischen Offenbarungstheologie.«[18]

In den Jahren des Gemeindepfarramts ihres Mannes im Odenwald und später Bretten hat Heinsius – auch den gesellschaftlichen und kirchlichen Erwartungen entsprechend – die klassische Rolle der Pfarrfrau (beispielsweise in der Mädchenarbeit) wahrgenommen. Darüber hinaus hat sie freilich auch immer wieder vertretungsweise unterrichtet. Die Aufgaben erweiterten und vertieften sich nach dem Übergang des Mannes in den Religionsunterricht in Freiburg (1933). Jetzt unterrichtete sie an der »Frauenschule«, der Vorgängerin der heutigen »Evangelischen Hochschule«, und engagierte sich in der Frauen- und Mütterarbeit.

Ihre eigentliche Berufung dürfte Heinsius freilich in ihrer schriftstellerischen Tätigkeit gefunden und weiterentwickelt haben. Dass diese in den 30er Jahren einsetzte, hat nicht nur biographische Hintergründe. Ihre Kompetenzen als *Wissenschaftlerin* verbanden sich nun mit den zeitgeschichtlichen Herausforderungen des *Bekennens* in der Zeit des Nationalsozialismus – und mit der *Frauenfrage*, ein lebensgeschichtlicher Dreiklang.

Auf die vielen historischen Veröffentlichungen – überwiegend, nicht ausschließlich zu Frauen – kann hier nicht eingegangen werden. Ziel ihrer Arbeit war freilich nicht historische Fortbildung, sondern der historische Beweis ihrer Überzeugung: »Der Dienst der Frau ist so alt wie die Kirche selber.«[19] Der

---

17 Wilhelm Heinsius, Krisen katholischer Frömmigkeit und Konversionen zum Protestantismus, Berlin 1925.

18 Gause, 391.

19 Maria Heinsius, Vom Dienst der Frau in der Kirche und in alter und neuer Zeit (Schriftenreihe der Evangelischen Frauenarbeit in Deutschland 3), Stuttgart 1948, 3.

Satz ist so programmatisch wie missverständlich. Denn das Anliegen Heinsius' war nicht, eine Geschichte dienender Frauen zu schreiben, sondern die Funktion der *Bildung* für den *Dienst* in der *Kirche* Jesu Christi nachzuzeichnen, wie auch Frauen ihn schon immer (!) getan hatten. Dem »dienten« die vielen Kurzbiographien in durchaus ökumenischer Weite, die jetzt entstanden. Das hieß aber auch: Der Bildung (nicht in intellektueller Engführung) zum gewollten Dienst in der Kirche hatte auch die *Beauftragung* zum Dienst zu folgen (*vocatio externa*). Letzteres blieb ihr verwehrt. Als nach zweijährigen Überlegungen die mittlerweile 53-Jährige nun doch das Zweite Examen anstrebte, wurde sie 1946 (als Beste) unter die Pfarrkandidaten der Landeskirche aufgenommen und ihr die Befähigung »zu pfarrlichen Geschäften« ausgesprochen – nicht also zum Pfarramt. Die spezifische Form eines weiblichen und (deshalb) in der Amtsvollmacht eingeschränkten Pfarramts in Form des »Vikariates« lehnte sie ab.[20] Ihr »äußerer« Beruf war nun der einer Dozentin am Evangelischen Seminar für Wohlfahrtspflege (vormalige »Frauenschule«; s. o.), an der sie Altes Testament und historische Disziplinen unterrichtete.

Den Dienst der *Theologin* Heinsius hat anlässlich des 40. Jubiläums ihres (mittlerweile im Sprachgebrauch) Doktorats Prof. Dr. Peter Brunner gewürdigt. Brunner, selbst ein unerbittlicher Kämpfer *gegen* die Frauenordination, war es, der hier formulierte: »Wir können uns heute den Dienst der Theologin nicht mehr aus der Arbeit der Kirche fortdenken.«[21] Sein Votum zeigt die damalige Ambivalenz der Diskussion um die Frauenordination, denn Brunners Votum war zweifellos eine ernstzunehmende Anerkennung.[22] Dass er damit zugleich das Anliegen des bekenntnisgebundenen Dienstes in der Kirche unterlief, wie Maria Heinsius es verstand, entbehrt vielleicht weniger der Ironie[23] als der Tragik.

Am 1. Juni 1967 starb Wilhelm Heinsius. Sie selbst war weiterhin tätig als *Theologin* im Bereich der Gehörlosenseelsorge, vor allem aber Bibelarbeiten in der Pfarrfrauenarbeit.

Zum 85. Geburtstag erschien ihr zur Ehren eine Sammlung von Frauenkurzbiographien, die vormals in der Zeitschrift »Der Kreis« veröffentlicht

---

20 Vgl. zum Ganzen wieder Zeilfelder-Löffler, 391–397.

21 Vgl. Der Kreis (August/September 1957), 14.

22 Brunner vertrat ein eigenständiges, weibliches »Amt« in der Kirche, das vom ordinierten Amt zu unterscheiden sei; vgl. dazu: Peter Brunner, Das Hirtenamt und die Frau; in: LR (1959/60), 298–329.

23 So Gause, 392.

worden waren.[24] Die kleine, von der Frauenarbeit herausgegebene Dankesgabe dürfte eine ihrer letzten frohen Erlebnisse gewesen sein. Maria Heinsius starb am 18. Januar 1979 in Freiburg.

3 Margaretha (Grete) Gillet (1895–1970)[25]

Der letzte im o. g. Sammelband veröffentlichte Beitrag von Maria Heinsius war der Nachruf auf die zwei Jahre jüngere Grete Gillet gewesen.[26] Das Verhältnis der beiden Frauen muss ein gutes und solidarisches gewesen sein – nicht selbstverständlich, da sie kirchlich wie gesellschaftlich von recht unterschiedlichen Herkünften geprägt waren.

Am 23. Juli 1895 wurde Margaretha Gillet als einziges Kind des katholischen Franz Gillet und seiner evangelischen Frau Agnes, geb. Wirker, in Nienburg/Weser geboren. Der Vater, preußischer Beamter, stammte aus Malmedy (bis 1920 deutsch), war also kein Belgier, sondern Angehöriger der französisch (dialektal) sprechenden wallonischen Minderheit, und auch kein »Wallone« im Sinne der protestantischen Flüchtlinge. »Grete«, wie sie sich selbst nannte, wuchs nach dem Umzug der Familie seit dem sechsten Lebensjahr in Hannover auf. Die Biographinnen verweisen auf ihr (wertschätzend) »zurückhaltendes« Wesen, das sie gerne mit ihrer norddeutschen Herkunft verbinden.

Die religiöse Bindung der Eltern war schwach. Die Eltern hatten sich evangelisch trauen lassen – damals für einen Katholiken kaum denkbar. Die (evangelische) Taufe Gretes dürfte zu den gesellschaftlichen Gewohnheiten zu zählen sein. So ist als religiöse Grunderfahrung kaum ihre Erziehung oder der Religionsunterricht in Anspruch zu nehmen. Wegweisend war für sie die Konfirmation am Palmsonntag 1910. Dort sei ihr *Gott so nahe getreten* wie zuvor nie, auch habe ihr *unklares Sehnen die feste Richtung auf das Evangelium* erhalten.[27] Ihr Abitur legte sie 1915 – wie Maria Stoeber – an der Hannover-

---

24 Maria Heinsius, Frauen der Kirche am Oberrhein, Lahr 1978.

25 Hilde Bitz, Grete Gillet (1895–1970). Die erste Theologin Deutschlands in landeskirchlichem Dienst; in Schwinge, Lebensbilder, 404–431; dies., In Kraft und Würde: Frühe Theologinnen im Frauenwerk; in: Kraft und Würde, 49–52; Ruth Pfisterer, Grete Gillet, Himmel/Pfarramt, 35–37.

26 Vgl. dort 73–76.

27 Bitz, Gillet, Lebensbilder, 407.

schen Sophienschule, einem Realgymnasium[28], ab. Wieder in Parallelität zu Stoeber immatrikulierte sich Gillet zunächst in den klassischen Lehrfächern Deutsch und Geschichte, aber auch in Theologie an der Universität Marburg. Auch bei ihr dürfte also zunächst das Lehramt an Mädchenschulen Berufsziel gewesen sein. Im Bereich der Theologie hatte sie bereits ihren späteren Schwerpunkt der neutestamentlichen Forschung bei Adolf Jülicher und Wilhelm Heitmann entdeckt.

Ganz andere Einflüsse erfuhr sie durch den Wechsel des Studienorts zum Wintersemester 1916/17 nach Berlin. Hier erlebte sie die sozialen Folgen des Krieges und damit die soziale Frage schlechthin: Verelendung von Frauen und Kindern, aber auch die soziale und ökumenische Arbeit innerhalb der »Arbeitsgemeinschaft Berlin-Ost« des Theologen Friedrich Siegmund-Schulze. Wie tief diese Eindrücke reichten – sie blieb nur ein Semester in Berlin –, kann nur vermutet werden.[29] Sie selbst betrachtete die Berliner Erfahrungen der ökumenischen Arbeit als »eine gute und notwendige Grundlegung für den von ihr angestrebten Beruf in der Kirche«.[30]

Bereits zum Sommer 1917 wechselte Gillet erneut den Studienort und übersiedelte nach Heidelberg, wo sie sich nur noch fürs theologische Fach einschrieb. Spätestens jetzt ist ihr weiterer Weg als der einer Theologin zu begreifen, der bewusst und zielstrebig beschritten wurde. Denn bereits im April 1919 bestand sie das Rigorosum, nachdem sie ihre Dissertation *Evangelium. Studien zur urchristlichen Missionssprache* bei dem Neutestamentler Martin Dibelius eingereicht hatte – also zu einem Thema, das im Bereich des formgeschichtlichen Kontexts ihres Lehrers beheimatet war. Sofort danach – eine Graduierung war damals noch vor Absolvierung des Examens möglich – beantragte sie beim Evangelischen Oberkirchenrat die Zulassung zum Ersten Examen. Zwei Dinge sind hier beachtenswert: Zum einen war für sie als unverheiratete und somit nicht wirtschaftlich abgesicherte Frau offenbar selbstverständlich, dass sie den ordentlichen Weg in den (einen!) kirchlichen Dienst anstrebte, der damals nicht ins Pfarramt führen konnte. Zum andern formu-

---

28 Auch das ist hervorzuheben. Die meisten Theologen dürften damals ihre Schulbildung an Humanistischen Gymnasien absolviert haben, an denen oft auch Hebräisch unterrichtet wurde. Heutigen Bedingungen entsprechend dürfte also die auch mental zu überwindende Sprachhürde des Theologiestudiums eher die Frauen als Männer betroffen haben.

29 Immerhin hat Gillet von der dortigen Arbeit 50 Jahre später einen anschaulichen Bericht gegeben; vgl. Der Kreis 18/Okt. 1966, 8–10. Auch hat sie in Waldkirch einen Arbeiterinnenverein geleitet, BITZ, GILLET, 408.

30 Vgl. BITZ, GILLET, 407.

lierte sie in ihrem Antrag Gedanken, die einerseits am klassischen Rollenbild hafteten, andererseits auf eine Gabenorientierung hinsichtlich des künftigen Berufes ausgreift. »Sie schrieb: *Ich erkannte, daß die Frau sich nicht rein an Sachen hingeben kann wie der Mann, sondern daß ihre Stärke wie ihre Schwäche in der Fähigkeit liegt, persönlich zu sein.* Erziehung und Seelsorge sah sie als besonderes Charisma der Frau, *das ihr durch ihren natürlichen Mutterberuf in die Seele gelegt ist.*«[31] Wieder pointiert ausgedrückt: Nicht trotz, sondern wegen ihres Frauseins betrachtete sie sich als befugt, die Zulassung zum Examen zu beantragen. Die seit 1917 mögliche Zulassung wurde ihr gewährt, auch der Besuch des Praktisch-theologischen Seminars bei Johannes Bauer[32] (dem Lizentiatsvater Wilhelm Heinsius') und die Zulassung zum Zweiten Examen, das sie 1920 bestand.

Die sich anschließenden beruflichen Stationen als Gemeindehelferin und Religionslehrerin sind hier nicht zu schildern. Nur im Hinblick auf das Weitere ist festzuhalten, dass Gillet, sich wohl bewusst, dass sie nicht wie ihre männlichen Kollegen ins Pfarramt übernommen würde, sich einstweilen mit der Anstellung als (theologisch graduierte und nicht ordinierte) »Hilfskraft« abgefunden hat. Doch damit ist zu wenig gesagt: Denn die Tätigkeit in Waldkirch (1920) scheint in den Augen der Gemeinde wie ihrer selbst eine gelungene und sinnvolle praktisch-seelsorgliche und auch pädagogische gewesen zu sein, die Predigt und Abendmahlsfeiern (nach Genehmigung) einschloss. Offenbar hat Gillet hier erleben dürfen, dass sie den Anforderungen eines Pfarramtes theologisch und geistlich vollkommen genügte, zweifellos ein lebensgeschichtlich wirksamer Impuls, um über den Zusammenhang von theologischer Ausbildung und Amt neu nachzudenken. Hier treffen sich die geistigen und geistlichen Weg Gillets und Heinsius' wieder.

So waren es die wirtschaftlichen Folgen der Inflation, dass Gillet in Waldkirch nicht haltbar war. Offenbar erkannte der Oberkirchenrat auch gegenüber der Nichtordinierten eine gewisse Fürsorgepflicht. Sie wurde als Religionslehrerin nach Mannheim versetzt. Ehrenamtlich arbeitete sie weiter in den Mannheimer Gemeinden mit, seit 1934 aber auch im Badischen Frauen-

---

31 Vgl. ebd. Zum Zusammenhang von »Mütterlichkeit« und Frauenbewegung vgl. die Hinweise von ELISABETH MOLTMANN-WENDEL, Frömmigkeit und autonomes Handeln; in: VON HAUFF, Frauen gestalten Diakonie, 17–31; hier 26–28.

32 Vgl. auch DORIS FAULHABER, Die Frau im Amt der Kirche; in: Ein Leben für die Kirche (FS Johannes Bauer), hrsg. von FRITZ HAUSS und ERICH ROTH, Karlsruhe 1960, 212–220; 219: »Johannes Bauer hat den ersten Theologinnen auf den Weg in das Amt der Kirche verholfen.«

werk. Dessen Arbeit ist sie seither auch strukturell immer nähergetreten, zunächst mit Nebenaufträgen nach ihrer Versetzung als Religionslehrerin nach Karlsruhe, was nach dem Wegzug der Leiterin Renate Scherer, der ersten theologischen Leiterin der Frauenarbeit, schon die Geschäftsführung bedeutete, 1941 dann für die Frauenarbeit freigestellt und 1942 schließlich mit der Leitung beauftragt.

Ihr weiteres Verständnis ihrer Tätigkeit wie ihres Amtes ist aus der Notsituation des Krieges erwachsen: »So ist uns vom Evangelium her und im Auftrag der Kirche ein Trostamt der Frau aufgetragen im Dienste dessen, der gesagt hat: Ich will euch trösten, spricht der Herr, wie einen seine Mutter tröstet! So sollten wir Mütter der Kirche sein, wie die Mütter in Familie und Volk.«[33] Das war die gesuchte Tätigkeit.[34] Nachdem diese durch Kriegseinwirkung administrativ in Karlsruhe gar nicht mehr versehen werden konnte, wurde die (faktische) Leitung (das Büro war offiziell in Bad Herrenalb) im November 1944 nach Heidelberg-Pfaffengrund verlegt, wo sie von der *Vikarin* Gillet neben dem Pfarrdienst versehen wurde.

Denn – bedingt durch die personalen Engpässe – am 23. Januar 1944 waren in der Karlsruher Schlosskirche neun Theologinnen (unter ihnen Gillet) als Vikarinnen zum Pfarrdienst *eingesegnet* worden – in der Rückschau eine wichtige Etappe auf dem Weg zum ordinierten Amt der Frauen. Denn hier erfolgte eine nach evangelischem Verständnis *rite* vollzogene *vocatio*, also das, was Gillet 1938 gefordert hatte.[35]

»Wir Theologinnen« hatte Gillet damals formuliert. Noch kurz ist darauf einzugehen, was dieses Wir bedeutete. Zunächst die gegenseitige Stärkung der Theologinnen untereinander und nicht nur die (notwendige) Verbands- oder gar Lobbyarbeit der Theologinnenkonvente.[36] Erkennbar wird dies schon darin, dass Gillet in ihrem o. g. Brief (1938) an den EOK genau sich an dem orientierte, was eine Denkschrift des bayerischen Theologinnenkonvents zum

---

33 Vgl. ebd., 413 (mit Jes 66,13).

34 Sämtliche Einzelschriften Gillets sind pastoral orientiert, vgl. ebd. 424 (Schriftenverzeichnis).

35 Siehe S. 69 ff.

36 Auf diesen wichtigen Aspekt kann aus Raumgründen leider gar nicht eingegangen werden: Vgl. dazu Frauenforschungsprojekt zur Geschichte der Theologinnen, Göttingen, »Darum wagt es, Schwestern …« Zur Geschichte evangelischer Theologinnen in Deutschland, 2. Aufl. Neukirchen-Vluyn 1994 (Historisch-Theologische Studien zum 19. und 20. Jahrhundert, 7); 70 Jahre Konvent Evangelischer Theologinnen in der Bundesrepublik Deutschland, 1925–1995, 2. Aufl. Stuttgart 1997.

Amt der Theologin formuliert hatte[37]: nämlich zum Ausdruck zu bringen, dass das kirchliche Amt nicht in Relativierung von Schrift und Bekenntnis zu gewinnen sei, sondern in deren konsequenter Anwendung. Das zu entdecken und zum Tragen zu bringen, war vor allem andern theologische Arbeit und somit vornehmste Aufgabe der Theologinnen, derzufolge ein schriftgemäßes Amt für Frauen eben nicht auf der Basis eines wie immer gearteten Laienchristentums zu gewinnen war.

Und zweifellos hat die »Rückstufung« der Theologinnen nach dem Krieg mit der erneuten Einschränkung der Dienstbereiche nach ja erfolgreichem Pfarrdienst die Diskussion um die Ordination der Frau verbreitert, auch verschärft.

Am 1. Juli 1962 wurde – jetzt waren die gesetzlichen Grundlagen gegeben – die Leiterin der badischen Frauenarbeit Grete Gillet zur Pfarrerin ernannt, kurz vor Eintritt der 68-Jährigen in den Ruhestand. Die allgemeine Öffnung des Pfarramtes für Frauen in der badischen Landeskirche (1971) hat sie nicht mehr erlebt. Grete Gillet starb am 2. Juni 1970 in Heidelberg.

4 Doris Faulhaber (1907–1991)[38]

Doris Faulhaber zählte sich zur zweiten Theologinnengeneration[39]; das war keine Attitüde, sondern lebensgeschichtliche Tatsache. Schon bald nach ihrer Konfirmation lernte sie beim Ausflug ihrer Jugendgruppe nach Strümpfelbrunn im Odenwald Maria Heinsius kennen. Zu Grete Gillet, die in ihrer Mannheimer Zeit (s. o.) den Mädchenkreis leitete, dem Faulhaber angehörte, hatte sie ein engeres Verhältnis.[40]

---

37 Vgl. den Abdruck des Dokuments in Himmel/Pfarramt, 61.

38 Bitz, Faulhaber, Himmel/Pfarramt, 29–31; dies., Doris Faulhaber (1907–1991); in: Schwinge Lebensbilder, 432–463. Dort (456 f.) auch das Werkverzeichnis. Hervorzuheben ist, dass Faulhaber zweimal historisch-systematische Überlegungen vorgelegt hat: Die Frau im Amt der Kirche; in: Ein Leben für die Kirche (s. o.) 1960, 212–220; und kurz vor ihrem Tode (die Veröffentlichung hat sie nicht mehr erlebt): Die Pfarrerin in der Evangelischen Landeskirche in Baden; in: 1892–1992. Die ersten hundert Jahre. FS zum 100jährigen Jubiläum des Evangelischen Pfarrvereins, Herausgeber Gerhard Wunderer, Karlsruhe 1992, 69–75 [abgk. Pfarrerin].

39 Faulhaber, Pfarrerin, 71; Bitz, Lebensbilder, 433.

40 Vgl. Bitz, ebd.

Doris wurde am 17. Oktober 1907 als einziges Kind des Franz Josef Faulhaber und dessen Frau Paula, geb. Wild, in Rheinau (heute Mannheim-Rheinau) geboren. Die Konfessionsverschiedenheit beider in ihrer jeweiligen starken kirchlichen Bindung wurzelnden Elternteile hatte die Beziehung zu den (Groß-)Eltern zerrüttet; die Eltern entschieden sich für zwei (!) konfessionelle Trauungen, die für den katholischen Anhang kirchenrechtlich wesentliche Trauung fand ohne Angehörige in Köln statt, was deren Ablehnung doch deutlich zum Ausdruck bringt, die evangelische in Wermelskirchen mit Angehörigen.

Dass Doris (damals beinahe undenkbar) erst mit vier Jahren getauft wurde, ist ein weiteres Signal für konfessionelle Zerwürfnisse, da offenbar ein mehrjähriger Prozess nötig war, um sich von der mit der katholischen Trauung eingegangenen Pflicht zur *katholischen* Kindererziehung zu emanzipieren. Es hat den Anschein, dass Paula Faulhaber ihren Mann regelrecht unter Druck gesetzt hat. Sie stimmte einem beruflichen und örtlichen Wechsel (Neckarstadt) erst zu, nachdem sie die evangelische Taufe Doris' (in Duisburg!) durchgesetzt hatte.[41]

Es kann vermutet werden, dass die »ökumenischen« Belastungen, an denen Doris Faulhaber trug, vor allen späteren ökumenischen Interessen Gegenstand persönlicher Gespräche mit Grete Gillet gewesen sind, die ja auch einer konfessionsverschiedenen Ehe entstammte. Fast jede theologische Biographie kennt Vorbilder. War die *Theologin* Gillet das lebensweisende Vorbild für Doris Faulhaber?

Die Einflüsse des Vaters sind schwer einzuschätzen. Offenbar zeigte er ein großes Interesse an der vor allem kulturgeschichtlichen Bildung der Tochter. Eine von Vater und Mutter geprägte Kindheit endete freilich für die 12-jährige Doris Faulhaber früh. Der Vater starb ganz plötzlich 1919. Die zurückhaltenden Ausführungen bei Bitz lassen erkennen, dass ihr Leben bis zum Abitur (und weiterhin!) ein Kampf gewesen ist, den sie hin- und hergerissen zwischen Ansprüchen der Mutter und der Schule zu bestehen hatte.

Dass auch gelebter Glaube Kampf bedeuten mochte, hat Faulhaber an ihrem Konfirmator Ernst Lehmann[42] erfahren. Zunächst was dessen soziales Engagement in Mannheim betraf, später hinsichtlich dessen Verfolgung im Nationalsozialismus aufgrund seiner jüdischen Herkunft.

---

41 Dies und alles Weitere (wenn nicht eigens gekennzeichnet) nach BITZ, Lebensbilder.

42 Vgl. dazu: LORENZ ECKEHART, Ernst Josef Lehmann (1861–1948); in: JOHANNES EHMANN (Hrsg.), Lebensbilder aus der Evangelischen Kirche in Baden im 19. und 20. Jahrhundert. Band II: Kirchenpolitische Richtungen, Heidelberg u. a. 2010, 297–315.

Trotz der nötigen Zurückhaltung mit psychologischen Urteilen wird man vielleicht feststellen können, dass Kindheit und Jugend Doris Faulhaber einen (gegenüber Heinsius und Gillet) kompromissloseren und (nicht nur von Männern so erlebten) fordernden Wesenszug verliehen haben. Selbstverständlich war nichts, alles musste erkämpft werden.

Ob die auch musikalisch hochbegabte Abiturientin sich den wirtschaftlich unsicheren Weg eines Theologiestudiums (und seiner unklaren Folgen) auch erkämpfen musste, ist mir nicht bekannt. Sie hat weite Teile ihrer Studienzeit nebenerwerblich arbeiten müssen – zusätzlich zum Studium. Ihre Studienorte waren seit 1926 Heidelberg, Münster und Tübingen. Das heißt, sie erfuhr so unterschiedliche Prägungen wie die Karl Heims, Karl Barths oder Wilhelm Stählins.

»Wissenschaft und Menschlichkeit« könnte man die akademische Arbeit von Doris Faulhaber überschreiben. Während sie manches im Studium »menschlich« verzieh wie die Bemerkung Hans von Schuberts[43]: »Meine Herren, heiraten Sie die Damen [Theologinnen], dann sind sie weg«, und (ansonsten?!) von keinerlei erfahrenen Benachteiligungen im Studium sprach, gestaltete sich die Aufnahme des kirchlichen Dienstes als schwierig. Nicht nur wegen der damaligen Unmöglichkeit der Übernahme von Frauen in ein Pfarramt, sondern auch wegen der Art und Weise, in der Faulhaber diese Unmöglichkeit quittierte. Sie erbat nicht (wie die Theologinnen der ersten Generation) die Beauftragung mit einem kirchlichen Dienst, sondern die Erklärung, warum diese nicht möglich sei?! Ein wesentlicher Unterschied. Im Rahmen des Zweiten Examens, das sie 1930 absolvierte, formulierte der damalige Prälat (nach 1933 Landesbischof) Julius Kühlewein: »Wir haben Sie Examen machen lassen, damit Sie etwas in der Hand haben. Eine Stelle für Sie haben wir leider nicht. Ordinieren können wir Sie deshalb [?!] auch nicht. Versuchen Sie es doch einmal zum Beispiel bei der Frauenarbeit einer anderen Landeskirche.« – und (zur Examensleistung der sogenannten Freien Ansprache): »Ich denke, Sie werden das später ganz gut machen vor Frauen und Kindern.« Und dazu Faulhaber selbst: »Es war dies sicherlich ein gut gemeintes Lob. Aber welche Zukunft eröffnete es?«[44]

Hier ist keine *chronique scandaleuse* badischer Kirchenleitungen beabsichtigt. Aber das war die narrative Variante der Bildungsfähigkeit bei allenfalls eingeschränkter Amtstauglichkeit *im Blick auf die Theologin*[45].

---

43 Also des Theologen, den Maria Heinsius so sehr schätzte.

44 Alle Zitate nach FAULHABER, Pfarrerin, 71.

45 Der Zusatz erscheint mir wichtig. In der Tat können Bildungsfähigkeit und Amts-

Ihre berufliche Zukunft, die hier nur gestreift werden kann, lag zunächst (1931) in der Arbeit einer *Gemeindehelferin.* Obwohl sie die beruflichen *Arbeiten* – sie verstand sich als »Pfarrhelferin«[46] – offenbar als sinnvoll erfuhr, erlebte sie diese hinsichtlich des geistlichen *Status* als unterbestimmt. Die Unzufriedenheit hat sie anscheinend bewogen, sich einer Dissertation bei Martin Dibelius zuzuwenden. Die damit verbundene dienstrechtliche Frage, ob sie dazu beurlaubt oder entlassen sei, schuf weitere Reibungsflächen mit der Kirchenleitung.[47]

Hingewiesen muss aber auch darauf werden, dass sie, die politisch zweifellos »links« stand und seit 1934 der badischen »Bekenntnisfront« angehörte, in Konflikte mit einem der Gemeindepfarrer geriet, der Mitglied bei den DC (Deutschen Christen) war, später zur Anthroposophie überging und 1943 den Kirchendienst verließ. Das konnte keine ersprießliche Zusammenarbeit bedeuten.

Wissenschaft und Menschlichkeit, die sie bei Martin Dibelius erfuhr, dürften einer der wichtigsten lebensgeschichtlichen Fluchtpunkte geworden sein. Jetzt verfasste sie ihre Dissertation *Das Johannesevangelium und die Kirche,* die 1935 angenommen und 1938 (überarbeitet) gedruckt wurde – eine außerordentlich trockene und spröde Untersuchung, die ihr aber neben der tiefen Verbundenheit mit ihrem Doktorvater auch Kontakte zu Rudolf Bultmann eintrug, dessen neutestamentliche Hauptwerke, die Theologie des NT sowie den Kommentar zum Johannesevangelium, sich die Forschungen zunutze machten.

Von 1935 bis 1937 versah Faulhaber pastorale Dienste im Bereich der Freiburger Diakonissen, war also dienstrechtlich nicht bei der Landeskirche angestellt, die sie freilich 1937 zum Dienst einer Religionslehrerin und Krankenhausseelsorgerin berief. Die Tätigkeit verlagerte sich immer stärker zur Seelsorge, nachdem der Religionslehrerin nach Hausdurchsuchungen durch die Gestapo der Unterricht untersagt worden war (1944 wieder aufgehoben).[48]

Die personale Notsituation im Krieg hat dann auch (s. o.) bei Doris Faulhaber dazu geführt, dass sie am 23. Januar 1944 mit anderen acht Vikarinnen zum (faktischen Pfarr-)Dienst eingesegnet worden ist. Wenngleich kaum eine

---

tauglichkeit nicht identifiziert werden. Bestandene Examina sind notwendige, aber nicht hinreichende Bedingungen eines Studiums; die Problematik liegt in der letztlich allein dem *Frausein* geschuldeten negativen Folgerung.

46 Zu den Auseinandersetzungen darüber vgl. wieder Bitz, Lebensbilder, 435.

47 Vgl. ebd., 436f.

48 Die Umstände sind nicht ganz klar.

der Vikarinnen mit diesem Status (vor allem nach dem Krieg) zufrieden gewesen sein dürfte, so gewinnt man doch den Eindruck, dass die Frage des *geistlichen* Status für *Faulhaber* eine besondere Provokation darstellte: Hinsichtlich der »Einsegnung« der Vikarinnen heißt es bei ihr: »[W]ir sprachen [...] nur von Ordination.«[49]

Nicht allerdings der damalige Landesbischof Julius Bender. Die nach dem Zweiten Weltkrieg sich ereignende Zurückdrängung der Theologinnen (jetzt ja meist *Vikarinnen*) aus dem Pfarrdienst hat sicherlich auch zu einer Krise bei den betroffenen Frauen geführt. Dieser Krise sollte freilich offensiv begegnet werden. So beschloss bereits der Theologinnenkonvent vom März 1946, die sich verschärfenden dienstrechtlichen, vor allem aber auch *theologischen* Fragen mit dem Landesbischof zu erörtern. Dieses Gespräch fand im März 1947 im Haus der Diakonissen in Karlsruhe-Rüppurr statt. Julius Bender hat dort die Anschauung vertreten, dass das Amt der Frau schöpfungstheologisch von Gen 1–3 als *hypotage* (Unterordnung der [verheirateten] Frau) zu entwickeln sei, d. h. auch das kirchliche Amt. Freiräume sah er im Dienstamt der unverheirateten Frau als Diakonisse.[50]

Man sollte dieses Votum nicht (nur) als damalig gängige Auffassung gesellschaftspolitischer Rollenzuweisung begreifen, sondern als theologische Herausforderung der 40er und 50er Jahre, in der auch grundsätzliche Fragen der Ordnung der Kirche zwischen Luthertum und reformiertem Barthianismus zur Debatte standen. Im Sinne Karl Barths (das kann hier nur angedeutet werden) war eine Theologie der Schöpfungsordnungen zumindest anfällig für eine völkische Theologie, die letztlich zur »Theologie« der DC geführt hatte. Barth fragte nach der Ordnung der Kirche aus dem Geist des Evangeliums. Realistische Wahrnehmung der Weltlichkeit der Kirche und »eschatologische«, die Weltherrschaft Christi zur Geltung bringende Ordnung standen widereinander. So wundert es nicht, dass die Antworten, welche die Theologinnen auf die Einlassung des Bischofs gaben, von diesem als »antinomistisch, theosophisch [?], schwärmerisch und spiritualistisch« abgetan wurden. »Er sah in ihnen vor allem eine *eigentümliche Unklarheit über das Eschatologische.*«[51]

Hier ist zunächst wichtig, dass die Antworten auf Bitten der Theologinnen von Faulhaber verfasst wurden. Sie war als Exegetin berufen, der schöpfungs-

---

49 Faulhaber, Pfarrerin, 72.

50 Somit stand auch die Frage der unverheirateten Frau als theologische Würdigung der Ehelosigkeit aus Berufung (nicht nur für Frauen) zur Debatte.

51 Bitz, Lebensbilder, 446.

theologischen *hypotage* in Kirche und Gesellschaft die *oikodome* (Aufbau) in der Kirche entgegenzustellen. Nur einmal scheinen auch soziologische Hintergründe auf, wenn Faulhaber von einer neuen Stellung der Frau in der Öffentlichkeit spricht. Leitgedanke ist aber der Dienst zum Aufbau der Gemeinde, zu dem Mann und Frau berufen sind.

Faulhaber hatte ihren Entwurf ihren Vertrauensleuten zugesandt: dem Alttestamentler Ernst Würthwein, den Neutestamentlern Rudolf Bultmann und (natürlich) Martin Dibelius sowie dem Heidelberger Pfarrer Hermann Maas. Die Professoren stimmten den Ausführungen Faulhabers zu; Maas erkannte weise auf den theologisch sensiblen Punkt: »Er hoffte auf ein gutes Gespräch zwischen Doris Faulhaber und dem Bischof, der wohl *da und dort eine gewisse reformierte Haltung entdecken und […] bestreiten würde.*«[52] Zu diesem Gespräch ist es freilich nie gekommen und zunächst auch nicht zu einer Veränderung der kirchlichen Gesetzeslage die Dienststellung der Vikarinnen betreffend – zwischen Berufung und Beruf.

Innerhalb der badischen Theologinnen lag gerade nach dieser offensiv und kompetent geführten Auseinandersetzung mit dem Bischof nahe, Doris Faulhaber in Nachfolge Grete Gillets zur Leiterin des Theologinnenkonvents zu berufen. Damit fiel ihr die Aufgabe zu, zunächst mit den badischen Kolleginnen zu beraten, wie ihr Berufsweg weitergehen sollte. Etwa: ›Theologinnenamt sui generis‹? oder ›Volles Pfarramt der Frau‹? Vorauszusehen war, dass Doris Faulhaber, immer das Pfarramt der Frau anstrebend, sich für Letzteres einsetzen würde. Vielleicht waren es die Enttäuschungen der pfarramtlichen Zurücksetzung, die Doris Faulhaber bewogen, 1946 in den hauptberuflichen Religionsunterricht zu wechseln. Das gab ihr auch den Freiraum, (vertretungsweise) Predigtdienste zu versehen und sich ihren Aufgaben im Theologinnenkonvent zu widmen. Dies hat sie auch nach ihrer Pensionierung (aufgrund ihrer erheblichen Sehschwäche) im Jahr 1969 getan.

Zweimal hat Doris Faulhaber thematische Rechenschaft gegeben: 1960 unter dem Titel: *Die Frau im Amt der Kirche*[53], und über dreißig Jahre später 1991[54] unter dem Titel: *Die Pfarrerin in der evangelischen Landeskirche in Baden.* Die erste Studie, veröffentlicht in der Festschrift für Johannes Bauer (den Unterstützer der Theologinnen), fasste nüchtern den bisherigen Weg der

---

52 Ebd., 447.

53 S. o. in der FS Bauer.

54 Gedruckt 1992.

Theologinnen zusammen, lässt dabei aber auch die schmerzlichen Erfahrungen erahnen. *Einerseits* ein neutestamentlich begründetes Plädoyer, *andererseits* eine Bearbeitung der Ressentiments, zeigt auch diese Studie ihre Verbundenheit mit bedeutenden wissenschaftlichen Theologen und Theologinnen der 1940er und 50er Jahre. Auch Hermann Maas, nunmehr Prälat der Landeskirche, wurde wieder genannt.[55]

Hinsichtlich der zweiten Studie ist nicht nur der signifikante Wandel des Titels bemerkenswert, sondern auch, dass sie am Ende ihres Lebens ihre Biographie in den *Kurze[n] Aufriß der Entwicklung des Amtes* [von 1919–1971], den sie dem Aufsatz voranstellte, eingezeichnet hat[56]. Die Entwicklung des kirchlichen Amtes der Frau zum beauftragten Dienst der Frau im Gemeindepfarramt ist ihr Lebensthema geworden und gewesen.

Am 17. Juli 1991 ist Doris Faulhaber in Mannheim gestorben.

5 Rückblende: Die Bitte der badischen Theologinnen ihre Anstellungsverhältnisse betr.[57]

Erstaunlicherweise fehlt in Faulhabers »Aufriß« ein Dokument, das auf »Entwicklungen«, aber auch auf Spannungen hinweisen könnte: die Bitte der badischen Theologinnen vom April 1930, die als Antrag an die Landessynode gestellt wurde. In diesem Antrag begegneten sich die Theologinnen der ersten und zweiten Generation, war er doch von Grete Gillet *und* der damals 22-jährigen Doris Faulhaber unterschrieben[58], deren Erfahrungen beim Zweiten Examen (s. o.; ohne Namensnennung) sogar Eingang in die Antragsbegründung fanden.

Der Antrag erging auf den »Erlaß von Richtlinien für die praktische Arbeit« von Theologinnen. Tatsächlich wurde das Anliegen von der Synode im Sinne eines zu etablierenden *Hilfsdienstes* zustimmend zur Kenntnis genommen, aber die Umsetzung mit Hinweisen auf »Sitte« und mangelnde Akzeptanz (freundlich gesprochen:) dilatorisch betrieben. Die Kriegsereignisse und

---

55 Vgl. dazu, FAULHABER, Frau im Amt der Kirche, 213, Anm. 213 (Ernst Käsemann, Martin Dibelius, Anna Paulsen, Hermann Maas, Charlotte von Kirschbaum, Heinz-Dietrich Wendland, Ernst Wolf u. a.).

56 FAULHABER, Pfarrerin, 69 f.

57 LKA GA 5906.

58 Weitere Unterzeichnende waren: Erika Heydt, Anneliese Burmann, Doris Faulhaber, Helene Crucuel, Marias Winnecke (per Hand eingeklammert) und Luise Herrmann.

die entsprechenden personalen Notlagen haben dann den praktischen Dienst (vorläufig) ermöglicht. Die Vorschläge der Theologinnen lauteten:

1. *ein selbständiges weibliches Vikariat, direkt dem Dekan unterstellt, beschäftigt mit Unterricht, Seelsorge, Bibelstunden, Vereinstätigkeit usw.,*
2. *Zulassung zum Halten des Gottesdienstes und zur Austeilung der Sakramente in den geschlossenen Abteilungen der Krankenhäuser, Gefängnisse, Diakonissenhäuser und anderer Anstalten,*
3. *Ordination oder Einsegnung,*
4. *die Amtsbezeichnung Vikarin (zur Abgrenzung von der Gemeindehelferin),*
5. *gleiche Studien- und Examensbedingungen, wie sie für Vikare vorgeschrieben sind,*
6. *gleiche Anstellungs- und Besoldungsverhältnisse, wie sie den Vikaren gewährt werden.*

Dass sich Doris Faulhaber am Ende des 1971 Erreichten und am Ende ihres Lebens daran nicht mehr gern erinnern wollte, ist verständlich. Sie war fortgeschritten, einerseits »1930« hinter sich lassend, andererseits den amtstheologischen Hintergrund, der von allgemeiner Gleichstellung *unterschieden*[59] werden sollte, präzisierend und exegetisch begründend.

Bezugspunkt ihres Denkens blieb das Pfarramt: »Das theologische Amt der Frau«, formulierte sie 1960, »hat inzwischen Anerkennung und eine gewisse Regelung gefunden; doch es ist ja noch immer in der Entwicklung begriffen. Es hat mit dem männlichen Pfarramt Teil an der gewandelten Einschätzung in der heutigen Welt, an der Verschlossenheit oder Offenheit des modernen Menschen dem Wort Gottes gegenüber. Es mag ja sein, daß das Pfarramt überhaupt sich von den neuen Anforderungen umformen lassen muß. Daran wird das Amt der Frau in der Kirche seinen Anteil haben.«

Somit hat Doris Faulhaber mit Grete Gillet, Maria Heinsius und anderen Frauen *Wissenschaft und Menschlichkeit* (s. o.) abgebildet, was ihr Leben belastet und bereichert hat, und sie dahin geführt, was sie sein wollten: Theologinnen im ihnen zukommenden umfassenden Dienst der Kirche.

---

59 Nicht *getrennt*. Das wäre ekklesiologischer Doketismus.

6 ANHANG: LISTE FRÜHER BADISCHER THEOLOGINNEN (VON SARAH BANHARDT)

Name	1. Examen beim EOK	Prakt.-theol. Seminar HD	2. Examen beim EOK	Nach dem 2. Examen/ Anstellung als ...
Elsbeth Oberbeck	1916	1916/17	1917	Pfarrgehilfin
Grete Gillet	1919	1919/20	1920	Gemeindehelferin
Gertrud Weidinger geb. Jäckle	1922	1922/23	1923	Promotion
Pauline Merkel geb. Fluhrer	1924	1924/25	1925	Jugendpflegerin/Praktikantin
Erika Heyd	1924	?	1926	Pfarrkandidatin
Ab 1925 Veröffentlichung der Examina im GVB, 1. Examen mit den Männern – ab 1926 auch 2. Examen, allerdings gesondert veröffentlicht				
Ruth Bauer	1925	?	1926	Pfarrkandidatin
Gertrud Wintermantel	1925	1925/26	1926	Gehilfin
Maria Winnecke	1921	1927/28	1928	Pfarrgehilfin
Dorothea Schellenberg	1926	?	1927	Diakonisse (Bethel)
Anneliese Burmann	1927	?	1928	Pfarrgehilfin
Luise Herrmann	1928	1928/29	1929	Pfarrkandidatin
Doris Faulhaber	1929	1929/30	1930	Pfarrgehilfin
Helene Cucuel	1929	?	1930	Gemeindehelferin
Emma Waetzel geb. Willareth	1929	1929/30	1930	Pfarrgehilfin
Ursula von Mangoldt geb. Andreae	1930	-	-	-
Gabriele Schweikhart geb. Naumann	1931	1931/32	1932	keine Verwendung
Gertrud Emmerich	Fak.examen 1930 in Marburg	-	1932	Gemeindehelferin
Ruth-Maria Gudopp geb. Kaiser	1932	-	-	
Annemarie Meyer geb. Oberföll	1932	1932/33	1933	Lehrerin
Marlene Stöcklin	1933	1933/34	1934	Lehrerin
Gudrun Glitscher	1933	1933/34	1934	Pfarrgehilfin
Renate Scherer	1934	1934/35	1935	Pfarrkandidatin
Felicitas Feuerstein	1935	?	1936	Pfarrgehilfin
Augusta Hohn geb. Fingado	1935	-	-	Lehrerin
Margarete Jonas geb. Fix	1935	1935/36	1936	Pfarrkandidatin
Gertrud Harsch	1939	?	1940	Pfarrgehilfin
Hildegard Deuchler	1939	?	1940	Pfarrgehilfin
Lieselotte Füß	1942	1942/43	1943	Vikarin
Eva Brenner	-	-	-	Vikarin ab 1943
Hildegard Casack	-	-	-	Vikarin ab 1949
Helene Heidepriem	-	-	-	Vikarin ab 1944
Maria Heinsius	Promotion 1917	-	1946	Pfarrkandidatin
Gertrud Barth	1947	?	1948	Vikarin
Hannelis Schulte	Fak.examen 1945 in Halle	-	1949	Vikarin

Frauen bei den Deutschen Christen in Baden

Udo Wennemuth

Die Evangelische Kirche der 30er Jahre und darüber hinaus ist durch und durch Männerkirche. Frauen werden wahrgenommen in dienender und untergeordneter Funktion. Dass sich inzwischen auch Frauen »professionell« mit Theologie beschäftigt haben, wurde zuallererst als Störfaktor gesehen, eine Anstellung als Theologin im kirchlichen Dienst war auf wenige Arbeitsbereiche beschränkt.[1] Geschätzt waren sie vor allem als »Helferinnen« der Pfarrer und in der Gemeinde. Dass die Gemeindehelferinnen über eine gediegene theologische Ausbildung verfügten, trat im Gemeindealltag zurück. Das Gleiche galt für theologisch gebildete Frauen, die einen Pfarrer heirateten. Auch sie traten fortan als Theologinnen nicht mehr in Erscheinung. Allenfalls in dem kleinen Segment der (Aus-)Bildungsarbeit für Frauen, Kinder und Jugendliche konnten Theologinnen ein ihrer Ausbildung angemessenes Arbeitsfeld finden.

Die Zurücksetzung der Frauen in der Kirche, die Ignorierung ihrer theologischen Kompetenz war nicht auf eine bestimmte kirchenpolitische Richtung beschränkt. Die Emanzipation der Frau war in der Kirche gegenüber den allgemeinen gesellschaftlichen Entwicklungen eher noch zurückgeblieben. Die wenigen Ausnahmen können hier nur die Regel bestätigen, etwa wenn man an die vertrauensvolle Zusammenarbeit von Hermann Maas mit Marie Baum denkt. Mit einer theologischen Richtung wie der Bekennenden Kirche eine fortschrittliche Haltung zur Rolle der Frau in Kirche und Gesellschaft zu assoziieren, würde in eine falsche Richtung führen. Konservative

---

1 Vgl. den Vortrag von OKR Gustav Rost »Frauenberufe in der Kirche« auf der Arbeitstagung des Frauenwerks in Karlsruhe am 21. Juni 1935; Zusammenfassung im Mitteilungsblatt des Frauenwerks Nr. 3, 3–7 (LKA GA 4705).

oder – kirchlich gesprochen – »positive« Kirchenmänner dominierten in den 30er Jahren die Bekennende Kirche ebenso wie die Neutralen oder ihre kirchenpolitischen Gegenspieler, die »Deutschen Christen«.[2]

Die »Deutschen Christen« sahen sich in der Endphase der Weimarer Zeit zunächst als die Wahrer des positiven Christentums, das sie mit Elementen des deutschen Volkstums verbunden sahen. Bibel und Bekenntnis ruhten auf dem Fundament einer sich ihres deutschen Volkstums bewussten Nation. Darin sahen sie sich – einer der vielen fatalen Irrtümer der Zeit – mit dem Nationalsozialismus auf einer Linie, hatte Hitler sich doch im Parteiprogramm zu einem solchen positiven Christentum deutscher Prägung bekannt. Die nationale Fundierung des Christentums und der Kirche war dabei nichts Neues, sondern begegnet uns seit den Befreiungskriegen bei den liberalen ebenso wie bei den erwecklich geprägten Christen. Der deutsche Protestant war in seiner überwiegenden Mehrheit nationalkonservativ. Politisch stand er den Deutschnationalen nahe. Und so gab es anfangs auch keinerlei Berührungsängste zu einer »Bewegung«, die die Erneuerung des deutschen Volkes und der deutschen Nation auf ihre Fahnen geschrieben hatte. Der Wunsch nach einer Erneuerung des Volkes traf sich mit der Sehnsucht nach einer Erneuerung der Kirche im Protestantismus auch in Baden. Was lag näher, diese beiden Ziele in einer sich unterstützenden Verbindung zu sehen: Für die Erneuerung des deutschen Volkes einzutreten, bedeutete also zugleich, die erhoffte Erneuerung der Kirche voranzutreiben.

Dass bereits im Frühjahr 1933 eine Pervertierung der »Glaubensbewegung« der Deutschen Christen eintrat, weil man sich allzu sehr im politischen Fahrwasser bewegte, bemerkten die nationalsozialistischen Protestanten nicht. Zunächst wurden die religiösen Sozialisten ausgeschaltet, dann die Liberalen zum Beitritt zur deutschchristlichen Glaubensbewegung veranlasst. Das brachte den deutschen Christen zwar eine Mehrheit in den Kirchenparlamenten, bedeutete paradoxerweise aber zugleich den Niedergang der Deutschen Christen als kirchenpolitisch relevante Gruppierung in der badischen

---

2 Während zur Bekennenden Kirche in Baden eine Reihe von Forschungen vorgelegt wurden, sind die Deutschen Christen in Baden noch immer ein Desiderat der Forschung. Zu den Anfängen der Deutschen Christen in Baden vgl. Hermann Erbacher, Die Evangelische Landeskirche in Baden 1919–1945. Geschichte und Dokumente, Karlsruhe 1983, 18–21. Die weitere Entwicklung der DC ist beispielhaft dargestellt bei Udo Wennemuth, Geschichte der evangelischen Kirche in Mannheim, Sigmaringen 1996, 322–339, 354–360. Unverzichtbar für die Darstellung der DC in Baden sind immer noch die entsprechenden Abschnitte bei Kurt Maier, Der evangelische Kirchenkampf, 3 Bände, Göttingen 1976–1984.

Landeskirche. Denn zum einen gelang es den Deutschen Christen nicht, die große Fraktion der »Positiven«, also derer, die ihnen eigentlich in ihrer Glaubenshaltung am nächsten standen, zu einer Einheit mit ihnen zu bewegen, zum anderen machte der Beitritt der Liberalen aus einer relativ homogenen Gruppe eine innerlich zerrissene Partei, die von Grabenkämpfen erschüttert wurde. Nach dem Austritt der badischen Landeskirche aus der Reichskirche im November 1934 zerfiel die Partei der Deutschen Christen in zwei Gruppierungen; die eine, die künftig fanatisch den Kurs der Reichskirche unterstützen sollte und sich spätestens 1936 der radikalen Thüringer Richtung der »Nationalbewegung« der deutschen Christen anschloss, und andererseits die große Gruppe der moderaten Deutschen Christen, die allmählich von der Bildfläche verschwanden und häufig in den Reihen der Positiven wieder auftauchten. Die radikale Richtung etablierte sich als Kämpferin gegen die Kirchenleitung in Karlsruhe und prägte so das Bild der Deutschen Christen in der Öffentlichkeit. Ihr Sprachrohr, mit dem sie ihre kirchenpolitischen Ziele, aber auch ihre Agitation gegen die Landeskirche in die Öffentlichkeit trug, war »Der Deutsche Christ«, eine Zeitschrift, die ab März 1935 von Fritz Kölli[3], Pfarrer an der Ludwigskirche in Freiburg, als Schriftleiter betreut wurde.

Frauen traten in den Auseinandersetzungen der Deutschen Christen um die Richtung der Partei, dann im Kampf gegen die Kirchenleitung nicht in Erscheinung. Im Folgenden kann es daher – zumal es an Studien über die Rolle der Frauen bei den DC bislang fehlt – nur darum gehen, einige Fragen aufzuwerfen. Alle Antworten müssen beim jetzigen Stand der Forschung bruchstückhaft bleiben und können nur als Anhaltspunkte für weitere Vertiefungen verstanden werden.

Mit der Bildung einer deutschen evangelischen »Reichskirche« wurde auch die Bildung einer »Reichsfrauenhilfe« von Preußen aus propagiert, die die gesamte kirchliche Frauenarbeit umfassen sollte. Daher wurden sämtliche Frauenvereine und -verbände zum Beitritt zur Reichsfrauenhilfe aufgefordert. Wie die Reichskirche war auch die Reichsfrauenhilfe eine Organisation der Deutschen Christen. Vor einem Beitritt zur Reichsfrauenhilfe musste zunächst auf der Ebene der Landeskirchen die Frauenarbeit der unterschiedlichen im Evangelischen Frauenverband zusammengeschlossenen Vereine unter das

---

3 Zu Fritz Kölli (1900–1942) vgl. das Biogramm von Udo Wennemuth, in: In Gottes Wort gehalten. Die Evangelische Kirchengemeinde Freiburg 1807–2007, hrsg. v. Rüdiger Overmans u. a., Freiburg 2006, 236f.; Hans-Georg Dietrich, Johannes Friedrich Kölli (1900–1942), in: Lebensbilder aus der evangelischen Kirche in Baden, Bd. II: Kirchenpolitische Richtungen, hrsg. v. Johannes Ehmann, Heidelberg u. a. 2010, 255–261.

Dach der Landeskirche gestellt werden, d. h., die Frauenarbeit sollte eine »engere Bindung an die Landeskirche« (736) erhalten und damit ihre Selbstständigkeit aufgeben. Damit wurde die Frauenarbeit integraler Bestandteil der Arbeit der Landeskirche mit allen Konsequenzen.

Die Frauenhilfe erwartete die vollständige Einbindung der Frauenarbeit in die Landeskirche und Unterordnung unter die Landeskirche. Kirchliche Frauenarbeit bedeutete Dienst am Volk und an der Kirche. In den Leitsätzen der Reichsfrauenhilfe vom Mai 1933 werden Frausein und Mutterschaft weitgehend gleichgesetzt, Mutterschaft sei der der Frau »schöpfungsmäßig zugewiesene Lebensberuf«. »Der Frau und Mutter ist von Gott her nicht nur die leibliche, sondern auch die seelische Bewahrung des Lebens innerhalb der natürlichen Ordnungen von Familie und Volk anvertraut.« Aufgabe der Evangelischen Frauenhilfe sei daher die »Vorbereitung und Zurüstung der Frau und Mutter für ihren Dienst an Kirche und Volk.« Den Frauen wird also eine zentrale Rolle in der nationalen und religiösen »Wiedergeburt unseres Volkes« zugewiesen: »Der gesamte Wiederaufbau eines Volkes steht und fällt mit seinen Frauen und Müttern. Wir brauchen die tüchtigsten Frauen und Mütter. [...] Frauen und Mütter, die durch das Evangelium von Christus in Gott gebunden sind, haben die Kraft, Leben und Zukunft des Volkes in ihren Händen zu halten. [...] Die Frau trägt in ihrem Schoß das Leben, in ihrem Herzen den Geist des Volkes. Wenn wir Deutschland wollen, brauchen wir gesunde deutsche Frauen und Mütter mit der Gotteskraft des Christusglaubens« (737 f.). Die Frau wird auf einen Sockel gestellt wie ein bewundernswertes, kostbares Denkmal. Selbstbestimmung und Selbstverwirklichung der Frauen sind nicht Gegenstand der Leitsätze der Frauenhilfe. Vielmehr wird die Frau als Objekt, als Werkzeug gesehen, das einem bestimmten Ziel zu dienen hat, das von den Männern erfunden und überhöht wird. Mit ihm erhält auch die »Frau und Mutter« eine quasisakrale Würde, die jedoch im Wesentlichen der Entmündigung der Frauen Vorschub leistet.

Die im »Frauenverband für Innere Mission« organisierte evangelische kirchliche Frauenarbeit in Baden, vertreten durch ihre Vorsitzende Freifrau von Marschall, versuchte sich mit Unterstützung der Kirchenleitung zunächst dem Zugriff der Reichsfrauenhilfe zu entziehen, auch um »das Gesamtwerk evang. kirchlicher Frauenarbeit in seiner Geschlossenheit zu bewahren« (741). Freifrau von Marschall gab daher am 22. Mai 1933 folgende Erklärung ab: »Die [im Gesamtwerk evang. kirchlicher Frauenarbeit] zusammengeschlossenen Frauen erkennen in bewußter Bejahung der Ordnungen des menschlichen Lebens, wie des Volkes und Staates, den neuen Staat voll und ganz an. Die evangelischen Frauen [...] sind dankbar, daß sie sich in ihrer

Arbeit nunmehr ungehemmt und ungehindert zu Volk und Staat bekennen dürfen. Als deutsche evangelische Frauen sind sie sich zugleich der Verantwortung voll bewußt, die sie im neuen Staat in bezug auf die Erziehung der weiblichen Jugend wie der Frauen tragen« (741). Diese – für die gesamte evangelische Kirche selbstverständliche – Bejahung des »neuen« Staates wird heutigen Leserinnen befremdlich erscheinen. Doch zieht man die ideologischen Phrasen ab, bedeutet die Erklärung nichts anderes, als dass die evangelische Frauenarbeit in Baden wie bisher ihre Arbeit durchführen will, zwar in Verantwortung auch für den Staat, aber doch auch in einer gewissen Distanz zum Staat, denn die Selbstständigkeit des Verbandes soll so bewahrt bleiben. Prälat Kühlewein bescheinigte der kirchlichen Frauenarbeit, die schließlich ja bereits auch auf Reichsebene in der »Vereinigung evangelischer Frauenverbände Deutschland« zusammengeschlossen war, »eine Aufbauarbeit im kirchlichen und vaterländischen Sinne« (742).

In einem Vortrag vor dem Frauendienst in Karlsruhe im Mai 1935 führte der deutsch-christliche Referent aus, auch die Frauen hätten eine Pflicht zur Mitarbeit in der Kirche; durch die Verteilung von Informationsblättern oder die Abhaltung von Frauenabenden sollen alle Frauen und Mütter vom Wort Gottes erreicht werden. Das ist sicherlich kein zu kritisierendes Anliegen, wohl aber die Form, in der dies geschehen soll, wird dadurch doch den Frauen die Befähigung abgesprochen, das Wort Gottes selbstständig zu erfassen und auszulegen. Es heißt hier nämlich, die Frau müsse »artgemäß« angesprochen werden, »d. h. ihrer Art entsprechend, die sie vom Schöpfergott erhalten hat«. Um ihren Dienst in Haus und Gemeinde zu tun, müsse sich »die Frau […] erst erlösen lassen«,[4] als ob die Erlösungsbedürftigkeit nicht ein allgemeinmenschliches Phänomen wäre.

Letztendlich konnte sich die Frauenarbeit genauso wenig wie die Jugendarbeit einer Inanspruchnahme durch den Staat entziehen. Doch es war ein Unterschied, ob die »staatliche Eingliederung« über die »Reichsfrauenhilfe« oder den »Evang. Frauenverband in Deutschland«, nun im »Frauendienst der DEK« zusammengefasst, in die »Reichsarbeitsgemeinschaft deutscher Frauenverbände« erfolgte, die dem Reichsministerium des Innern unterstand. Innerhalb der Landeskirchen sollten »Frauenkammern« für gemeindliche Ar-

4 Vgl. Die Evangelische Landeskirche im »Dritten Reich«. Quellen zu ihrer Geschichte, Bd. III: 1934–1935, hrsg. v. Hermann Rückleben und Hermann Erbacher, Karlsruhe 1995 (künftig: ELBDR III), 785. Alle oben aufgeführten Zitatnachweise beziehen sich auf diese Dokumentation.

beit, soziale Arbeit, Erziehungs- und Bildungsarbeit sowie Mütterdienst gebildet werden.[5] Letztere Aufgabe geriet indessen immer stärker in das Fahrwasser der NSV.[6]

Es ist hier nicht die Aufgabe, die organisatorischen Strukturen der kirchlichen Frauenarbeit in der NS-Zeit darzustellen,[7] die letztendlich mit einer Herauslösung aus dem Gesamtverband für Innere Mission und mit einer Integration in landeskirchliche Strukturen endete: Aus dem Evangelischen Frauenverband für Innere Mission wurde das Frauenwerk der Evangelischen Landeskirche in Baden[8]. Wesentlich ist, dass dadurch die »Unantastbarkeit des Evang. Frauenwerks«[9] deutlich gestärkt wurde. An dieser Stelle ist jedoch vor allem zu fragen, wie weit die Deutschen Christen in die Frauenarbeit innerhalb der Landeskirche hineinwirkten. Versuche der Deutschen Christen im Herbst 1933, die Vorstände der Evangelischen Frauenverbände mit einer deutschchristlichen Mehrheit neu zusammenzusetzen, wurden jedenfalls

5 ELBDR III, S. 744.

6 Vgl. hierzu den Artikel »Die Zukunftsaufgabe evangelischer Mütterarbeit« in: Kirche und Volk 1934, 78. Dort sind die Richtlinien des Frauenwerks der DEK für die künftige Zusammenarbeit der konfessionellen Mütterarbeit mit der NSV dargelegt: »Die große Pionierarbeit der kirchlichen Mütterdienste findet heute im Plan für ›Mutter und Kind‹ die Erfüllung einer großen Hoffnung, der sie entgegengearbeitet hat.« Der NS-Staat wird hier als Anwalt für alle Mütterdienstarbeit gesehen, weshalb die Aufgaben des Mütterdienstes auf den Staat übertragen werden sollen. Der Auftrag des kirchlichen Mütterdienstes beschränke sich künftig auf »Glaubensauftrag an den Müttern«. Das neue Leitwort des evangelischen und katholischen Mütterdienstes lautet: »Mutter, wir helfen Dir!« Sie wollen den »besonderen Mutterwunsch des Glaubens erfüllen«. Vorausgesetzt wird die Mitarbeit der ausgebildeten beruflichen und ehrenamtlichen Kräfte des kirchlichen Mütterdienstes »in dem jetzt kommenden großen Volksmütterdienst«; auch die kirchlichen Häuser und Heime (als die »besten Arbeitsstätten«) werden für diesen Dienst bereitgestellt. Wir konstatieren hier die totale Unterordnung des kirchlichen Mütterdienstes unter die NSV und das Bereitstellen sämtlicher kirchlicher Mittel und Kräfte für die staatliche Wohlfahrtsarbeit.

7 Ebd., 734–762; vgl. hierzu HEIDE-MARIE LAUTERER, Frauen in der Männerkirche. Vom »Evangelischen Frauenverein der Inneren Mission« zur »Frauenarbeit der Badischen Landeskirche«, in: Unterdrückung – Anpassung – Bekenntnis. Die Evangelische Kirche in Baden im Dritten Reich und in der Nachkriegszeit, hrsg. v. UDO WENNEMUTH u. a., Karlsruhe 2009, 181–207 (gekürzt auch in: »Kraft und Würde sind ihr Gewand und sie lacht des kommenden Tages …«. 90 Jahre Evangelische Frauenarbeit in Baden, Karlsruhe 2006, 16–42).

8 Vgl. das Schreiben Landesbischof Kühleweins an sämtliche Geistlichen vom 14. 12. 1933 (ELBDR III, 754).

9 ELBDR III, 767.

energisch zurückgewiesen.[10] Eine Verschärfung des Verhältnisses des Evangelischen Frauenwerks zu den Deutschen Christen trat im Herbst 1934 durch die Vertrauenskrise zur Reichskirchenregierung ein, die schließlich zum Bruch führte.[11]

Nach Baden kamen die Konflikte, die bisher innerhalb der DEK ausgetragen wurden, durch einen Vortragsabend, den der neugegründete deutschchristliche Frauendienst am 14. Mai 1935 in Karlsruhe abhielt. Als Referent war Pfarrer Lic. Hans Hermenau aus Potsdam eingeladen worden, den der Reichsbischof im Februar 1935 gegen den Protest fast sämtlicher Landeskirchen zum »Referenten« für das Frauenwerk berufen hatte, dem aber die badische Landeskirche ihre Anerkennung versagt hatte.[12] In Karlsruhe war Anfang Mai 1935 (wie bereits zuvor in Mannheim) eine Arbeitsgemeinschaft des Frauendienstes gegründet worden. Die Landesvorsitzende des Frauendienstes der DEK in Baden war Martha Roos, auf deren Initiative wohl die Einladung an Hermenau ausgesprochen worden war. Hermenaus Rede war vor allem durch Angriffe auf die Bekennende Kirche bestimmt. In ihrem Schlusswort betonte Martha Roos: »Wir wollen eine Kirche, ein Evangelium, wie es sich für das Dritte Reich gehört. Wir wollen nicht frömmeln, [sondern] dem Volk dienen, den Kindern neben der Liebe zum Vaterland den Gottesglauben einpflanzen. Ein Gott, ein Führer, ein Volk, eine Kirche!«[13] Die Reihenfolge, erst das Vaterland, dann der Gottesglaube, ist sicherlich nicht zufällig und unbedacht so ausgesprochen worden!

Den Versuchen der Deutschen Christen, auch in Baden eine neue Frauenorganisation aufzubauen, den sogenanten Evangelischen Frauendienst, begegnete das Frauenwerk Anfang Juli 1935 mit einer umfassenden Stellungnahme. Während das Frauenwerk stets versuchte, unabhängig von kirchenpolitischen Zugehörigkeiten seine Arbeit in den Gemeinden zu verrichten, war der neue Frauendienst eindeutig kirchenpolitisch ausgerichtet. Die Neugründung des Frauendienstes wird daher als »Zersplitterung und Verzettelung« der Frauenarbeit abgelehnt. Zurückgewiesen wird unter Verweis auf die Zusammenarbeit mit NSV und Deutschem Frauenwerk der Vorwurf, dass das evangelische Frauenwerk »die wirksame und lebensvolle Einreihung der

---

10 ELBDR III, 751f.

11 Vgl. ELBDR III, 768–784.

12 Vgl. dazu EOK an die DEK-Kirchenkanzlei vom 28.02.1935 (ELBDR III, 775f.) bzw. das Rundschreiben des LB an sämtliche Geistliche vom 14. Mai 1935 (ebd., 780–784, hier bes. 783).

13 ELBDR III, 784–786, Zitat 786.

evangelischen Frau in unser heutiges Staatsleben hemme, daß es einen staatsfreien oder gar staatsfernen Raum für sie zu schaffen suche.« Der Frauendienst wird völlig zu Recht als Instrument des kirchenpolitischen Kampfes angesehen, während die Arbeit des Frauenwerks in Kirchengemeinden und Landeskirche eine praktische Ausrichtung ausweise. Das Fatale an der Neugründung ist jedoch, dass viele Arbeitskreise, die dem Frauenwerk angeschlossen sind, selbst die Bezeichnung »Frauendienst« in ihrem Namen tragen; damit ist die Gefahr der Verwechslung offensichtlich: »Es ist eine Lebensfrage für die Erhaltung unserer Arbeitsfähigkeit, daß wir uns nicht aus Unkenntnis über die Organisation unserer Geschlossenheit selbst berauben.« Noch einmal wird betont, dass das Frauenwerk »die Zusammenfassung aller kirchlich und staatlich anerkannten evangelischen Frauenarbeit« darstelle. Die örtlichen und fachlichen Arbeitskreise würden jeweils »in enger Verbindung mit Kirchengemeinde und Landeskirche ihre Aufgaben erfüllen«.[14]

In der Folge gibt es immer wieder Berichte über eine Spaltung der Frauenarbeit in den Gemeinden. So berichtet Dekan Theodor Schäfer aus Freiburg am 3. Juni 1935 an den Evangelischen Oberkirchenrat von der »Bildung des ›Frauendienstes‹ in Freiburg [...], aus der hervorgeht, daß hier planmäßig auf eine Spaltung des Frauenwerks unserer evangelischen Gemeinde hingearbeitet wird. Unbedenklich wird hier am Sitze des Erzbischofs die Geschlossenheit der Evangelischen preisgegeben und ihre Trennung erstrebt.« Dahinter stecke das Ziel von Pfarrer Fritz Kölli an der Ludwigskirche, eine von der evangelischen Gemeinde getrennte DC-Gemeinde zu bilden. In Südbaden habe die »Führerin des neuen Frauendienstes«, Schwester Elisabeth Lauber, ihre Tätigkeit aufgenommen, bislang aber nur Sprechstunden im Gemeindehaus der Ludwigskirche angeboten. Elisabeth Lauber, ausgebildet im Schwesternhaus Reutlingen der evangelischen Gemeinschaft, war bei der Stadtmission in Freiburg und bei Sammlungen der Inneren Mission aktiv hervorgetreten, war aber nicht Mitglied der Landeskirche, sondern der Evangelischen Gemeinschaft. Offensichtlich war Schwester Lauber »ohne ihr Vorwissen [...] mit der Führung des Frauendienstes betraut« worden. Auf Nachfrage von Landesbischof Kühlewein machte Kölli einen Rückzieher und nannte stattdessen Frau Pfarrer Eiermann als Leiterin einer Arbeitsgemeinschaft im Dienste des Frauendienstes. Der Versuch, den Frauendienst mit der Seelsorge an weiblichen Strafgefangenen zu betrauen, scheiterte an der

---

14 Vgl. ELBDR III, 797–800, Zitate 798 und 799.

Haltung der Behörden, die den evangelischen Fürsorgeverein weiterhin für diesen Dienst einsetzten.[15] Vorangegangen war ein hetzerischer Artikel des DC-Pfarrers Landesleiter Heinrich Sauerhöfer[16], der dem Frauenwerk kirchenpolitische Parteinahme vorwarf und nun die DC-Amtsträger und -Pfarrer anwies, in ihren Gemeinden die »bestehenden Frauenorganisationen in den reichskirchlichen ›Frauendienst‹ zu überführen und neue Gruppen zu gründen. Den Deutschen Christen nahestehende Frauen wurden aufgefordert, aus dem Frauenwerk auszuscheiden.[17] Im Nachgang zu den Freiburger Ereignissen machte Landesbischof Kühlewein noch einmal deutlich, dass im Bereich der badischen Landeskirche ausschließlich das Frauenwerk als kirchliche Arbeit anerkannt sei.[18] Als im September 1935 eine Sammlung für das Frauenwerk anstand, wurde eine Umleitung der Sammlung auf den Frauendienst ausdrücklich untersagt.[19]

In Karlsruhe legte der Vorstand des Deutschen Evangelischen Frauendienstes Karlsruhe ein Bekenntnis zu kirchenpolitischer Neutralität ab und warb um gemeinsame Arbeit für die Kirche. Bemerkenswert ist dabei, dass man sich in gleicher Weise von DC-Pfarrern wie BK-Pfarrern distanzierte, dass man sich keiner der beiden Seiten anschließen wolle.[20]

Inwieweit diese Forderung nach Neutralität für die Frauenarbeit den Zielen der DC entsprach, sei dahingestellt, denn die Tätigkeit der Landesleiterin Martha Roos wies in eine andere Richtung. Mehrfach distanzierte diese sich vom Frauenwerk und warb für die Ziele des Frauendienstes. Sie unterstellte dem Frauenwerk, nicht am Aufbau des »ersehnten Dritten Reiches« mitwirken zu wollen und reklamierte die Aufgabe, den Frauen »den Wert ihrer inneren und religiösen Kräfte für unser Volk zum Bewußtsein zu bringen«, für den

---

15 ELBDR III, 801 f.; 807 (Zitat).

16 Heinrich Sauerhöfer (1901–1953) war im Herbst 1933 Nachfolger von Fritz Voges als Landesleiter der DC geworden. Zu Sauerhöfers weiteren fantastischem Werdegang als Bürgermeister von Durlach, als Kreisleiter in Kehl und in Molsheim und Schlettstadt im Elsass bis hin zu seiner Konversion zum Katholizismus vgl. das Biogramm von Udo Wennemuth in: 100 Jahre Christuskirche Karlsruhe 1900–2000, 134 f.; Fred Ludwig Sepaintner / Gerhard Schwinge, [Art.] Sauerhöfer, Heinrich Friedrich, in: Baden-Württembergische Biographien 5 (2013), 333–336.

17 Der Deutsche Christ vom 12. Mai 1935, Jg. 3, Nr. 19.

18 Schreiben vom 5. Juli 1935 an Dekanat Freiburg (ELBDR III, S. 808).

19 ELBDR III, 808 f.

20 LKA GA 4707 (EBLDR III, 803 f.); unterzeichnet war das Rundschreiben von Erna Gaber und Liesel Ott.

Frauendienst. In diesem Sinne forderte sie »alle evangelisch und nationalsozialistisch gesinnten Frauen« zum Beitritt zum Frauendienst auf. Statt Kirchenpolitik zu betreiben, wolle man den Frieden halten und wahren. In enger Bindung an die NS-Frauenschaft sollen die im Frauendienst zusammengeschlossenen Frauen »ein Bollwerk bilden gegen alles Antichristliche [...] zum Wohle unseres Volkes und Vaterlandes«.[21] Im Juli 1935 beklagte Martha Roos, dass die Aufbauarbeit des Frauendienstes in Baden »im Gegensatz zur Landeskirchenbehörde« betrieben werden müsse. Das beinhaltete jedoch keine Erkenntnis des Unrechtmäßigen des eigenen Anspruchs. Stattdessen erwartete sie, dass das Engagement jeder einzelnen Frau umso stärker sein müsse. Die Rechtfertigung der eigenen Position bedient sich dabei der Verunglimpfung der Gegnerinnen, insbesondere der beim Reichsinnenminister in Ungnade gefallenen Reichsleiterin des Evangelischen Frauenwerks, Frau Agnes von Grone. Roos forderte eine klare Haltung zum Nationalsozialismus und zur Reichskirche. Sie suggeriert einen massenhaften Beitritt badischer Frauen zum Frauendienst und gesteht gleichzeitig ein, dass die Mitarbeiterinnengruppen in den Gemeinden noch klein seien.[22] Im Oktober 1935 warb Roos für den Frauendienst auch bei den NS-Frauenschaften mit dem Argument, dass der Frauendienst »die Frauenorganisation der staatlich anerkannten Reichskirche« sei, nicht ohne ihre kirchenpolitische Neutralität zu betonen. Jede »deutsche evangelische Frau« solle daher das Kampf- und Werbematerial der Deutschen Christen »Der Ruf der Frau« und »Frau und Kirche« beziehen. Für eine mehrtägige Schulung sollte jeder Bezirk möglichst zwei Frauen anmelden.[23] Als Martha Roos im November 1935 Aufgaben und Ziele des Frauendienstes verkündet, hat dies fast schon beschwörende Züge. Der Frauendienst umfasse »alle Frauen, die gewillt sind, beim Aufbau der Reichskirche zu helfen. Er hat nur die Aufgabe, der deutschen Frau und Mutter Christus zu verkündigen. – Unser Verband heißt Deutschland und unser Mutterhaus ist die Kirche! – Wir Frauen müssen der Kirche die Treue bewahren.« Die Frau soll zur Missionarin im eigenen Haus werden und mit ihren seelischen Kräften dem Volke dienen. »Der Frauendienst soll uns das Rüstzeug dazu geben, unserem Volke Christus vorzuleben.« Eine bedingungslose Treue zum Staat soll helfen, die Reichskirche aufzubauen.[24] Christus als Richtschnur zu

21 Der Deutsche Christ Nr. 24 vom 16. Juni 1935, 191 (auch: ELBDR III, 804 f.).

22 Der Deutsche Christ Nr. 27 vom 7. Juli 1935, 214 (auch in ELBDR III, 805 f.).

23 Der Deutsche Christ Nr. 41 vom 13. Oktober 1935, 328 (auch in ELBDR III, 809 f.).

24 Der Deutsche Christ Nr. 46 vom 17. November 1935, 367 (auch in ELBDR III, 810 f.).

reklamieren, gilt für alle kirchlichen Gruppierungen. Die Frage ist hier nur, welcher Christus denn gemeint sei; der, der eintritt für die Schwachen und Bedrängten, oder der in vielen Vorträgen deutschchristlicher Provenienz verkündete »heldische« Christus.

Als die Bemühungen der Anhänger der Deutschen Christen, einen starken Frauendienst aufzubauen, stagnierten, suchte man die Unterstützung des Reichskirchenausschusses. Dieser zog jedoch den Erlass vom 25. Februar 1935, die die Leitung der gesamten kirchlichen Frauenarbeit Pfarrer Hermenau übertragen wollte, zurück. Der Evangelische Oberkirchenrat wies nun die Geistlichen an zu veranlassen, »daß die in einigen Fällen erfolgte Abmeldung örtlicher kirchlicher Frauengruppen beim Frauenwerk rückgängig gemacht wird und die betreffenden Gruppen dem landeskirchlichen Frauenwerk wieder angeschlossen werden«.[25] Doch war mit der Aufhebung des Erlasses vonseiten des Reichskirchenausschusses keine Suspendierung des Frauendienstes verbunden.[26] So fanden beispielsweise in Karlsruhe und Freiburg weiterhin Veranstaltungen des Frauendienstes statt. In Freiburg begrüßte man den »Reichsleiter« des Frauendienstes Pfarrer Hermenau, wobei der Frauendienst, dessen »Arbeit [...] sich dort bisher in der Stille vollzogen« hatte, erstmals an die Öffentlichkeit trat. In einem Bericht in »Der Deutsche Christ« wurde bei dieser Gelegenheit Frau Roos als »die berufene Führerin unserer Frauensache in Baden« gewürdigt, »die den nüchternen Blick für organisatorische Notwendigkeiten mit der Tiefe christlicher Überzeugungen« verbinde. Weitere Veranstaltungen mit Hermenau und Roos fanden auch in Karlsruhe und Heidelberg statt.[27]

Die Stellung des Evangelischen Frauenwerks auch in Baden wurde letztlich durch die neuen Richtlinien des Reichskirchenausschusses für die kirchliche Ordnung des Frauenwerks der DEK gestärkt, die die Zuständigkeit für die Ordnung der Frauenarbeit den Landeskirchen zusprach und zusicherte, dass die Verbände in ihrer sachlichen Arbeit »uneingeschränkt« bleiben sollten.[28] In einem Bericht an den RKA vom 26. März 1936 stellt der EOK nicht nur klar, dass für die Landeskirche »allein das badische Evang. Frauenwerk als kirchliche Frauenarbeit in Frage« komme. Die »verschiedenen Frauen-

---

25 ELBDR III, 812.

26 Vgl. ELBDR III, 813f.; 815.

27 Der Deutsche Christ Nr. 48 vom 1. Dezember 1935, 384 (vgl. auch ELBDR III, 813).

28 Rundschreiben des RKA vom 23. März 1936 (LKA GA 4705; auch in ELBDR II, 819–821).

dienst-Absplitterungen bzw. Neugründungen« seien demgegenüber »so gut wie bedeutungslos«. Der RKA wird sodann »um eindeutige Ablehnung des tatsächlich nur kirchenspaltend wirkenden und kirchenpolitisch zersetzenden Frauendienstes« gebeten.[29]

Ein Dorn im Auge blieb der Landeskirche die weiterhin in Baden stattfindende Vortragstätigkeit des Pfarrers Hermenau, wodurch immer wieder »die ungute kirchenpolitische Zerreißprobe der Frauenarbeit öffentlich dokumentiert« werde. Damit war auch klar, dass die Deutschen Christen den Beschluss des Reichskirchenausschusses, dass im Frauenwerk der Deutschen Evangelischen Kirche die evangelische Frauenarbeit in Kirche und Gemeinde zusammengefasst sei, missachteten. In Baden wurde Hermenau immer noch als »Reichsbeauftragter« bzw. »Reichsleiter« des Frauendienstes bezeichnet.[30] Im Sommer 1936 sprach Hermenau auf Veranstaltungen in Pforzheim (Gemeindesaal), in Karlsruhe (Eintrachtsaal), in Heidelberg (Lutherhaus), in Freiburg (Saal der Ludwigskirche) und Mannheim (Wartburghospiz), wo er in der Trinitatiskirche, an der der Deutsche Christ Friedrich Kiefer wirkte, auch eine Predigt hielt.[31] Es wird deutlich, dass die Tätigkeit Hermenaus an die Örtlichkeiten gebunden ist, in denen die abgesplitterte radikale Thüringer Richtung der Deutschen Christen, der nationalkirchlichen »Bewegung« bzw. der Deutschkirche, sich festgesetzt hatte. Dies traf insbesondere für Pfarrer Kölli an der Ludwigskirche in Freiburg und Pfarrer Kiefer[32] an der Trinitatiskirche in Mannheim zu. Die »Reichsbewegung ›Deutsche Christen‹« und mit ihr zahlreiche Frauendienste hatten sich inzwischen deutlich von Hermenau distanziert.[33] So wenig wie die Landeskirche ihrer längst der Landeskirche entglittenen radikalen DC-Pfarrer Herr wurde, so wenig hatte sie Mittel gegen die in Baden fortwährende Agitation Hermenaus, der für seine »Reichsstelle Frauendienst« die Zuständigkeit »für alle Fragen der Frauenarbeit der kommenden Kirche« reklamierte.[34]

Der Höhepunkt der Tätigkeit des »Frauendienstes« war indessen mit der Spaltung der Deutschen Christen überschritten. Anfang Januar 1937 hatte

---

29 LKA GA 4705, abgedr. in ELBDR III, 821–823, Zitate 822, 823.

30 ELBDR III, 824f.

31 Bericht LB Kühleweins an RKA vom 20. August 1936 (ELBDR III, 826).

32 Vgl. hierzu Udo Wennemuth, Friedrich Kiefer (1893–1955), in: Lebensbilder, Bd. 2 (wie Anm. 3), 471–505, bes. 482ff.

33 Vgl. ELBDR III, 827.

34 Vgl. ebd., 828.

sich die neue Landesleiterin des Frauendienstes, Frau Mathilde Wahlert, noch über Behinderungen ihrer Arbeit durch die »kirchlichen Behörden« und die Gemeinden beschwert, da man ihnen in Karlsruhe keine kirchliche Gebäude zu gottesdienstlichen Veranstaltungen – den sogenannten Abendfeiern – überlassen wollte. Sie schrieb: »Ich bitte also um grundsätzliche Klärung der Frage, ob nationalsozialistische, christliche Frauen von Geistlichen und obersten Kirchenbehörden, die der Bekenntnisfront angehören, aus kirchlichen Räumen verdrängt werden dürfen.«[35] Die Eingabe an das Reichsministerium für kirchliche Angelegenheiten blieb ohne Erwiderung. In Ton und Anspruch entsprach die Eingabe vollkommen denen der DC-Pfarrer, wenn es um Fragen der »geistlichen« Versorgung ihrer Klientel ging. Der Frauendienst trat in den folgenden Jahren als Organisation öffentlich kaum noch in Erscheinung. Eine Behinderung der »äußerst ersprießliche[n] Tätigkeit« des Frauenwerks der Landeskirche ging vom Frauendienst nicht mehr aus.

35 Vgl. ebd., 836f., Zitat 837.

Mutig in einer »gefesselten Kirche«

Evangelische Frauen in Baden in Konflikten während des Nationalsozialismus

Hans-Georg Ulrichs

In großem Respekt
Hilde Bitz gewidmet.[1]

1 Eine »durch männliche Theologen geführte [...] Frauenbewegung« und andere Probleme

Im Sommer 1945 erreichte Karl Barth, den aus Deutschland vertriebenen und seit 1935 in Basel lehrenden Theologen, ein Schreiben junger Theologinnen, Theologen und Laien aus Baden vom 25. Juni 1945. Es war unterzeichnet von fünf Frauen und von drei Männern, die sich »für die Gestaltung der Kirche hier mitverantwortlich fühlen«, die inhaltlich durch die Barmer Theologische Erklärung vom Mai 1934 und formal durch eine Kirchenleitung »in der Form der Bruderräte« geprägt sein sollte.[2] Im Schreiben wurde zudem eine weitere Frau, nämlich die Barth persönlich bekannte Erika Heyd, erwähnt. Trat also nach dem »Kirchenkampf« eine junge Generation mit neuem Geschlechterverständnis nach vorne, das sich auch in einem anderen Zahlenverhältnis von Frauen und Männern widerspiegelte?[3] Konnten Frauen selbstverständlicher an den öffentlichen Diskursen innerhalb der Kirche partizipieren? Und war diese Gruppe des Sommers 1945, die nicht nur den Kurs der offiziellen Kirchenleitung von 1933 bis 1945 unter Landesbischof Julius Kühlewein, sondern auch die Bekenntnisgemeinschaft[4] unter Karl Dürr kriti-

---

1 Hilde Bitz, erste Gemeindepfarrerin in Baden ab 1971, ist die Nestrix der badischen evangelischen Frauengeschichtsschreibung. Neben zahlreichen Aufsätzen hat sie sich vor allem durch ihre Beiträge verdient gemacht im Lexikon früher evangelischer Theologinnen. Biographische Skizzen, Neukirchen-Vluyn 2005 (im Folgenden: LexfevTh).

2 In ELBDR [vgl. Anm. 7] V (2004), Dok. 2358, 359–361, hier: 359f.

3 Allerdings muss bedacht werden, dass aus diesem Kreis mehrere der jungen Männer im Krieg »gefallen« waren; drei der fünf Frauen waren junge Kriegerwitwen.

4 Dieser Begriff wird synonym mit Bekennender Kirche (BK) in Baden verwendet.

sierte, ja ablehnte, irgendwie typisch und wegweisend für evangelische Frauen in Baden?

In der neuesten Untersuchung über »Die Bekennende Kirche in Baden« führt Caroline Klausing[5] nur fünf bzw. sechs Frauen im Namensregister an; diese sind lediglich als Mütter oder Ehefrauen handelnder Männer aufgeführt[6], die sechste erfährt als Sekretärin des BK-Vorsitzenden von diesem nachhaltigen Rückhalt. Mithin wird von Frau Klausing keine einzige Frau als bekenntniskirchliche Aktivistin gewürdigt. Ist dieser Befund einer Historikerin historisch zutreffend? Erfreulicherweise ist das nicht der Fall, auch wenn Klausing im personenhistorischen Kapitel (5.2) ausschließlich Männer schildert. Es leuchtet also unmittelbar ein, dass das Thema »Frauen in der badischen BK« nicht einfach darzustellen ist. Auch im beinahe 100 Seiten umfassenden Namensregister der Quellenedition zur badischen Kirchengeschichte im Dritten Reich lassen sich nur sehr wenige Frauen entdecken.[7]

Die Bekennende Kirche im Deutschen Reich war schon auf den ersten Blick patriarchal. Führungsgremien hießen etwa »*Bruder*rat«, und »[d]ie christliche Kirche« wurde nach der Barmer Theologischen Erklärung als »die Gemeinschaft von *Brüdern*« verstanden. Nur eine (!) Frau war als Delegierte in Barmen anwesend, und zwar das NSDAP-Mitglied Stephanie von Mackensen. Dabei sah die bekenntniskirchliche Wirklichkeit, zumal in der zweiten

---

5 Untertitel: Machtverhältnisse und innerkirchliche Führungskonflikte 1933–1945 (VbKRG 4), Stuttgart 2014. – Eine wissenschaftliche Rezension (von Karl Heinz Fix) fällt nicht eben günstig aus, in: BWKG 114 (2014), 444–449. Vgl. dagegen die benevolente Besprechung durch Ulrich Bayer, in: ThLZ 139 (2014), 1471 f. Friedrich Wilhelm Graf (in: HZ 300 [2015], 549 f.) spricht der Untersuchung Klausings sogar die Seriosität ab. – Als historischen Überblick vgl. Jörg Thierfelder, Die badische Landeskirche in der Zeit des Nationalsozialismus. Anpassen und Widerstehen, in: ELBDR VI (2005), 287–355; Georg Gottfried Gerner-Wolfhard, Kleine Geschichte des Protestantismus in Baden, Karlsruhe 2013, 200–229. Vgl. auch Rolf-Ulrich Kunze, »Möge Gott unserer Kirche helfen!« Theologiepolitik, Kirchenkampf und Auseinandersetzung mit dem NS-Regime: Die Evangelische Landeskirche Badens 1933–1945 (VbKRG 6), Stuttgart 2015, zur badischen BK a. a. O., 88–122; 231–296. Auch Kunze widmet sich nicht den Frauen in der badischen BK. Geht es einmal um Frauen, dann etwa im Zusammenhang von »Heiratsmustern« von BK-Pfarrer, vgl. a. a. O., 232 f.

6 Da Caroline Klausing Frauen also als Männern biographisch zugeordnet wahrgenommen hat, wundert es nicht, dass weitere im Buch genannte Frauen nicht einmal Aufnahme in das Namensregister gefunden haben.

7 Die Evangelische Landeskirche in Baden im Dritten Reich. Quellen zu ihrer Geschichte, 6 Bde., Karlsruhe 1991–2005 (ELBDR).

Hälfte der 30er Jahre und erst recht während der Kriegsjahre[8] anders aus: Frauen dominierten die Versammlungen. In einigen Regionen war die Beteiligung von Frauen noch stärker als in der früheren Volkskirche von vor 1933 – regionalgeschichtliche Studien belegen bis zu 80 Prozent Frauen bei Bekenntnisveranstaltungen (etwa Bibelkreisen) und -gottesdiensten.[9] »[D]ie bruderrätliche Kirchenopposition«, so wird deshalb geschlussfolgert, war eine »durch männliche Theologen geführte[.] Frauenbewegung«.[10] Das führte zu einer »unkomfortable[n] Konstellation streitbarer Frauen in Kreisen der protestantischen Kirchenopposition [...]: Selbstverständlich stritten sie gegen den Vormarsch der nationalsozialistischen Deutschen Christen und deren ideologischen Machtanspruch auf die Kirchen; dann aber wehrten sie sich auch zugleich gegen allzu fest gefügte konservativ-biblizistische Positionen im eigenen Lager, in der von männlichen Theologen, zumeist Pfarrern, geführten Kirchenopposition.«[11] Dass die BK keine emanzipatorische oder fortschrittliche Vereinigung, sondern männerdominiert und patriarchal gewesen ist[12], gilt dann erst recht für Baden, wo Caroline Klausing deutlich die theologisch und kirchenpolitisch konservative Herkunft der Mehrheit der Bekenntnisgemeinschaft und ihres Vorsitzenden Karl Dürr herausarbeitet. Dennoch: Auch in Baden wird die bekenntniskirchliche Basis mutmaßlich weiblich geprägt gewesen sein.[13] Bereits Zeitgenossen aus der badischen BK konnten

---

8 Vgl. ELLEN UEBERSCHÄR, Zu den Geschlechterbeziehungen in der Deutschen Evangelischen Kirche während des Zweiten Weltkriegs, in: KARL-JOSEPH HUMMEL / CHRISTOPH KÖSTERS (Hrsg.), Kirchen im Krieg. Europa 1939–1945, Paderborn 2007, 443–466.

9 Vgl. MANFRED GAILUS / CLEMENS VOLLNHALS, Protestantische Frauen mit viel Empathie und klugem Eigensinn. Zur Einführung, in: DIESS. (Hrsg.), Mit Herz und Verstand. Protestantische Frauen im Widerstand gegen die NS-Rassenpolitik, Göttingen 2013, 7–20, hier: 11.

10 A. a. O., 12.

11 A. a. O., 9.

12 Der bewegende Briefwechsel zwischen einer jungen rheinischen Vikarin und Karl Barths Lebensgefährtin dokumentiert auch einen geradezu zerstörerischen Patriarchat in bekenntniskirchlichen Pfarrhaushalten, aber ebenso Lebenslust und Experimentierfreudigkeit unter jungen »Barthianern« und »Barthianerinnen«. GÜNTHER VAN NORDEN (Hrsg.), Charlotte von Kirschbaum und Elisabeth Freiling. Briefwechsel von 1934 bis 1939, Göttingen 2014.

13 Caroline Klausing stellt nicht einmal die nötigen Fragen: Wie viele Frauen mögen unter den »etwa 10.000 Protestanten« gewesen sein, die sich am »groß angelegte[n] Bekenntnistag in Pforzheim« versammelten (KLAUSING, Bekennende Kirche [s. Anm. 5], 183), wie viele waren bei der BK-Tagung im Frühjahr 1935 in Karlsruhe (a. a. O., 196)? Wahrschein-

immerhin schreiben: »Entschlossene Männer und Frauen [sic!] sammeln sich zum Widerstand […] [Sie] protestieren gegen Irrlehre und Gewaltregiment. Das echte Volk der Kirche erhebt sich wider die falsche ›Volkskirche‹.«[14]

In Baden ist die Bewertung und Darstellung des kirchenleitenden Agierens strittig. Klaus Scholder hat 1973 in seinem epochalen Aufsatz über »Baden im Kirchenkampf des Dritten Reiches. Aspekte und Fragen«[15] die Landeskirche als weder »intakt« noch »zerstört« bezeichnet, da sie einerseits, seit 1934 ohne Landessynode, spätestens seit Einrichtung der staatlichen »Finanzabteilung« (1938, im Folgenden: FA) massiv vom NS-Staat gelenkt wurde, andererseits aber die gewählte Kirchenleitung im Amt verblieb und die Bekenntnisgemeinschaft nicht wirklich kirchenleitende Funktion für sich beanspruchte. Im aktuellen Wissenschaftsdiskurs wird die Landeskirche eher als »intakt« bezeichnet[16] – was formal nicht falsch ist und eher Anhalt gibt, den Kurs der damaligen badischen Kirchenleitung kritisch zu sehen, bezahlte man das »Intaktsein« doch mit einem wenn nicht kritiklosen, dann aber doch kompromisslerischen Kurs gegenüber dem Unrechtsstaat bis hin zur Einführung eines Arierparagrafen.[17] Theologisch wird man sich eher dem entschiedenen BK-Aktivisten Thomas Güß anschließen, der in einer »Denkschrift« aus dem Jahr 1939 die Landeskirche als »zerstört« bezeichnete und sowohl die Leitung der Landeskirche als auch die der Bekenntnisgemeinschaft scharf kritisierte.[18]

Da die badische BK zum einen keine kirchenleitende Funktion innehatte, musste sie sich auch nicht zu Fragen der Anstellung oder Beauftragung von Frauen im Pfarramt verhalten.[19] Bei unserem Thema kann und soll es nicht nur um die Frage des Zugangs von Frauen zum Pfarramt gehen, also um Vi-

---

lich gab es einen nicht geringen Frauenanteil bei den BK-Gottesdiensten in Freiburg – sie »zeichneten sich durch eine starke Einbindung der Laien aus« (a. a. O., 255), Gemeindehelferinnen kamen von weither (a. a. O., 256). In der BK wurden sogar extra Männerabende eingeführt (a. a. O., 259) – damit die Männer auch einmal unter sich sein konnten?

14 Otto Hof im Mai 1934, zit. n. Kunze, »Möge Gott« (s. Anm. 5), 103.

15 Erschienen zuerst in: Oberrheinische Studien 2 (1973), 223–241.

16 Vgl. Klausing, Bekennende Kirche (s. Anm. 5), 268 f.; Kunze, »Möge Gott« (s. Anm. 5), 76 f.; 378.

17 Vgl. Klausing, Bekennende Kirche (s. Anm. 5), 84 mit Anm. 118 (mit Hinweis auf Hendrik Stössel).

18 In: ELBDR IV (2003), 310–317.

19 Anders war dies etwa in der BK der Evangelischen Kirche der Altpreußischen Union und der dortigen Provinzialkirchen.

karinnen, Pfarrhelferinnen oder -kandidatinnen; gewiss ist diese Entwicklung wichtig, aber eine solche Fokussierung wäre die Fortsetzung früherer Kirchengeschichtsschreibung, in der ganz überwiegend Theologen und Amtsträger thematisiert wurden.[20] Innerhalb der badischen BK existierte zum anderen keine eigenständige Frauenarbeit[21], wodurch frauenspezifische Themen damals auch dort keine Lobby fanden. Deshalb muss unsere Themenstellung erweitert werden: Im Folgenden geht es um Frauen, die in bekenntniskirchlichen Kontexten innerhalb der Landeskirche agierten (etwa als Ehefrauen und Freundinnen, Mütter und Töchter[22] von Vikaren oder Pfarrern, als Gemeindehelferinnen und Religionslehrerinnen, als Sekretärinnen oder ehrenamtliche Mitarbeiterinnen) und/oder um evangelische Frauen, die ein deviantes (abweichendes) Verhalten wagten oder Opfer des NS-Staates wurden. Auch in traditionellen kirchlichen Vollzügen und in Ausübung eines Berufs in Verwaltung oder Diakonie der Volkskirche konnte deviantes Verhalten gewollt oder auch ungewollt gezeigt werden. Ein im weitesten Sinne kirchlicher Widerstand war nicht an die Bekennende Kirche gebunden oder ein Privileg ausgeprägter »Helden«.

Die Quellenlage ist alles andere als gut: Zunächst wurden Frauen damals von BK-Männern hintangestellt, sie sind wenig aktenkundig geworden. Sodann haben Frauen nach 1945 oft geschwiegen[23], und schließlich wurden Frauen in der unmittelbar nach 1945 einsetzenden Historiographisierung[24] weithin ausgeblendet. Manfred Gailus resümiert: »Symptomatischerweise

---

20 Auf diese »Falle« einer Frauengeschichtsschreibung weist hin Ellen Ueberschär, Fürchtet Euch nicht! Frauen machen Kirche, Freiburg 2012, 70f. Zum Thema vgl. »Darum wagt es, Schwestern …« Zur Geschichte evangelischer Theologinnen in Deutschland (HThSt 7), Neukirchen-Vluyn ²1994.

21 Die landeskirchliche Frauenarbeit unterstand OKR Karl Bender; vgl. seinen Bericht von 1946 in: ELBDR VI (2005), 246f. ELBDR III (1995), 734–840, gibt Dokumente zur Frauenarbeit wieder. Vgl. auch den Beitrag von Johannes Ehmann in diesem Band.

22 Von den Hilfstätigkeiten einer BK-Tochter berichtet – nicht ohne Süffisanz – Leni Immer, Meine Jugend im Kirchenkampf, Stuttgart 1994, 42: »Viele Hände regten sich, um die Gäste zu versorgen. Wer mithalf, durfte bei den Beratungen zuhören.«

23 Freilich gab es auch Männer, die über ihre Tapferkeit vor 1945 schwiegen, wie etwa Ernst Münz (s. u.).

24 In Baden müsste kritisch nachgefragt werden, wer die Erinnerungskultur über das Dritte Reich – vor allem auch anfänglich – prägte: der auch in der NS-Zeit tätige Justitiar Otto Friedrich, die Konservativen Julius Bender als Landesbischof und Karl Dürr als Oberkirchenrat. Der bis 1974 tätige Archivar Hermann Erbacher war 1936 in den kirchlichen Dienst getreten und arbeitete ab 1940 im landeskirchlichen Archiv.

fehlten bei der Heldenverehrung fast immer die Frauen, obwohl sie zu wesentlichen Teilen die Arbeit der BK mitgetragen und sowohl theologisch wie im praktischen christlichen Widerstand Bedeutendes geleistet haben.«[25] Erst seit etwa einer Generation gibt es wissenschaftliche Bemühungen, die Abwertung der Bedeutung von Frauen nicht länger fortzuschreiben.

Im folgenden Abschnitt werden Fälle und Formen von Konflikten mit dem NS-Staat oder in der Kirche aufgeführt.[26] Die bereits bekannten »Fälle« bzw. die frühen Theologinnen werden erwähnt, der Fokus soll aber etwas mehr auf den weniger bekannten, teils auch »namenlosen« Frauen liegen.

2 Mutige Frauen in der Vielfalt der Konflikte

In vielen Fällen sind evangelische Frauen in Baden in Konflikt mit dem NS-Staat geraten, sind Opfer des Terrors und Rassismus geworden. Oft intendierten sie keinen politischen Widerstand, wirkten aber funktional widerständig, etwa indem sie sich im gleichgeschalteten Weltanschauungsstaat für kirchliche Selbstständigkeit und Unabhängigkeit engagierten: Frauen erteilten Religionsunterricht[27] und Konfirmandenunterricht, boten Kindergottesdienst oder Jugendarbeit an, betrieben Frauen- oder Seniorenarbeit – und hier waren es dann vor allem ehrenamtliche »Laiinnen«, die die Kirche durch schwierige Jahre trugen. Dies betrifft mithin nicht nur eine vergleichsweise kleine Gruppe innerhalb der BK, sondern die volkskirchliche Mitte insgesamt. Deviantes Verhalten lässt sich – wie abgeschwächt auch immer – in weiten Kreisen finden.

---

25 MANFRED GAILUS, Keine gute Performance. Die deutschen Protestanten im »Dritten Reich«, in: DERS. / ARMIN NOLZEN (Hrsg.), Zerstrittene »Volksgemeinschaft«. Glaube, Konfession und Religion im Nationalsozialismus, Göttingen 2011, 96–121, hier: 96. Vgl. auch DAGMAR HERBRECHT, Die mutigen Frauen des Kirchenkampfes in einer protestantischen Männergesellschaft, in: MANFRED GAILUS / HARTMUT LEHMANN (Hrsg.), Nationalprotestantische Mentalitäten in Deutschland (1870–1970). Konturen, Entwicklungslinien und Umbrüche eines Weltbildes, Göttingen 2005, 343–359.

26 Die Reihenfolge der »Fälle« soll nicht implizieren, dass bestimmte Formen des Konflikts gravierender oder bestimmte Gruppen oder Mitarbeitsformen bedeutender wären.

27 Vor allem während des Krieges entstand eine personelle Notlage im Religionsunterricht, die von Frauen aufgefangen werden musste; vgl. einen entsprechenden Aktenvermerk aus dem Herbst 1942, in: ELBDR IV (2003), 154f., Dok. 1832.

2.1 Opfer des Rassenwahns

Opfer des Rassenwahns durch die sogenannte »Euthanasie« wurden auch Frauen und Mädchen in badischen Krankenanstalten – und mittelbar auch deren Angehörige und Betreuer.[28] Fünf Mosbacher Diakonissen wehrten sich bereits 1933 gegen angeordnete Zwangssterilisationen von Insassen.[29] Opfer des Rassismus wurden ebenso »nicht-arische« Frauen und Frauen »nicht-arischer« Männer in kaum noch zu quantifizierenden Zahlen – belegt sind zahlreiche Fälle allein aus der badischen Theologenschaft.[30] Die spätere geschäftsführende Leiterin der badischen Frauenarbeit, Gertrud Hammann, wurde 1937 aus ihrem Beruf einer Kindergartenleiterin verdrängt, weil ihr Vater Jude war.[31] Die Pfarrfrau und Theologin Dr. Annemarie Karle[32] leitete in Tennenbronn den Frauenverein; sie, im Nazi-Jargon eine »Volljüdin«, legte nach Drängen der Gestapo die Leitung im Sommer 1936 nieder. Die diese »Lösung« bevorzugende Stellungnahme von OKR Otto Friedrich war aufgrund der Argumentation, dass zur Ermöglichung der Evangeliumsverkündigung staatlichen Maßnahmen »für die Erhaltung des Volkskörpers« auch kirchlicherseits zu entsprechen seien, nicht »nicht hilfreich«[33], sondern aus heutiger Sicht beschämend. Das Ehepaar emigrierte 1939 nach England und kehrte in den 50er Jahren nach Baden zurück.

---

28 Vgl. ELBDR V (2004), 1–100; Thierfelder, Die badische Landeskirche (s. Anm. 5), 354f.

29 ELBDR V (2004), 6, Dok. 2073, vgl. 195.

30 Hartmut Ludwig / Eberhard Röhm (Hrsg.) in Verbindung mit Jörg Thierfelder, Evangelisch getauft – als »Juden« verfolgt. Theologen jüdischer Herkunft in der Zeit des Nationalsozialismus, Stuttgart 2014, führt diese badischen »Fälle« auf: Karl Theodor Achtnich, Max Theodor Achtnich, Kurt Emmerich, Bruno Goldschmit, Hannelore Hansch, Hans und Martha Hoff, Wilhelm und Annamarie Karle, Ernst Lehmann, Kurt Lehmann, Irene Pauly.

31 »Das Wichtigste sind doch die Menschen …« Gertrud Hammann (1910–1990). Erinnerungs- und Lesebuch, herausgegeben von der Frauenarbeit der Evangelischen Landeskirche in Baden, Karlsruhe 2010.

32 LexfevTh (s. Anm. 1), 204. Hilde Bitz, Theologinnen der Badischen Landeskirche im Zweiten Weltkrieg und in der Nachkriegszeit, in: Unterdrückung – Anpassung – Bekenntnis. Die Evangelische Kirche in Baden im Dritten Reich und in der Nachkriegszeit, in Verbindung mit Eckhart Marggraf und Jörg Thierfelder herausgegeben von Udo Wennemuth (VVKGB 63), Karlsruhe 2009, 435–453, hier: 440f. ELBDR III (1995), 848–852. Kunze, »Möge Gott« (s. Anm. 5), 476f.

33 So Thierfelder, Die badische Landeskirche (s. Anm. 5), 341.

Stark gefährdet und dem staatlichen Terror ausgesetzt waren diejenigen, die den Opfern zu helfen versuchten. Hier müssen die Mitarbeiterinnen von Hermann Maas genannt werden, der in Kooperation mit dem »Büro Grüber« in Berlin »nicht-arische« Christen unterstützte und Fluchtmöglichkeiten organisierte, auch für Juden.[34] Die prominenteste Helferin war Marie Baum, die bekannte Wegbereiterin der sozialen Arbeit. Auch durch die unterdes gut erforschte württembergische »Pfarrhauskette«, die ein badisches Pfarrhaus einschloss, konnten jüdische Mitbürger gerettet werden; der Ispringer Pfarrer Otto Riehm wurde maßgeblich von seiner Frau Gertrud, geb. Meerwein, unterstützt.[35]

2.2 Tätigkeiten für die Bekennende Kirche

Deviantes Verhalten von Frauen konnten auch Tätigkeiten für die Bekennende Kirche sein. Da die Bekenntnisgemeinschaft in Baden nahezu ein Drittel der Pfarrerschaft umfasste[36], ist hier an die zahlreichen Pfarrfrauen zu erinnern, die den Dienst ihrer Männer unterstützten und mittrugen.[37] Sie waren von der Ausbildung her oft Gemeindehelferinnen, Lehrerinnen oder auch Theologinnen, kümmerten sich um Kinder und Frauen in den Gemeinden, erledigten Korrespondenzen und besorgten und verteilten bekenntniskirchliche, teils sogar verbotene Literatur. Gleiches gilt für die Verlobten von der BK nahestehenden Vikaren. Neben nicht aktenkundig gewordenen »Fällen« wissen wir, teils auch durch schriftliche Erinnerungen und Quellen, von Hildegard Deuchler[38], Ruth Münz[39] und Marthel Zeilinger.[40] Die internen Nachrichten

---

34 ELBDR IV (2003), 369–413; THIERFELDER, Die badische Landeskirche (s. Anm. 5), 342 f.

35 ELBDR IV (2003), 426–430; THIERFELDER, Die badische Landeskirche (s. Anm. 5), 357 f.; ELISABETH STIEFEL, Sie waren Sand im Getriebe. Frauen im Widerstand, Marburg 2015, porträtiert fünf Christinnen (Elisabeth von Thadden u. a.) und würdigt auch die oft ungenannten (Pfarr-)Frauen der »Pfarrhauskette«.

36 KLAUSING, Bekennende Kirche (s. Anm. 5), nennt unterschiedliche, höhere Zahlen: 44 % für 1934 (a. a. O., 104 mit Anm. 143), dann auch 50 % (a. a. O., 188), dann absolute Zahlen (a. a. O., 208 mit Anm. 256).

37 Auch die – v. a. älteren – Töchter wurden zur Unterstützung herangezogen und/oder litten mit am staatlichen Druck und an Verfolgungsmaßnahmen gegen ihre Väter, vgl. auch IMMER, Meine Jugend (s. Anm. 22). – Die Phrase, dass hinter jedem starken Mann eine starke Frau stünde, ist patriachal, da sie de facto die Subjektivität der Frau, ihren eigenständigen Mut und ihr eigenes Leid ignoriert.

38 LexfevTh (s. Anm. 1), 80. Vgl. BITZ, Theologinnen (s. Anm. 32), 439 f.

39 Vgl. RUTH MÜNZ, Bei jedem Läuten saß der Schreck in den Gliedern, in: Mitteilungen. Information – Diskussion – Arbeitsmaterial für Mitarbeiter der Evangelischen Landeskir-

der badischen BK halten den Fall der Mutter des Vikars Karl Stürmer fest, der bei Karl Dürr arbeitete: Als er im Dezember 1937 von der Verhaftung seiner Mutter erfuhr, sprach er umgehend im Polizeipräsidium Mannheim vor und wurde dort seinerseits in Untersuchungshaft genommen. Seine Mutter war »wegen des Einwurfs von Briefen der Bekennenden Kirche« verhaftet worden. »Die Mutter wurde nach zwei sehr schweren Tagen am Montag gegen Abend entlassen. [...] Man sah ihr die ganze seelische Not der langen Stunden ihrer Verhaftung an, sie hat unter der Einsamkeit und der Schmach stark gelitten.«[41] Besonders schlimm war es für Angehörige, wenn Besuche der Inhaftierten verweigert wurden. Man wusste, dass Gefangene auch ohne Prozess in Konzentrationslager überstellt wurden.

2.3 Frühe badische Theologinnen

Von den frühen badischen Theologinnen hat Hilde Bitz resümiert, dass »[d]ie meisten von ihnen [...] der Bekennenden Kirche zumindest nahe[standen]«.[42] Mit der Kirchenbehörde hatten nahezu alle Schwierigkeiten gehabt, um ihren Berufswunsch zu erfüllen. Allerdings findet sich – bislang – von keiner die

---

che in Baden 5/1984, 17f. Vgl. Hans-Georg Ulrichs, »Ihr Name und Ihr Schicksal ist der ganzen Bekennenden Kirche vertraut«. Vom Schülerbibelkreis in die Fänge der Gestapo: Ernst Münz (1915–1969) und sein BK-Freundeskreis, in: Jahrbuch für badische Kirchen- und Religionsgeschichte 6 (2012), 221–266, hier: 224 mit Anm. 17. Die Mutter von Ernst Münz erlebte nicht nur die Gefängnisse ihres Sohnes als Orte der Willkür, sondern bat verzweifelt – und leider vergeblich – um Hilfe durch den EOK und durch den Landesbischof.

40 Marthel Zeilinger, Rückschau einer Pfarrfrau auf mehr als 50 Jahre, in: Die ersten 100 Jahre. Festschrift zum 100jährigen Jubiläum des Evangelischen Pfarrvereins in Baden e.V., Karlsruhe 1992, 184–200.

41 Karl Dürr, Nachrichten-Rundbrief, 21. Dezember 1937, in: LKA GA 10800. Klausing erwähnt diesen »Fall« lediglich im Hinblick auf den Sohn Stürmer.

42 Bitz, Theologinnen (s. Anm. 32), 437. Heide-Marie Lauterer hat die BK-Zugehörigkeit von Grete Gillet ausdrücklich verneint und ihr, eher auf Kurs der offiziellen Landeskirchenleitung liegend, eine große Kompromissbereitschaft sogar mit der FA attestiert. Vgl. Heide-Marie Lauterer, Frauen in die Männerkirche. Vom »Evangelischen Frauenverein der Inneren Mission« zur »Frauenarbeit der badischen Landeskirche«, in: Unterdrückung – Anpassung – Bekenntnis (s. Anm. 32), 181–207, hier: 200. Hilde Bitz, Grete Gillet (1895–1970): Die erste Theologin Deutschlands in landeskirchlichem Dienst, in: Lebensbilder aus der Evangelischen Kirche in Baden im 19. und 20. Jahrhundert, Band IV: Erweckung, Innere Mission/Diakonie, Theologinnen, hrsg. von Gerhard Schwinge, Heidelberg u.a. 2015, 404–431.

rote Mitgliedskarte der BK. Von bis dahin dreißig Theologinnen waren 1945 elf im Dienst der Landeskirche, »13 waren wegen Heirat ausgeschieden und wirkten zumeist als Pfarrfrauen«.[43] Neun Theologinnen waren im Januar 1944 gemeinsam für den Pfarrdienst eingesegnet worden, eine weitere war auswärts von der BK in Berlin quasi-ordiniert worden. Dass diese anders oder in irgendeinem Sinne tapferer als ihre männlichen Kollegen gepredigt hätten, konnte bislang nicht aufgezeigt werden.[44] Die genannte BK-Theologin war Vikarin Helene Heidepriem, die ab 1944 in Konstanz eine Gemeinde versorgte. Sie blieb monatelang ohne Bezüge durch die FA, nur weil sie nach einem Theologiestudium in Basel (bei Barth u. a.) und einer mehrjährigen Arbeit im Burkhardthaus in Berlin der BK beigetreten war.[45]

2.4 Nonkonformistische Theologinnen

An zwei frühe nonkonformistische Theologinnen soll besonders erinnert werden. *Gertrud Herrmann* (ab 1936: Emmerich)[46], von Karl Barth gegenüber Rudolf Bultmann anerkennend als besonders munterer »Bubikopf« bezeichnet, hatte bereits 1932 geradezu prophetisch die Marginalisierung der Kirche in einem nationalsozialistischen »Dritten Reich« vorausgesehen.[47] Trotz des Zweiten Examens im Herbst 1932 konnte sie nicht in den Pfarrdienst gehen, sondern fand 1933 eine Anstellung als Gemeindehelferin bei der Kirchengemeinde Karlsruhe. Dort wurde sie 1935, bespitzelt und verleumdet von Kirchenmitgliedern und mindestens nicht beschützt und verteidigt von Pfarrern und vom Kirchengemeinderat[48], angezeigt wegen »rassenschänderischen Ver-

---

43 Bitz, Theologinnen (s. Anm. 32), 437.

44 Vgl. Hans-Georg Ulrichs, Trösten und Bewahren. Beobachtungen und Mutmaßungen zur Kontextualität badischer Predigten vor, im und nach dem Zweiten Weltkrieg, in: Unterdrückung – Anpassung – Bekenntnis (s. Anm. 32), 231–255.

45 Vgl. [Otto Friedrich], Darstellung der Eingriffe des Staates (Herrenalb, 23. Mai 1945), in: ELBDR VI (2005), 159–177, hier: 176.

46 LKA PA 1034. Hilde Bitz, LexfevTh (s. Anm. 1), 99; dies., Theologinnen (s. Anm. 32), 447–452; dies., Trude Emmerich (1903–1983). Eine evangelische Theologin an der Odenwaldschule, in: Peter Zimmerling (Hrsg.), Evangelische Seelsorgerinnen. Biografische Skizzen, Texte und Programme, Göttingen 2005, 335–350; dies., Gertrud Emmerich geb. Herrmann. Eine vergessene Theologin der Badischen Landeskirche, in: Jahrbuch für badische Kirchen- und Religionsgeschichte 6 (2012), 267–274. Vgl. ELBDR VI (2005), 304 f.

47 Vgl. den Text von Gertrud Herrmann in: Leopold Klotz (Hrsg.), Die Kirche und das Dritte Reich. Fragen und Forderungen Deutscher Theologen, Band II, Gotha 1932, 67–74.

48 Zur spezifischen Situation in Karlsruhe 1935 vgl. Kunze, »Möge Gott« (s. Anm. 5), 333–341.

haltens«, wie die Gestapo es nannte. Gertrud Herrmann floh in die Schweiz, fand ideelle und reale Unterstützung durch Karl Barth, überlebte den Krieg in England und war später jahrzehntelang Religionslehrerin an der Odenwaldschule. Dort passte sie mit ihrem Intellekt und ihrem Idealismus gut hin. In den Dienst der badischen Landeskirche wollte sie nicht wechseln. Das Gleiche gilt für die stark gefährdete *Erika Heyd*[49], ebenfalls eine Schülerin Karl Barths. Nach dem Theologiestudium wurde sie ab 1926 als Religionslehrerin eingesetzt und erhielt glänzende Beurteilungen, allerdings war sie oft über Monate krank. Im Herbst 1933 wurde sie nach Heidelberg versetzt und sollte dort auch gemeindliche Arbeit übernehmen. Im Februar 1938 untersagte der nationalsozialistische Schulleiter aufgrund von Denunziationen des Vaters einer Schülerin ihr den Religionsunterricht. Unter anderem hatte sie wohl Stellung bezogen zur Inhaftierung Martin Niemöllers und zum damals akuten Streit über die Germanenmission, mit dem das Christentum delegitimiert werden sollte.[50] Die Landeskirche unterstützte sie und nahm sie aus dem Konflikt, indem sie in Mannheim eingesetzt wurde. Ihre Versetzung im April 1940 zurück nach Heidelberg wurde zu einem Desaster, die Landeskirche ordnete einen Wechsel ab September nach Mannheim an. Die FA erinnerte sich des Falls und fragte im Juli 1941 bei der Gestapo an. Aus den früheren, zurückgewiesenen Vorwürfen wurden jetzt »Tatsachen«, als erschwerend wurden ihre Aktivitäten für die BK gewertet: Sie hatte Freizeitlager organisiert, eine Studentengruppe um sich geschart und sich im Umfeld des Theologischen Studienhauses an ihrem Wohnort Heidelberg engagiert. Eine polizeiliche Verwarnung gegen Erika Heyd wurde zwar zurückgenommen, aber ab April 1943 war sie dauerhaft krankgeschrieben. Da sie dadurch nicht an der Einsegnung der Vikarinnen im Januar 1944 teilnehmen konnte, hatte sie nach dem Krieg noch schlechtere Chancen als die anderen badischen Theologinnen. Erika Heyd arbeitete mit eingeschränktem Deputat an der Elisabeth-von-Thadden-Schule in Wieblingen[51] und wechselte mit ihrem Ruhe-

49 LKA PA 6530. Auch über Erika Heyd hat Hilde Bitz bereits geschrieben: LexfevTh (s. Anm. 1), 177; BITZ, Theologinnen (s. Anm. 32), 441–444.

50 In diesem Bereich war die badische Theologin Maria Heinsius schriftstellerisch tätig, vgl. MONIKA ZEILFELDER-LÖFFLER, Maria Heinsius geb. Stoeber (1893–1979): »Der Dienst der Frau (in der Kirche) ist so alt wie die Kirche selbst.« In: Lebensbilder IV (s. Anm. 42), 386–403.

51 Auch Elisabeth von Thadden, wenngleich nicht in Baden zu Hause, war eine widerständige Lehrerin in der Kurpfalz. Vgl. MATTHIAS RIEMENSCHNEIDER/JÖRG THIERFELDER (Hrsg.), Elisabeth von Thadden. Gestalten, widerstehen, erleiden, Karlsruhe 2002; ALMUT

stand 1956 in die Familie ihrer Freundin Annelise Diem (geb. Burmann), die mit dem Tübinger Professor Hermann Diem verheiratet war. Die Berechnung ihrer Ruhestandsbezüge erfolgte unsensibel bürokratisch, auch später noch wurde Ende der 80er Jahre von der Verwaltung eine juristische Schuld der Landeskirche ihr gegenüber unwirsch zurückgewiesen. Sie blieb »maßlos enttäuscht« und verließ »den Dienst dieser gefesselten Kirche gern«.[52] Landesbischof Klaus Engelhardt dagegen traf in mehreren Schreiben in den 80er Jahren ihr gegenüber den kirchenpolitisch und seelsorgerlich richtigen Ton.

2.5 HAUPT- UND EHRENAMTLICHE MITARBEITERINNEN

Für die BK wirkten auch andere haupt- und ehrenamtliche Mitarbeiterinnen, namentlich die Sekretärinnen von Karl Dürr. So hat die Gemeindehelferin M.-L. Betz in Pforzheim Verwaltungsaufgaben für die BK erledigt und z.B. die roten Mitgliedskarten ausgestellt.[53] Während diese Tätigkeit ohne Bedrängungen blieb, erlebte Dürrs Sekretärin in Freiburg die Härte des Terrorstaates.[54] Als Dürr sich einige Wochen lang wegen einer Erholungsmaßnahme in Oberbayern aufhielt, wurde seine Sekretärin Pressler[55] am Morgen des 21. April 1937 in der Geschäftsstelle des Landesbruderrates von Gestapo-Beamten aufgesucht, bedrängt und bedroht. Dennoch weigerte sie sich, Aussagen über Dürr und die BK-Arbeit zu machen. Sie wurde für den Nachmittag zur Gestapo einbestellt, dort in »Schutzhaft« genommen und ins Freiburger Frauengefängnis überstellt. Ihr Fall wurde der Gemeinde am Sonntag im Gottesdienst mitgeteilt, am Abend des Montags, den 26. April 1937, wurde sie freigelassen.[56] Sie war also fünf Tage unter für sie unklaren Ver-

---

AGNES MEYER, Elisabeth von Thadden (1890–1944): Pädagogin aus christlichem Geist im Konflikt mit dem Nationalsozialismus, in: Lebensbilder aus der Evangelischen Kirche in Baden im 19. und 20. Jahrhundert, Band V: Kultur und Bildung, hrsg. von GERHARD SCHWINGE, Heidelberg u. a. 2007, 473–495.

52 Zit. n. BITZ, Theologinnen (s. Anm. 32), 444.

53 ELBDR III (1995), 243.

54 Trotz guter Aktenlage ist dies Caroline Klausing nur eine kurze Erwähnung wert, sie erwähnt dagegen, wie sich Dürr »nachhaltig« für sie eingesetzt habe, vgl. KLAUSING, Die Bekennende Kirche (s. Anm. 5), 168. In ELBDR findet sich dieser Vorfall gar nicht.

55 Bezeichnenderweise konnte der Vorname bislang nicht recherchiert werden.

56 So nach einem Bericht Karl Dürrs (zz. Gut Waitzaker bei Weilheim/Oberbayern) vom 18. Mai 1937, in: LKA GA 10800. Vgl. auch Fürbitte. Die Listen der Bekennenden Kirche 1935–1944, bearbeitet von GERTRAUD GRÜNZINGER und FELIX WALTER, Göttingen 1996, 141. – Die relativ wenigen Nennungen gemaßregelter Frauen finden sich auf anderthalb Seiten: a. a. O., 225 f.

hältnissen inhaftiert; da der Staat 1937 verstärkt gegen die BK vorging, musste sie mit Schlimmerem rechnen. Ihr Chef hingegen hat – trotz anderer Bedrängnisse – keine Haftzeiten erleben müssen.

Als Beispiele für ehrenamtliche Mitarbeiterinnen, die dem totalitären Weltanschauungsstaat entgegenzuwirken versuchten, sollen zwei Kindergottesdienst-Mitarbeiterinnen in Erinnerung gerufen werden. Der ehrenamtlichen Mitarbeiterin Schaubhut im Kirchenbezirk Schopfheim wurde 1943 von der Gestapo mitgeteilt, dass sie keinen Kindergottesdienst mehr halten dürfe, weil dies in Konkurrenz zu nationalsozialistischen Bemühungen um die Kinder stünde.[57] Der in Heidelberg tätigen Hermine Koch wurde sogar angedroht, dass sie wegen des Kindergottesdienstes ihre Anstellung als Lehrerin verlieren könnte.[58] Sie beugte sich dem gesellschaftlichen Druck. Vermutlich könnten vor Ort zahlreiche ähnliche Geschichten erzählt werden. Widerstand, abweichendes Verhalten, Treue zum Glauben fand viele weibliche Ausdrucksformen.

3 Woran wollen wir uns erinnern?

Es wäre eine falsche Erwartungshaltung, bei der badischen BK mehr Innovationspotenzial in Frauenfragen oder ein weniger ungerechtes Geschlechterverhältnis als bei der offiziellen Kirche zu erwarten. Interessant ist zu sehen, wo Frauen ideell und real gefördert worden sind. Viele der jungen Theologinnen haben bei Rudolf Bultmann in Marburg und bei Karl Barth in Göttingen, Münster und Bonn studiert. Offenbar waren diese beiden Theologen als Lehrer für junge aufbrechende Frauen in der ersten deutschen Demokratie besonders attraktiv, in ihrem Umfeld konnten alternative Lebensentwürfe gedeihen. In Baden waren es politisch und theologisch liberale Männer, die Frauen unterstützt haben: Martin Dibelius an der theologischen Fakultät in Heidelberg förderte wissenschaftliche Ambitionen von Theologinnen und setzte sich für

---

57 ELBDR V (2004), 195; ELBDR IV (2003), 181 f., Dok. 1871.

58 ELBDR IV (2003), 179 f., Dok. 1869. Zum Kindergottesdienst im Dritten Reich vgl. Hans-Georg Ulrichs, Eine Laienbewegung kommt unter kirchliche Hut. Der evangelische Kindergottesdienst in Baden von den Anfängen bis 1945, in: Kirche der kleinen Leute. Geschichte und Gegenwart des Evangelischen Kindergottesdienstes in Baden, herausgegeben im Auftrag des Verbandes für Kindergottesdienstarbeit in der Evangelischen Landeskirche in Baden von Hans-Georg Ulrichs, Ubstadt-Weiher 2003, 11–57, hier: 31–47 (dort weitere »Fälle«).

sie bei der Kirchenverwaltung ein, und Hermann Maas wurde von den der BK nahestehenden Frauen nach 1945 als Gewährsmann angesehen.

Mit Landesbischof Julius Bender an der Spitze gab es nach 1945 sowohl theologisch als auch frauenpolitisch einen »rollback« in der badischen Landeskirche.[59] Auch die 1944 eingesegneten Theologinnen verloren ihre gemeindlichen Dienste und wechselten nach Jahren der Infragestellung ihrer Position zumeist in den Schuldienst, zu binnenkirchlichen Ausbildungsstätten oder in die landeskirchliche Frauenarbeit, wenn sie nicht »weggeheiratet« wurden. Dort prägten Frauen natürlich den badischen Protestantismus in den Jahrzehnten der Bonner Republik mit. Religion gehört vor allem zur familiären und privaten Sphäre, und eben für diese Bereiche sorgten – auch in der Kirche – vor allem Frauen. Die institutionalisierte Frauenarbeit hatte teil am landeskirchlichen Wachstum; parallel zu der gesamtgesellschaftlichen Entwicklung setzten sich Frauen ab 1971 auch im Gemeindepfarramt durch.

Manche der frühen Theologinnen zogen es aufgrund der gemachten Erfahrungen allerdings vor, nicht in den Dienst der Landeskirche einzutreten – an sie wurde dann auch kaum noch erinnert. Wie es scheint, hat Landesbischof Bender gerade auch Nonkonformisten und Remigranten die Rückkehr in die Landeskirche nicht leichtgemacht. Der Dienstantritt seines Nachnachfolgers Klaus Engelhardt im Jahre 1980 wird möglicherweise als Zäsur zu verstehen sein, wie die Landeskirche sich ihrer Vergangenheit gestellt hat. Engelhardt hat nicht nur die Rehabilitation von Erwin Eckert und Heinz Kappes betrieben, sondern sich auch den frühen Theologinnen mit ihren widerständigen Geschichten wirklich verständnisvoll, ja wertschätzend zugewandt. Und doch: In der institutionalisierten Erinnerungskultur werden nicht etwa die Namen der nonkonformen Erika Heyd und Trude Emmerich, der von der Landeskirche enttäuschten Hildegard Deuchler und Annemarie Karle oder der tapferen Doris Faulhaber[60] aufgehoben, sondern neben Gertrud Hammann vor allem Grete Gillet – sie hatte gewiss auch tapfere Anteile, war aber anpassungsfähig genug, in der »gefesselten Kirche« ihren Platz einzunehmen, sogar die Zustimmung der FA zu finden und nach 1945 ebenso systemkon-

---

59 GERNER-WOLFHARD, Protestantismus (s. Anm. 5), 231, nennt die »Ära Bender (1946–1964) […] eine Zeit vielfältigen und erfrischenden Aufbaus«. Die zurückgedrängten Theologinnen werden diese wohl nicht uneingeschränkt so erlebt haben.

60 BITZ, Theologinnen (s. Anm. 32), 444–446; DIES., Doris Faulhaber (1907–1991): Langjährige Leiterin des badischen Theologinnenkonventes, in: Lebensbilder IV (s. Anm. 42), 433–463. Doris Faulhaber bereitete manchem Kirche leitenden Mann wohl nicht zuletzt das Problem, ihr intellektuell unterlegen zu sein.

form in einer zunächst ausgesprochen konservativen Landeskirche ihren Platz zu behaupten. Das Jubiläumsjahr der evangelischen Frauen in Baden 2016 könnte dagegen den Nonkonformistinnen den ihnen gebührenden Platz im historischen Erinnern ermöglichen. In der Geschichtsschreibung über evangelische Frauen in Baden gibt es noch viel zu tun.[61] – Übrigens: Die fünf Frauen, die sich im Juni 1945 an Karl Barth wandten[62], traten danach nicht mehr als Gruppe auf. Drei wirkten als Religionslehrerinnen: Hildegard Deuchler wanderte nach Kanada aus und fühlte sich der Landeskirche eher entfremdet[63]; Hannelis Schulte habilitierte sich im Ruhestand und war bis ins hohe Alter ein äußerst kritischer Kopf in Theologie, Kirche und Politik; Doris Wohlfahrt wurde ebenfalls Lehrerin und blieb es bis zu ihrer Pensionierung 1980. Gertrud Barth wurde Pfarrerin und versah zum Schluss ein Klinikpfarramt in Heidelberg. Hannelore Hansch war zwar nicht im kirchlichen Dienst, wurde aber als Grande Dame der »badischen Sozietät« eine gefragte Ratgeberin und Vermittlerin der Barth'schen Theologie in Baden, sie war eine durchaus einflussreiche langjährige Synodale. Die im Schreiben an Barth erwähnte Erika Heyd (s.o. 2.4) konnte nicht vergessen, dass sie aus ihrer Sicht »von der Kirche allein gelassen« worden war. »Etwas von dieser Enttäuschung ist mir geblieben.«[64]

---

61 Umso erstaunlicher ist es, wenn Frauengeschichtsforschung nicht einmal als Desiderat wahrgenommen wird, etwa bei Klaus Fitschen, Die Kirchen und das Dritte Reich. Überlegungen, Entwicklungen, Tendenzen und Desiderate im Bereich des Protestantismus, in: MiKiZ 6 (2012), 113–123.

62 Zum Folgenden ELBDR V (2005), 361 mit Anm. 4.

63 Dasselbe gilt für einen der drei Männer, die den o.g. Brief unterschrieben haben: Paul Menacher wechselte 1948 in die hessisch-nassauische Kirche, die von Martin Niemöller als Kirchenpräsident geleitet wurde.

64 So in ihrem Schreiben an Landesbischof Hans-Wolfgang Heidland vom 4. März 1967, in LKA PA 6530, zit. n. Bitz, Theologinnen (s. Anm. 32), 444.

100 Jahre Landeskirchliches Examen für Frauen in der Badischen Landeskirche

Bericht einer Zeitzeugin

Hilde Bitz

100 Jahre: War es eine lange oder kurze Zeit?

Jedenfalls kommt es noch immer vor, dass ich gefragt werde, wieso ich als Frau zum Studium der Theologie gekommen sei, welches meine Motivation gewesen sei, auf welche Erfahrungen ich zurückschauen könne, zum Beispiel Erfahrungen mit den Theologinnen der ersten und zweiten Generation.[1]

Dazu ein für mich einprägsames Erlebnis: Ich befand mich 2009 nach einer gerade eben überstandenen Operation in der Klinik, als ich gefragt wurde, ob ich tatsächlich Pfarrerin sei. So lange gebe es doch noch gar keine Pfarrerinnen!

Doch, es gibt Theologinnen schon länger, als es sogar uns selbst mitunter scheinen will. Ich selbst bin mitnichten eine der »Frühen«. Dr. Maria Heinsius,[2] tatsächlich eine unserer Ersten, vertritt sogar die These, dass es Theologinnen gibt, solange es die Kirche gibt.[3]

Jenes für mich recht mühsame Gespräch in der Klinik steuerte sofort auf noch immer brennende Fragen hin: Aussagen der Bibel zur Stellung der Frau in der Kirche, zur Unterordnung der Frau, sogar zum Kopftuch.[4] Und ich

---

1 Zur ersten Theologinnen-Generation können die bis 1905 Geborenen gerechnet werden, zur zweiten Generation die bis 1920 Geborenen.

2 Maria Heinsius, geb. Stoeber, 1893 bis 1979, 1917 als erste Frau Promotion in der Theologischen Fakultät der Universität Heidelberg, wegen Heirat nie offiziell im Dienst der Landeskirche, aber unentwegt ehrenamtlich für diese tätig, insbesondere für das Evangelische Frauenwerk in Baden; vgl. Monika Zeilfelder-Löffler: Maria Heinsius in: Lebensbilder aus der evangelischen Kirche in Baden, Band IV, hrsg. Gerhard Schwinge, 2015, 386–403.

3 Maria Heinsius: Vom Dienst der Frau in der Kirche in alter und neuer Zeit. Schriftenreihe der Evangelischen Frauenarbeit in Deutschland, Stuttgart 1948.

konnte nicht anders, als mich geradezu »hineinzuflüchten« in die beiden Pauluswort: Hier ist nicht Mann noch Frau, sondern einer in Christus (Galater 3,28), und: Wenn nur Christus verkündigt wird auf allerlei Weise (Philipper 1,18).

Ich will versuchen, meinen eigenen Weg hineinzufügen in den Weg, der für uns badische Theologinnen vor hundert Jahren begann. Elsbeth Oberbeck hieß die erste Frau, die bereits 1916 – im Jahr der Begründung der Evangelischen Frauenarbeit in Baden – vor dem Evangelischen Oberkirchenrat in Karlsruhe das Erste Theologische Examen (Landeskirchliches Examen) ablegen durfte. 1917 wurde sie auch zum Zweiten Theologischen Examen zugelassen (eine große Fortschrittlichkeit des badischen Oberkirchenrats!), aber danach vom Oberkirchenrat noch nicht in den Dienst der Landeskirche übernommen. Sie suchte sich selbst eine Kirchengemeinde, die sie mit Privatvertrag anstellen würde, und fand diese in der Kirchengemeinde Heidelberg (Genehmigung des Oberkirchenrats trotzdem vorausgesetzt!). Dort hat sie höchst anerkannt in Unterricht, Krankenhaus und Gefängnis als Theologin (oder »Pfarrgehilfin«, wie sie sich bescheiden nannte) bis zu ihrem Ruhestand 1936 ihren Dienst erfüllt.[5] Sie hatte buchstäblich bei null begonnen: ohne Ordination (auch ohne Einsegnung), ohne Erlaubnis der Sakramentsverwaltung, ohne Titel, ohne Talar, mit der Verpflichtung zur Ehelosigkeit, ohne Aussicht, je selbstständig und in eigener Verantwortung ein Gemeindepfarramt übernehmen zu dürfen. Auch die Schreiben des Heidelberger Dekans, der sich beim Oberkirchenrat für sie einsetzte (»Sie ist nicht bloß eine barmherzige Mitschwester, die Kranke besucht, sondern sie ist Theologin, weiblicher Pfarrer«[6]), zeitigten in jener frühen Zeit zunächst keine Wirkung.

Auf Elsbeth Oberbeck folgte Dr. Grete Gillet,[7] die spätere Leiterin der Evangelischen Frauen in Baden. Auch sie legte 1919 und 1920 die beiden Theologischen Prüfungen vor dem Evangelischen Oberkirchenrat in Karlsruhe ab, und auch sie wurde anschließend nicht von der Landeskirche übernom-

---

4 Ausgewählte Bibelstellen: 1Tim 2,9–15; 1Kor 11,3–16; 1Kor 14,33ff.; 1Tim 2,9–15; Eph 5,22–24.

5 Elsbeth Oberbeck 1871 geboren in Breslau, 1944 gestorben in Heidelberg; vgl. Hilde Bitz: Elsbeth Oberbeck, Frauenarbeit, nach dir wird gerufen, bei: www.frauen-und-reformation.de.

6 27.04.1919 Evangelisches Dekanat Heidelberg an Evangelischen Oberkirchenrat, LKA PA 485.

7 Vgl. Hilde Bitz: Grete Gillet in: Lebensbilder aus der Evangelischen Kirche in Baden, Band IV, hrsg. Gerhard Schwinge, 2015, 404–431.

men, sondern von der Kirchengemeinde Waldkirch angestellt, offiziell als Gemeindehelferin, aber in der Gemeinde Gutach-Kollnau auch mit Predigtmöglichkeit. Als 1923 die Gemeinde Waldkirch Gillets Vergütung nicht mehr aufbringen konnte, ging es trotzdem weiter: Der Oberkirchenrat beschloss, Grete Gillet jetzt doch in den Landeskirchlichen Dienst zu übernehmen, als hauptamtliche Religionslehrerin in Mannheim und ab 1940 als Leiterin der Evangelischen Frauenarbeit in Karlsruhe. Grete Gillet war somit die erste deutsche Theologin in Landeskirchlichem Dienst. Seither wurden in Baden alle nachfolgenden Theologinnen sofort nach den landeskirchlichen Prüfungen auch in den landeskirchlichen Dienst übernommen, hauptsächlich eingesetzt in der Schule (nur bei Mädchen!), in der Jugendarbeit und als Krankenhausseelsorgerinnen, ohne Ordination und ohne das Recht, sich auf eine im Gesetzes- und Verordnungsblatt ausgeschriebene Stelle melden zu können. Seit 1942 durften die Theologinnen, wenn sie »zur Not« und »nur für die Kriegszeit« vertretungsweise Gottesdienst hielten, den (Frauen-)Talar tragen. Ab 1943 hat der Oberkirchenrat alle bis dahin im Dienst befindlichen badischen Theologinnen zur Versehung oder Verwaltung von Gemeindepfarrstellen eingesetzt. Es waren dies: Eva Brenner, geb. Brauer, Helene Cucuel, Dr. Doris Faulhaber, Felicitas Feuerstein, Liselotte Füß, Dr. Grete Gillet, Gudrun Glitscher, Gertrud Harsch, Helene Heidepriem, Annemarie Meyer, geb. Oberföll, Renate Scherer, Marlen Stöcklin.[8] Um diese Beauftragung auf eine Rechtsgrundlage zu stellen, hat der Oberkirchenrat 1944 das »Vorläufige Vikarinnengesetz« erlassen, das den badischen Theologinnen jetzt auch offiziell den Titel »Vikarin« zugestand. Aufgrund dieses Gesetzes wurden am 23. Januar 1944 alle badischen Vikarinnen gemeinsam in der Schlosskirche Karlsruhe eingesegnet, nicht ordiniert. 1952 fand für die nach dem Krieg hinzugekommenen Vikarinnen (Gertrud Barth, geb. Mampel, Margarete Dürr, später verh. Berke und ausgeschieden, Margret Jonas, geb. Fix, Irmgard Köbel, später verh. Katz und ausgeschieden, Waltraud Sattler, Gerhild Schönthal, Hanna Schönthal, später verh. Muehlhoff und ausgeschieden, Dr. Hannelis Schulte) eine zweite Gruppeneinsegnung in der Kleinen Kirche in Karlsruhe statt. Alle in den folgenden Jahren hinzugekommenen Vikarinnen wurden von da an nach

---

8 Vgl. zu allen: HILDE BITZ in: Lexikon früher evangelischer Theologinnen, im Auftrag des Konventes Evangelischer Theologinnen herausgegeben von HANNELORE ERHART, Neukirchen-Vluyn 2005; DIES. in: Unterdrückung – Anpassung – Bekenntnis in: Die Evangelische Kirche in Baden im Dritten Reich und in der Nachkriegszeit, hrsg. von UDO WENNEMUTH, Karlsruhe 2009, 435–453, hier 435–437.

ihrem Zweiten Theologischen Examen sofort in ihren Heimatgemeinden eingesegnet.[9]

Bei meinem Dienstbeginn 1955 waren im Vergleich zu Elsbeth Oberbecks und Grete Gillets Beginnen also schon große Veränderungen und damit Verbesserungen eingetreten. Zwar wurde auch ich noch immer nicht ordiniert, sondern eingesegnet.[10] Auch durfte ich nicht predigen; denn die Predigt einer Frau im öffentlichen Gottesdienst war nicht (mehr) erlaubt; Rückschritt gegenüber der ersten Gruppeneinsegnung 1944, als Renate Scherer predigte. Ein Gemeindevikariat durfte ich nicht antreten, weil es noch immer unmöglich schien, dass je Frauen den Männern gleichgestellt und zum Gemeindepfarramt zugelassen würden. Aber ich bekam, wie die meisten jungen badischen Theologinnen damals, eine sehr schöne Religionslehrerstelle am Elisabeth-Gymnasium in Mannheim (heute bezeichnet man dies als Schulpfarramt), die ich bis 1971 mit viel Mühe und Freude innehatte. Gerade eben mit nur mäßiger pädagogischer Ausbildung von der Universität gekommen, war dies eine große Anforderung und eine wohl noch größere Herausforderung. Heute staune ich manchmal darüber, dass gerade in letzter Zeit mich Briefe erreichen von früheren Schülerinnen, die sich freuen über die schönen Schulgottesdienste, die wir gemeinsam vorbereitet und in der wunderbaren Trinitatiskirche gefeiert haben. Alle sind sich einig: Unser Singen (in jeder Stunde einige Minuten in allen Klassen, von Sexta bis Oberprima!) sei am schönsten gewesen, und sie kennen noch immer alle Gesangbuchlieder! – Jedoch frage ich mich voll Zagen, was ich ihnen schuldig geblieben bin, ob ich meinen Auftrag recht erfüllt habe oder auch, was oder ob etwas »geblieben« ist. Oder ob wir vielleicht doch miteinander, wie Martin Luther es wollte, mit den Liedern das Evangelium in die Herzen hineingesungen haben?

In Kürze sei nun der weitere badische Theologinnen Weg angedeutet:

Nach Ende des Krieges und des »Dritten Reiches« wurde in den Schulen der Religionsunterricht wieder eingeführt. Alle Vikarinnen wurden aus den Gemeinden zurückgezogen. Religionslehrkräfte waren vonnöten. Fast alle Vikarinnen wurden nun mit dieser wichtigen, schweren und schönen Aufgabe

9 Vgl. zu »Einsegnung« oder »Ordination« Hilde Bitz: Frauenordination in der Badischen Landeskirche, in: Ilse Härter zum 60. Ordinationsjubiläum, hrsg. von Dagmar Herbrecht, Manuskript 2003, 153–156; dies. in: Solidarität leben, Hannelore Erhart zum 80. Geburtstag, hrsg. von Dagmar Herbrecht, Manuskript 2007, 36–40.

10 Vgl. meinen Beitrag: 50 Jahre im Dienst der Kirche – einige persönliche Gedanken, in: Theologinnen, Berichte aus der Arbeit des Konventes Evangelischer Theologinnen in der Bundesrepublik Deutschland, Nr. 18, 2005, 86–88.

betraut. Das »Vorläufige Vikarinnengesetz« von 1944 wurde in die Grundordnung eingefügt. Das Wort »Einsegnung« wurde 1958 durch »Ordination« ersetzt, wenn auch das – ungenügende – liturgische Formular von 1944 beibehalten wurde. Gottesdienst zu halten, wurde uns »vertretungsweise« genehmigt. Im Juli 1962 wurde uns die Dienstbezeichnung »Pfarrerin« zugestanden. 1971 hat die Frühjahrs-Landessynode nach langen, verantwortungsvollen und auch emotionalen Diskussionen Frauen zum »vollen« Pfarramt zugelassen, Männer und Frauen in der Kirche gleichgestellt. Alle bisherigen Einschränkungen sind entfallen.

Es hat sich so gefügt, dass ich selbst mich bald auf eine ausgeschriebene Gemeindepfarrstelle habe melden können und in dieser im Dezember 1971 als Pfarrerin eingeführt wurde. Elf Jahre später wechselte ich in ein Krankenhaus-Pfarramt. Alles in allem ein langer, mitunter hügeliger, aber guter Weg. Befragt danach, wo es am schönsten gewesen sei, will ich spontan antworten: in der Gemeinde. Aber richtig ist: alles war gleich gut. Dafür gilt es zu danken, und vor allem gilt: Philipper 1,18.

II Einblick

Gemeindediakonin – ein junger kirchlicher Beruf

Von der geistigen Mütterlichkeit zur Kommunikation des Evangeliums

Renate Kirchhoff

»Nachdem viele Aufgaben, die sie [die Frauen, R. K.] früher im Rahmen des Hauses erfüllten, an Behörden und Vereine übergegangen waren, suchten sie nach neuen Möglichkeiten, ihre Liebeskraft in der Welt auszuwirken. Auch ohne das wäre die berufliche Wohlfahrtspflege vermutlich vorwiegend zur Frauenarbeit geworden. Denn die fürsorgenden, pflegenden, erziehenden Arbeiten, um die es sich dabei vielfach handelt, entsprechen den besonderen weiblichen Anlagen stärker als den Kräften des Mannes.«[1]

So begründet Alice Salomon 1928 den hohen Anteil an Frauen in sozialen Berufen. Die (geistige) Mütterlichkeit ist Ende des 19. und Anfang des 20. Jahrhunderts ein wirksames Konzept, mit dem sich – zunächst bürgerliche – Frauen die Möglichkeit erschlossen, einer sinnvollen und vor allem einer beruflichen Tätigkeit nachzugehen.[2] So ist es denn auch die »mütterliche Fürsorge«, die Maria Heinsius als Motiv und Antrieb identifiziert, aufgrund derer Freifrau Marie Luise Marschall von Bieberstein die Evangelisch-Soziale Frauenschule gegründet habe.[3]

---

1 Alice Salomon, Leitfaden der Wohlfahrtspflege, 3. Aufl., Leipzig 1928, 175.

2 Auch Alice Salomon rekurriert auf das Konzept der geistigen Mütterlichkeit, das ab Mitte des 19. Jahrhunderts u. a. von Charlotte Schrader-Breymann entwickelt wurde, s. Elisabeth Moltmann-Wendel, Ein anderer Jesus. Befreier – Ganzmacher – Geborener, in: Renate Kirchhoff (u. a.) (Hrsg.), Christologie im Lebensbezug, Göttingen 2005, 12–33.; vgl. Susanne Maurer, Soziale Arbeit als Frauenberuf, in: Hans-Uwe Otto (u. a.) (Hrsg.), Handbuch Sozialarbeit/Sozialpädagogik, 2. erw. Aufl., Neuwied 2001, 373–384.; Claudia Wallner, Frauenarbeit unter Männerregie oder Männerarbeit in Frauenhand? Einblicke in die Geschlechterverhältnisse sozialer Fachkräfte im Wandel Sozialer Arbeit, in: Karin Böllert (u. a.) (Hrsg.), Genderkompetenz in der Sozialen Arbeit, Wiesbaden, 29–45.33.

3 Maria Heinsius, 40 Jahre Berufsausbildung für Sozialarbeit und Gemeindearbeit 1918–1958, Freiburg i. Br. 1958, 8. – Zum Kontext der Gründung durch Marie von Mar-

Studien zeigen, dass heute zwischen 31und 36 Prozent der Studierenden der Sozialen Arbeit anfangs der Ansicht sind, Soziale Arbeit sei ein typisch weiblicher Beruf.[4] Kann die Rede von der geistigen Mütterlichkeit Ende des 19. und Anfang des 20. Jahrhunderts als Strategie der Verberuflichung bewertet werden, so ist der hohe Anteil von Frauen in der Sozialen Arbeit heute Symptom einer strukturell bedingten geschlechtsspezifischen Arbeitsteilung in unserer Gesellschaft sowie der horizontalen und vertikalen Segregation des Arbeitsmarktes, die sicher keine strategische Funktion im Blick auf die Gleichstellung von Männern und Frauen hat.[5] Anders als die Soziale Arbeit ist die Gemeindediakonie in der Evangelischen Landeskirche in Baden (Ekiba) heute – rein numerisch gesehen – kein Frauenberuf mehr.[6] Denn der Anteil der Männer liegt mit ca. 40 Prozent[7] deutlich höher als in anderen pädagogisch-sozialen Berufen wie etwa der Sozialen Arbeit mit ca. 23 Prozent und der Kindheitspädagogik mit drei Prozent. Damit gehört der Beruf der Gemeindediakone heute nicht mehr zu den Frauenberufen, sondern – wie auch der Pfarrberuf[8] – zu den sogenannten Mischberufen. Die historischen Wurzeln dieses Berufs sind

---

schall und ihrer Funktion als Vorsitzender des Evangelischen Frauenverbandes für Innere Mission in Baden, s. den Beitrag von Ulrich Bayer in diesem Jubiläumsband.

4 ROSEMARIE KARGES (u. a.), Soziale Arbeit: »typisch weiblich!?« typisch »Ost«, typisch »West!?«, hrsg. von ISIS Berlin e.V. Berlin 2002, 96–98, s. https://www.khsb-berlin.de/fileadmin/user_upload/PDF_Sammlung/Dozenten/karges/08_FB_Geschlecht_Endfassung.pdf (22. 02. 2016). Zu den aktuellen Gründen für den hohen Frauen- und den geringen Männeranteil in der Sozialen Arbeit s. HEIKE FLESSNER, Arbeit und Fürsorglichkeit. Alltägliche Geschlechterverhältnisse und ihre Bedeutung für die Soziale Arbeit, in: KIM-PATRICK SABLA (u. a.) (Hrsg.), Gendertheorien und Theorien Sozialer Arbeit, Berlin/Toronto 2013, 79–98. 87.

5 GUDRUN EHLERT, Gender in der Sozialen Arbeit. Konzepte, Perspektiven, Basiswissen, Schwalbach/Ts. 2012, 45.

6 Ein Frauenberuf ist einer, bei dem der Frauenanteil bei über 70% liegt, bei einem Männerberuf liegt er bei unter 30%. Unter Mischberufen werden Berufe gerechnet, deren Frauen- bzw. Männeranteil zwischen 30–70% liegt, vgl. BRITTA MATTHES (u. a.), Frauenberufe – Männerberufe. Karten neu gemischt?, IAB Forum 1 2009, 18–23. 18.

7 Die Auskunft über den Anteil von Männern und Frauen in der Berufsgruppe verdanke ich Werner Volkert, dem Landeskirchlichen Beauftragten für den gemeindepädagogischen und gemeindediakonischen Einsatz in der Ekiba, vom Dezember 2015. Zu den übrigen Zahlen s. UTA KLEIN (u. a.), Männer auf dem Weg aus der Sozialen Arbeit, WSI Mitteilungen 3 (2007), 138–144. 138.

8 Der Anteil von Frauen im Pfarrberuf liegt im Bereich der EKD bei 33%, s. https://www.ekd.de/presse/pm26_2015_gleichstellungsatlas.html (22. 02. 16). Dies entspricht der Situation in der Evangelischen Landeskirche in Baden. Der Männeranteil ist

freilich ebenso weiblich, wie die Gründungs- und anfänglichen Leitungspersonen der Evangelischen Frauenschulen; Männer übernahmen Leitungsrollen, als in den 1970er Jahren die Akademisierung der sozialen und pädagogischen Berufe begann. Außerdem sind die Zuschreibungen zu diesem Beruf nach wie vor eher alltags- denn öffentlichkeitsbezogen und repräsentativ. So fasst Piroth die Ergebnisse ihrer empirischen Studie von 2005 folgendermaßen zusammen: Den gemeindepädagogischen Berufsgruppen wird nach innen vorrangig eine »Ermöglichungs- und Gestaltungsfunktion zugeschrieben«; ihre Vertreterinnen und Vertreter gelten als »Garanten für gleichberechtigte dialogische Prozesse in der Gemeinde [...]. Sie sollen im Alltagsleben der Gemeinde ansprechbar und erreichbar sein.«[9] Im Unterschied dazu wird den Pfarrerinnen und Pfarrern nach innen eine »Bewahrungs- und Begründungsfunktion zugeschrieben [...], nach außen eine Repräsentations- und Vorbildfunktion«.[10] In diesen Zuschreibungen bildet sich nicht nur die Geschichte der Berufe ab, sondern auch eine aktuelle Praxis des »Doing Gender«: Bis heute ist der direkte Kontakt mit Zielgruppen eher weiblich, die Organisation solchen Handelns und seine Repräsentation hingegen vielfach männlich.[11] Das bedeutet, dass Initiativen zur Profilierung von Berufen gesellschaftliche und speziell kirchliche Formen der Konstruktion des sozialen Geschlechts berücksichtigen müssen, um nicht etwa zwischen den Berufsgruppen oder Mitgliedern berufsübergreifender Teams aushandeln zu wollen, was gesamtkirchlichen und gesellschaftlichen Rahmenbedingungen geschuldet ist.

Der vorliegende Beitrag beschreibt den Beruf der Gemeindediakone und Gemeindediakoninnen[12] in der Evangelischen Landeskirche in Baden in sei-

---

im Pfarrberuf höher, da er historisch ein Männerberuf ist; unter den Gemeindediakonen und Gemeindediakoninnen sind die Männer in der Minderzahl, weil es sich historisch um einen Frauenberuf handelt. In beiden Berufen kommt es in den 1960er und 1970er Jahren zur Öffnung für das jeweils andere und bis jetzt unterrepräsentierte Geschlecht.

9 Nicole Piroth, Gemeindepädagogen und Pfarrer. Zwei Berufsbilder in der Perspektive von Gemeindegliedern, PGP 3/2005, 9–13. 10.

10 Ebd.

11 Das gilt auch innerhalb derselben Berufsgruppen der Pfarrerinnen und Pfarrer wie der Gemeindediakone und Gemeindediakoninnen. – Das Thema wird bis heute unter dem Schlagwort von der sogenannten »Feminisierung der Kirche« diskutiert. Dieses geht auf Friedrich Wilhelm Graf zurück, der damit 2011 historisch, empirisch und theologisch fragwürdig, aber medienwirksam ›das Pfarrhaus‹ beschrieb.

12 Im Folgenden realisiere ich inklusive Sprache durch den Wechsel zwischen männlichen und weiblichen Formen. Wenn speziell Männer oder speziell Frauen gemeint sind, zeige ich dies explizit an.

ner aktuellen Ausgestaltung. Eine Beschreibung dieses Berufs ist besonders herausfordernd, weil die diakonisch-gemeindepädagogischen Berufe, wie sie summierend genannt werden,[13] im Raum der EKD unterschiedlich konzeptioniert sind. Zum anderen ist die Berufsgruppe in Baden mit rund 380 Berufsvertretern klein; da sie je nach Dienstort auch noch unterschiedlich heißen und vielfach abkürzend aber irrtümlich »Diakoninnen« genannt werden, wissen Vertreter anderer Berufe im jeweiligen Feld, kirchliche Leitungsgremien und auch Zielgruppen nicht immer, dass sie es mit einer Gemeindediakonin zu tun haben, so dass ein Wiedererkennen von Vertretern des Berufs und die Entwicklung einer Vorstellung über ihn erschwert ist. Bekanntheit des kirchlichen Berufs, sein Profil im Gegenüber zu anderen Berufen in denselben Handlungsfeldern und seine Relevanz für die Umsetzung des kirchlichen Auftrags, das Evangelium in Wort und Tat zu bezeugen,[14] sind Faktoren, die sich auf die Attraktivität der Berufstätigkeit auswirken. In einer Zeit, in der kirchliche Berufe einem deutlichen Mangel an Nachwuchs entgegengehen, wird die Klärung dessen, was ein Gemeindediakon jetzt ist und zukünftig sein wird, besonders dringlich.

Nach einer Erläuterung dessen, was im Folgenden unter einem kirchlichen Beruf verstanden wird (Kap. 1) skizziert der Beitrag die Entstehung des heutigen Berufs (Kap. 2). An die Skizze der Situation der diakonisch-gemeindepädagogischen Berufe im Raum der EKD (Kap. 3) schließt sich die Ausgestaltung des Berufs der Gemeindediakonin in der Ekiba an (Kap. 4). Der Ausblick (Kap. 5) zeigt exemplarische Herausforderungen für Theologie und kirchliches Leitungshandeln auf.[15]

---

13 Der Sammelbegriff »diakonisch-gemeindepädagogische« Berufe entstand in der Arbeit der Ad-hoc-Kommission, vgl. EKD Texte 118. Ein Nachteil des Sammelbegriffs besteht darin, dass die Erteilung von Religionsunterricht als Teil des gemeindepädagogischen Handelns gedacht werden muss, um überhaupt mitgedacht zu werden; dies ist jedoch weder in disziplinärer Hinsicht noch im Blick auf die Praxis der Gliedkirchen angemessen.

14 So lautet die Formel in Art. 1 Abs. 2 der Grundordnung der Evangelischen Landeskirche in Baden (GO) und in Art. 98 GO speziell zu den Gemeindediakoninnen. Zur Rede von der »Kommunikation des Evangeliums« s. u. Anm. 32.

15 Dieser Beitrag konzentriert sich auf die Beschreibung des Berufs; er bietet keine pastoraltheologische Reflexion, die eine Theorie seiner Professionalisierung einschließen müsste; er entfaltet die theologische Aufwertung durch den Bezug auf das altkirchliche sogenannte dreigliedrige »Amt« nicht, und er verzichtet auf die Analyse von Leistungen und Grenzen der Unterscheidung von Ordination und Beauftragung, an die die Systematik der Grundordnung der Evangelischen Landeskirche in Baden in ihrem sechsten Abschnitt anknüpft.

1 Ein kirchlicher Beruf

Ein Beruf ist eine Organisationsform von Arbeit, die eine Einzelperson im Kontext eines Systems der Arbeitsorganisation zur Sicherung des Lebensunterhalts übernimmt. Mit jedem Beruf ist die Zuweisung eines sozialen Ortes innerhalb einer gesellschaftlichen Arbeitsorganisation verbunden. Die Zuweisung dieses Ortes ist abhängig von den Zugangsvoraussetzungen zur beruflichen Qualifikation, vom Niveau der akademisch-beruflichen Qualifikation, von der Komplexität des beruflichen Handelns (standardisierte bzw. nicht standardisierte klientenbezogene Tätigkeit)[16], von dem gesellschaftlich zugeschriebenen Wert der Tätigkeit (Einkommen, Ansehen, Bekanntheit) und von der Form der Zuordnung zu anderen Berufen im Handlungsfeld (gleich-, unter- oder übergeordnet).

Die Kirchlichkeit des Berufes bezeichnet in diesem Fall, dass es Gemeindediakone nur innerhalb des kirchlichen Raums gibt. Absolventinnen finden zwar durchaus auch nichtkirchliche Stellen; allerdings heißt ihr Beruf dort anders, und die Anstellungsträger, denen eine zentrale Funktion bei der Deutung der Tätigkeit zukommt, werden sie ihren eigenen (nichtkirchlichen) Zielen zuordnen.[17] Die Evangelische Landeskirche in Baden (Ekiba) hingegen kommt mit dem Dienst der Gemeindediakone ihrem eigenen Auftrag, das Evangelium in Wort und Tat zu bezeugen, nach. Sie hält den standardisierten Erwerb von Kompetenzen durch die Trägerschaft gegenüber der Evangelischen Hochschule vor, sie entscheidet über das Qualifikationsniveau und die Eingruppierung sowie über die rechtliche Ausgestaltung derjenigen Rahmenbedingung, unter denen die Berufsvertreter an ihren unterschiedlichen Dienstorten tätig sind.

---

16 Auf die Relevanz der Unterscheidung für die Diskurse über die Professionalisierungsbedürftigkeit der Sozialen Arbeit, die für die diakonisch-gemeindepädagogischen Berufe einschlägig sind, kann an dieser Stelle nur exemplarisch verwiesen werden auf Schütze und Oevermann: Fritz Schütze, Sozialarbeit als »bescheidene« Profession, in: Bernd Dewe (u. a.) (Hrsg.), Erziehen als Profession. Zur Logik professionellen Handelns in pädagogischen Feldern, Opladen 1992, 132–170. 135–141; Ulrich Oevermann, Professionalisierungsbedürftigkeit und Professionalisiertheit pädagogischen Handelns, in: Margret Kraul (u. a.) (Hrsg.), Biographie und Profession, Bad Heilbrunn 2002, 19–63. 24f.

17 Gemeindediakone, die nicht in Kirche und Diakonie tätig sind, werden mit einem BA-Abschluss vor allem aufgrund ihrer pädagogischen Kompetenzen von Handelsketten, Verlagen, Krankenhäusern oder Bildungsträgern angestellt; der MA-Abschluss erleichtert dies.

2 Gemeindediakonie – historische Wurzeln eines kirchlichen Berufs

Standards der beruflichen Bildung für den sozialen und pädagogischen Bereich in Kirche und Gesellschaft entstehen Ende des 19. bis Anfang des 20. Jahrhunderts.[18] Unter dem Stichwort der »Gemeindepflege« wurden Berufe geschaffen, die kirchenstrukturelle Veränderungen umsetzen sollten: Ziel war es, Gemeinden zu verkleinern und zu erneuern. Diese Berufe waren »wohlfahrtspflegerisch« und/oder primär »missionarisch« ausgerichtet. Erstere sollten die Arbeit des Pfarrers ergänzen, Letztere sollten durch Übernahme von Verwaltungsaufgaben den Pfarrer entlasten. Eingesetzt wurden dazu zunächst nur männliche Gemeindehelfer, die an dem Pietismus und der Erweckungsbewegung verpflichteten Ausbildungsstätten wie dem Johanneum in Wuppertal ausgebildet wurden.[19] Für Frauen gab es zwei Ausbildungswege: Zum einen erfolgte die Qualifikation an den ab 1905 gegründeten Sozialen Frauenschulen. Hier war die Ausbildung für die Kirchengemeinden von derjenigen für die »soziale Hilfsarbeit« zunächst nicht unterschieden. Gegenstand der Ausbildung waren »Erscheinungen sozialer Wirklichkeit nach Sozial-, Rechts- und Gesundheitswissenschaften wie die historische Dimension sozialer Probleme und sozialen Handelns«.[20] Religion hatte gewissenbildende und praxisreflektierende Funktion. Mit der staatlichen Anerkennung der Ausbildung zur sozialen Hilfsarbeit auf der Grundlage von (staatlichen) Prüfungsordnungen kommt es ab 1920 zu gesonderten katechetischen Kursen, die auf dem staatlichen Studium aufbauend besucht wurden. Dadurch, dass staatliche Lehrer an öffentlichen Schulen keinen Religionsunterricht mehr erteilen durften, übernahm die Kirche diese Aufgabe u. a. mittels der Gemeindehelferinnen. Aus diesem Grund ist die Ausbildung zur Gemeindehelferin seit 1936 als eine eigenständige zweijährige Ausbildung konzipiert, welche die Qualifikation für die Erteilung von Religionsunterricht als Religionshilfslehrerin einschloss; die Möglichkeit, die staatliche Ausbildung zu Volkspflegerin zu absolvieren und mit einer katechetischen Zusatzqualifikation zu versehen,

---

18 Gottfried Buttler, Art. Kirchliche Berufe, TRE 19 (1990), 191–213. 201; Hildrun Kessler, Gemeindepädagogische Berufstätigkeit zwischen Sozialarbeit und Pfarramt, in: Peter Bubmann (u. a.) (Hrsg.), Gemeindepädagogik, Berlin 2012, 265–296.270–285.

19 Buttler, Berufe, 201.

20 A. a. O., 202.

fiel dadurch weg.[21] Der zweite Ausbildungsweg bestand in den Ausbildungsstätten der Jugendverbandsarbeit (»Bibelschulen«), wie etwa dem Burckhardthaus. Aufgrund der Gleichschaltungsinteressen des nationalsozialistischen Staates wurde die Trägerschaft der Evangelisch-sozialen Frauenschule vom Frauenverband für Innere Mission an die Landeskirche übertragen: Seit 1943 ist die Frauenschule eine Einrichtung der Evangelischen Landeskirche in Baden. Die Hochschule ist in Forschung und Lehre frei; die rechtlichen Rahmenbedingungen für den Dienst der Gemeindediakone ist jedoch eine zentrale Bezugsgröße bei der Konzeption der beruflichen wie der akademischen Qualifikation der Gemeindediakone – wie die Berufsgruppe heute heißt.

1940 schuf die Ekiba eine Ordnung für die Gemeindehelferinnen; sie wurden zu Angestellten der Landeskirche und beauftragt mit der Verkündigung in dem ihnen zugewiesenen Arbeitsbereich.[22] Die sozialen Aufgaben der Gemeinde wurden von Fürsorgerinnen in Zusammenarbeit mit dem Pfarramt wahrgenommen, die beim Hilfswerk angestellt waren.[23] Auf der Ebene der EKD gibt es seit 1954 eine Richtlinie zur Ordnung des Dienstes der Gemeindehelferin, die von einem vielfältigen und selbstständigen Dienst ausgeht. Ihr ursprüngliches Ziel, rechtliche Regelungen zu vereinheitlichen, erreichte sie nicht.[24] Die 1960er Jahre sind gekennzeichnet durch das Interesse, die Ausbildung für Erziehung, Bildung, Seelsorge und soziale Dienste zu verbessern. Dies geschah zunächst durch Fortbildungsinitiativen und durch die Vereinheitlichung der Curricula in den Bibelschulen und in den Gemeindehelferinnenseminaren. Ein grundlegender Aufbruch erfolgte dann in den 1970er Jahren. In der Literatur wird er oft unter Rückgriff auf den programmatischen Titel eines Buches von Dieter Aschenbrenner und Gottfried Buttler

---

21 HANS ULRICH NÜBEL, Die Utopie formender Gemeinschaft. Fähig zu trauern? Fröhlich vorwärts gehen, in: JOACHIM WALTER (Hrsg.), »Spurensuche«, 75 Jahre EFH 1918–1993, 21–37.28. – Seit Wintersemester 1997/98 gibt es die Möglichkeit, mit einem 2- bis 4-semestrigen Ergänzungsstudium den staatlich anerkannten Abschluss als Sozialarbeiter bzw. Sozialarbeiterin zu erwerben.

22 MARIA HEINSIUS, Berufsausbildung, 29.

23 Kirchliches Gesetzes- und Verordnungsblatt Baden (KGVBL) Baden 1951, 64.

24 S. KARL-HEINZ FIX (u. a.) (Hrsg.), Die Protokolle des Rates der Evangelischen Kirche in Deutschland, Band 8: 1954/55, Göttingen 2012, 288. Ausgangspunkt des Prozesses war bereits damals die Unterschiedlichkeit der Berufsbezeichnungen, der Aufgaben und der rechtlichen Ausgestaltung des Dienstes in den Gliedkirchen der EKD, vgl. CARSTEN NICOLAISEN (u. a.) (Hrsg.), Die Protokolle des Rates der Evangelischen Kirche in Deutschland, Band 5: 1951, bearb. von Dagmar Pöpping, Göttingen 2005, 290.

»Die Kirche braucht andere Mitarbeiter« beschrieben.[25] Der Anstoß zu dieser Entwicklung kam allerdings nicht aus der Kirche selbst, sondern war zunächst bildungspolitischer Art: Die Kultusministerien verlangten von den Kirchen, dass sie die Ausbildung für Sozialpädagogik und Sozialarbeit auf Fachhochschulniveau anhoben.[26] Dies war für die Kirchen der Anlass, auch die Ausbildungsgänge für Gemeindehilfe anzuheben. Außerdem attestierte die Mitgliedschaftsstudie von 1974 eine abnehmende Zahl von Kirchenmitgliedern. So konnte sich mit dem Druck von außen das Interesse verbinden, die Konkurrenzfähigkeit kirchlicher Bildungsangebote angesichts der Ausweitung der nichtkirchlichen Angebote vor allem im Bereich des nonformalen Lernens zu verbessern. Ein Beruf, für den das Ineinander von Theologie und Pädagogik typisch sein sollte, war dazu gedacht, den Pfarrberuf zu ergänzen und neue Formen kirchengemeindlichen Lebens zu entwickeln. So jedenfalls im Westen. In Ostdeutschland stand die Weiterentwicklung des Katechumenats im Mittelpunkt.[27] Eine zentrale Rolle spielte außerdem der deutliche Einbruch in der Nachfrage nach Ausbildungsplätzen: Es gab kein Interesse mehr an einer Arbeit in untergeordneter Stellung als Gemeindehelferin angesichts einer Diversifizierung von Lebenslagen, die eine Standardisierung des beruflichen Handelns ausschloss.[28] Mit dem neuen Typ von Mitarbeitern »verbanden sich in den 1970er Jahren Hoffnungen auf eine notwendige *Kirchenreform* und eine veränderte differenzierte *Mitarbeitenden-Struktur*. Ziel der neuen Ausbildung war es, für die Aufgaben der Kirche angesichts von gesellschaftlichen Veränderungen und schwindender *Bindekraft der Institution Kirche* das *dominierende Pfarramt* um gut qualifizierte, gleichberechtigte und eigenständige Mitarbeitende zu ergänzen und die kirchliche Beschränkung auf die Parochie durch ein neues *Denken in Regionen* zu überwinden.«[29]

---

25 Radius-Projekte 37, Stuttgart 1970.

26 BERNHARD SUIN DE BOUTEMARD, Sozialer Wandel und Professionalisierung der Gemeindepädagogik, International Journal of Practical Theology 1 (1999), 14–51, 17.

27 MATTHIAS SPENN (u. a.) (Hrsg.), Lernwelten und Bildungsorte der Gemeindepädagogik. Bedingungen, Bezüge und Perspektiven, Münster 2008, 12.

28 KESSLER, Berufstätigkeit, 272 f.

29 NICOLE PIROTH, Gemeindpädagogische Möglichkeitsräume biographischen Lernens. Eine empirische Studie zur Rolle der Gemeindepädagogik im Lebenslauf, Münster 2004, 74.

3 Die diakonisch-gemeindepädagogischen Berufe im Raum der EKD

Der Rat der Evangelischen Kirche in Deutschland (EKD) hat 2010 die Ad-hoc-Kommission »Diakonische und gemeindepädagogische Ausbildungs- und Berufsprofile« eingesetzt.[30] Ihr Auftrag war es, angesichts der Vielfalt an diakonisch-gemeindepädagogischen Berufen im Raum der EKD, die sich nach Profil, Zugangsqualifikation, Einsatzfeldern und Berufsbezeichnung unterscheiden, Schritte hin zu einer Standardisierung von Anerkennungsverfahren zu gehen, um eine horizontale und vertikale Durchlässigkeit zu befördern. Im Hintergrund steht außerdem die Notwendigkeit, auf den sich zukünftig noch verschärfenden Fachkräftemangel zu reagieren: Attraktiv kann ein Beruf nur sein, wenn für potenzielle Interessenten und Interessentinnen klar ist, welches Profil er hat. Die Ad-hoc-Kommission hat ihre Arbeitsergebnisse in den Texten der Evangelischen Kirche in Deutschland (EKD) 118 unter dem Titel »Perspektiven für diakonisch-gemeindepädagogische Ausbildungs- und Berufsprofile« vorgelegt.[31]

Unter Bezug auf Ernst Lange nutzt die Kommission die Rede von der »Kommunikation des Evangeliums«, um theologisch zu beschreiben, welche Bereiche kirchlichen Handelns durch die in Rede stehenden Berufe abgedeckt werden: Die Kommunikation des Evangeliums erfolgt im Blick auf die diakonisch-gemeindepädagogischen Berufe in den drei Modi des Bildens, des Unterstützens und des Verkündigens.[32] Diese Modi sind nun gerade nicht exklusiv zu verstehen, denn auch Sozialarbeiterinnen sowie Pfarrer haben Anteil an der Kommunikation des Evangeliums in den drei genannten Modi. Spezifisch ist das Mischungsverhältnis, für das sowohl eine Lizenz (eine kirchliche Erlaubnis in Form eines qualifizie-

---

30 Zur Geschichte und Aufgabe der vom Rat der EKD eingesetzten Kommission s. EKD Text 118, 10–15. – Das Ziel, Qualifikationsniveaus und -inhalte sowie rechtliche Rahmenbedingungen zu vereinheitlichen, hatte die EKD bereits 1954 thematisiert (s.o. Anm. 24). 1996 verabschiedete der Rat der EKD die »Grundsätze einer kirchlichen Berufsbildungsordnung für die gemeindebezogenen Dienste«; die Kammer für Theologie erarbeitete 1996 »Der evangelische Diakonat als geordnetes Amt der Kirche«, und die Konferenz der landeskirchlichen Beauftragten für gemeindebezogene Dienste legte 1998 einen Überblick »Mitarbeiterin oder Mitarbeiter im gemeindebezogenen Dienst (evangelisch)« vor.

31 Hrsg. vom Kirchenamt der EKD, Hannover 2014.

32 A.a.O., 38f.

renden Abschlusses) als auch ein Mandat (eine kirchlicher Auftrag) vorliegt.[33]

Der EKD-Text 118 bietet zudem eine Erhebung der Felder, in denen sich die Berufe unterscheiden, und eine Systematik, die Ausbildungen und Studiengänge vergleichbar macht.[34] Das Vergleichen selbst, die Definition von Standards und die Standardisierung von Anerkennungsverfahren sind Aufgaben, die der Rat der EKD einer weiteren Gemischten Fachkommisssion übertragen hat. Die »Gemischte Fachkommission für die Ausbildung im diakonischen und gemeindepädagogischen Bereich« ist nach der Fachkommission I »zur Ausbildung von Pfarrerinnen und Pfarrern und damit vergleichbaren Studiengängen wie Diplom- und Magisterstudium« und der Fachkommission II »Zur Ausbildung von Religionslehrerinnen und -lehrern für alle in Deutschland existierenden Schulstufen«[35] die jüngste Fachkommission. Sie arbeitet seit 2015 auf der Basis einer vorläufigen Geschäftsordnung, die ihre Aufgabe folgendermaßen umschreibt: »Behandlung und Klärung der Fragen des Studiums, der Ausbildung und der Berufsprofilentwicklung der diakonisch-gemeindepädagogischen Beruflichkeiten, die einer bundeseinheitlichen Regelung und Absprache bedürfen«.[36]

Die Aufgabe der Fachkommission III ist insofern komplex, als die Aufgabenfelder, die Zugänge zu den Berufen und ihren rechtlichen Ausgestaltungen sich aufgrund regionaler historischer Entwicklungen unterscheiden, die gleichermaßen identitätsstiftend wie funktional für die jeweilige Gliedkirche sind. Insofern wird die Dauer und der Erfolg des Prozesses davon abhängen, ob das Ziel, die Erkennbarkeit und Attraktivität der Berufe zu erhöhen, eine Dynamik entwickelt, die stärker ist als die gliedkirchlichen Beharrungsinteressen.

---

33 Die Unterscheidung von Mandat und Lizenz geht auf Dieter Nittel zurück; Nittel bezieht dieses Konzept von Hughes, der es als formalen Rahmen zur Analyse aller Berufe und Professionen einsetzt, vgl. DIETER NITTEL, Von der Mission zur Profession. Stand und Perspektiven der Verberuflichung in der Erwachsenenbildung, Bielefeld 2000, 29–33.

34 EKD Texte 118, 71–83. 104–123. Eine Übersicht über die Konzeption der Studiengänge an Evangelischen (Fach-)Hochschulen s. KESSLER, Berufstätigkeit, 275–280.

35 http://www.ekd.de/studium_bildung/studium/texte/gemischte_kommission.html, (Aufruf: 19.02.2016).

36 Die Satzung ist bis 2016 in der Erprobung und noch nicht veröffentlicht.

4 Gemeindediakone und Gemeindediakoninnen in der Evangelischen Landeskirche in Baden (Ekiba)

Gemeindediakone sind durch die Landeskirche beauftragt mit der Übernahme von Aufgaben im Predigtamt (Art. 98 GO); ihre Berufung dient der fachgerechten und selbstständigen Erfüllung insbesondere pädagogischer und gemeindediakonischer Aufgaben (§ 1 Kirchliches Gesetz über den Dienst der Gemeindediakoninnen und Gemeindediakone in der Evangelischen Landeskirche in Baden [GDG]).

4.1 Die Berufsgruppe in Zahlen

Zurzeit sind 380 Gemeindediakoninnen in der Evangelischen Landeskirche in Baden eingesetzt. Davon arbeiten 170 Berufsvertreter in Kirchengemeinden, 45 als Jugendreferentinnen in den Kirchenbezirken und auf landeskirchlicher Ebene, 130 als Religionslehrer und 35 in besonderen Arbeitsfeldern (Arbeit mit Menschen mit Behinderung, seelsorgliches Handeln in Einrichtungen u. a. m.). Der Frauenanteil unter den Gemeindediakonen, die als Religionslehrer eingesetzt sind, ist etwas höher als im gemeindlichen Dienst, unter den Jugendreferentinnen etwas niedriger. Das durchschnittliche Alter der Gemeindediakone beträgt 47 Jahre.[37]

83 Prozent der Berufsgruppe haben Diplom-Religionspädagogik oder einen Bachelor (BA) studiert. Unter ihnen sind zehn Prozent, die auch einen BA in Sozialer Arbeit, sowie weitere zehn Prozent, die einen Masterabschluss erworben haben. Unter den jetzigen Jahrgängen von Absolventinnen zeigt sich eine steigende Nachfrage nach der Doppelqualifikation und dem Studium eines der Masterstudiengänge (MA): Fast zwei Drittel der Absolventen und Absolventinnen studieren derzeit nach Abschluss des BA Religionspädagogik/Gemeindediakonie weiter.

Gemeindediakone im gemeindlichen Dienst sind regelhaft in TVÖD Fallgruppe 10 eingruppiert. Die Eingruppierung richtet sich nach den Anforderungen der Stelle, nicht nach dem Qualifikationsniveau der Gemeindediakoninnen. Es gibt eine begrenzte Anzahl von Stellen, die einen MA-Abschluss voraussetzen und die mit einer höheren Eingruppierung (EG 11 bzw. EG 12) verbunden sind (§ 1 Abs. 4 Rechtsverordnung zum Gemeindediakoninnen-

---

37 Diese Informationen verdanke ich der Information durch den Landeskirchlichen Beauftragten für den gemeindepädagogischen und gemeindediakonischen Einsatz, Werner Volkert, vom Dezember 2015.

und -diakonengesetz [RVO GDG]); dazu gehört derzeit z. B. der Religionsunterricht im Bereich der Beruflichen Schulen oder die gemeindeübergreifende Jugendarbeit.

4.2 Rechtliche Rahmenbedingungen

Die rechtliche Ausgestaltung beruflicher Tätigkeit hat verschiedene Funktionen und Wirkungen. Sie stellt zunächst einmal Klarheit bezüglich der Aufgaben, der Rechte und Pflichten von Mitarbeitern her und ordnet das Miteinander von Berufsgruppen, die in gemeinsamen Handlungsfelder mit einander überschneidenden Mandaten tätig sind.

4.2.1 Lizenzen, Mandate und Dienstorte

Die Gemeindediakoninnen der Ekiba sind durch ein Studium von mindestens sieben Semestern qualifiziert für die Erteilung von Religionsunterricht (Grundschule und Sek I) sowie für gemeindepädagogische und -diakonische Handlungsfelder in gemeindlichen und übergemeindlichen Kontexten.[38] Sie studieren im BA Religionspädagogik/Gemeindediakonie[39] theoretische und praktische Fächer der Theologie (Altes und Neues Testament, Systematische und Historische Theologie, Gemeindepädagogik, Diakonik, Homiletik und Liturgik, Religionspädagogik, Seelsorge) sowie Human- und Sozialwissenschaften in Theorie und Praxis. In der Logik des Studiengangs ist die Gemeindepädagogik die Leitdisziplin; Theologie, Pädagogik sowie Human- und Sozialwissenschaften sind Bezugsdisziplinen.

Das Pflichtdeputat in der Schule beträgt sechs Stunden. In anderen Gliedkirchen prägen andere Profile die Qualifikation der Absolventen der einschlägigen Studiengänge:[40] In der Nordkirche etwa werden die »Gemeindepädagoginnen« ausschließlich für den gemeindepädagogischen Bereich ausgebildet, für die Erteilung von Religionsunterricht haben sie in der Regel keine Lizenz und in keinem Fall ein Mandat. Die Evangelisch-Lutherische Kirche in Bayern stellt ausschließlich »Religionspädagogen« an, die speziell für Religionspädagogik und kirchliche Bildungsarbeit qualifiziert sind, nicht aber für diakonische Bereiche gemeindlicher Arbeit. In der Evangelisch-Lutherischen Lan-

---

38 EKD Texte 118, 77.

39 Der Name des Studiums ist wenig eingängig; er wurde gewählt, um im Kontext der EKD deutlich zu machen, dass die Absolventinnen für die drei Bereiche Religionsunterricht, Gemeindepädagogik und Gemeindediakonie qualifiziert werden.

40 S. Zusammenstellung bei KESSLER, Berufstätigkeit, 275–281.

deskirche Hannovers studieren die angehenden »Diakoninnen« in einem die gemeindepädagogischen Perspektiven integrierenden und deshalb achtsemestrigen Studium Soziale Arbeit; schulische Religionspädagogik gehört nicht dazu. Sie dürfen Religionsunterricht erteilen, wenn sie während des Studiums durch ein zusätzliches Modul eine »kleine Unterrichtsberechtigung« genannte Lizenz erworben haben.

Aufgrund der Polyvalenz vor allem von human- und sozialwissenschaftlichen sowie theologischen Anteilen im Freiburger Studium des BA Religionspädagogik/Gemeindediakonie, können die Absolventen, in (mindestens) drei weiteren Semestern einen BA Soziale Arbeit erwerben. Insofern ist es für die Gemeindediakoninnen der Ekiba typisch, dass sie für (schulische) Religionspädagogik, Gemeindepädagogik und (Gemeinde-)Diakonie qualifiziert sind. Wer »7 + 3« studiert, hat die Lizenz für den kirchlichen Dienst, kann an staatlichen Schulen Religionsunterricht erteilen und als Sozialarbeiterin arbeiten. Mit einem MA-Studiengang können sie darüber hinaus einen Zugang zum Religionsunterricht an Beruflichen Schulen und damit zum höheren Dienst erwerben.[41]

4.2.2 Berufsbezeichnung

Seit 1971 heißen die Berufsvertreter in der Ekiba »Gemeindediakone«.[42] Die Ad-hoc-Kommission analysierte, dass es mindestens sechs verschiedene Berufsbezeichnungen für die diakonisch-gemeindepädagogischen Berufe in der EKD gebe: Diakon, Gemeindepädagogin, Gemeindehelfer, Jugendreferentin, Katechet, Religionspädagogin.[43] Die Bezeichnung »Gemeindediakonin« der Ekiba taucht in der Aufzählung nicht eigens auf, weil sie unter »Diakonin« subsumiert ist. Diese Praxis des Subsumierens ist einem Verfahren geschul-

41 Mit der Einführung des BA als Regelabschluss ist dafür ein MA-Abschluss erforderlich. – 2013 wurde eine Änderung der Standards für die Lehrerbildung in Baden-Württemberg beschlossen, die staatlich ab dem WS 2015/16 wirksam geworden ist. In Konsequenz werden Absolventinnen des BA Religionspädagogik/Gemeindediakonie einen MA studieren müssen, um überhälftig im Religionsunterricht Sek I eingesetzt werden zu können. Wenn der MA Voraussetzung für diesen Einsatz ist, werden die Berufsvertreter – ähnlich wie bei denen, die überhälftig im Religionsunterricht an beruflichen Schulen tätig sind – besser bezahlt werden.

42 URSULA ROLAND, Spurensuche nach Gemeindediakonen/innen und Religionspädagogen/innen, in: WALTER, Spurensuche, 40; JÖRG WINTER, Die Grundordnung der Evangelischen Landeskirche in Baden. Kommentar für Praxis und Wissenschaft, Köln 2011, 556.

43 EKD Texte 118, 85.

det, welches das Ziel hat, mittelfristig die Berufsbezeichnungen in der EKD zu vereinheitlichen. So bestätigt denn die Ad-hoc-Kommission in ihren Empfehlungen diejenigen der Berufsbildungsordnung von 1996, nach der Diakon und Gemeindepädagogin von den Gliedkirchen als Bezeichnung ihrer jeweiligen diakonisch-gemeindepädagogisch Tätigen gewählt werden sollte.[44] Nun ist »Diakon« keine Berufsbezeichnung in dem Sinne, dass sie etwas aussagen würde über die Art der beruflichen Tätigkeit; die Berufsbezeichnung sagt allenfalls teilweise etwas aus über die Form kirchlicher Bindung und dem (aus historischen Gründen regional unterschiedlich geprägten) Selbstverständnis der Diakone. Denn als Diakonin werden Menschen bezeichnet, die z. B. in der Pflege, der Sozialen Arbeit oder in der Bildungsarbeit tätig sind; manche gehören einer Diakonengemeinschaft an, andere nicht; manche verstehen sich als Professionelle mit theologischer Qualifikation und/oder christlicher Haltung im Gegenüber zur verfassten Kirche, andere gerade als konstitutives Element von Kirche. Im Blick auf die Gemeindediakone in Baden ist wichtig, dass »-diakon« in der Berufsbezeichnung auf die sozialarbeiterisch-diakonischen Kompetenzen verweist und nicht auf die Zugehörigkeit zu einer Diakoninnengemeinschaft, wie etwa in der württembergischen Schwesterkirche.[45]

In der Evangelischen Landeskirche in Baden heißt zwar die Berufsgruppe Gemeindediakone, die Bezeichnung der Berufsvertreter variiert jedoch je nach Einsatzort: Gemeindediakoninnen, die gemeindlich eingesetzt sind, führen die Dienstbezeichnung »Gemeindediakonin«; Gemeindediakone im Schuldienst heißen »Religionslehrer«; Gemeindediakoninnen in der gemeindeübergreifenden Kinder- und Jugendarbeit heißen »Jugendreferentin«, und über die Dienstbezeichnungen in den sonstigen Aufgabenfeldern entscheidet der Oberkirchenrat (§ 3 RVO-GDG). Diese Vielfalt ist zwar schlüssig konzipiert und im Blick auf die Zielgruppen kurzfristig hilfreich. Berufspolitisch erschwert sie allerdings die Entwicklung einer beruflichen Identität, die ganz wesentlich davon abhängt, dass Zielgruppen und andere im beruflichen Feld Tätige die Gemeindediakone als Berufsvertreter identifizieren können. Bei Pfarrern und Sozialarbeiterinnen sind solche Differenzierungen auch nicht erforderlich, und die Identifikation eines Berufsvertreters ist zudem nicht abhängig davon, dass ein realistisches Bild vom jeweiligen Arbeitsalltag besteht.

---

44 EKD Texte 118, 92.

45 Zum Diakonatsprojekt der Evangelischen Landeskirche in Württemberg s. die in der Reihe »Diakonat – Theoriekonzepte und Praxisentwicklung« erschienenen Bände.

4.2.3 Berufung in den Dienst in Form der Beauftragung

Die Grundordnung der Evangelischen Landeskirche in Baden unterscheidet Ordination und Beauftragung als zwei Formen der Berufung ins Predigtamt (Art. 89–99 GO): Pfarrerinnen werden ordiniert, Gemeindediakone, Prädikantinnen und Religionslehrer werden beauftragt. Die Übertragung von Aufgaben im Predigtamt auf die Gemeindediakoninnen ist in sachlicher Hinsicht beschränkt; hier liegt ein Unterschied zu den Pfarrern. Diese sachliche Beschränkung besteht darin, dass Gemeindediakoninnen ihren Dienst im Predigtamt ausgehend von ihren pädagogischen, diakonischen und seelsorglichen Tätigkeitsfeldern wahrnehmen. Der Dienstplan konkretisiert ihr allgemeines Mandat im Predigtamt. Das bedeutet etwa, dass Gemeindediakoninnen, zu deren Dienst die Arbeit mit Kindern und Jugendlichen gehört, mit ihnen auch Gottesdienst feiern. Die Gemeindediakonin, die als Seelsorgerin in einem Kinderkrankenhaus arbeitet, wird dort auch Andachten und Gottesdienste halten, sie wird auf Nachfrage auch taufen und beerdigen. Der Gemeindediakon, der am konfirmierenden Handeln beteiligt ist, wird den Konfirmationsgottesdienst leiten oder an der Leitung mitwirken. Er wird jedoch als Gemeindediakon keine Sonntagsgottesdienste halten, die ohne erkennbaren Bezug zu seinen pädagogischen, diakonischen oder seelsorglichen Handlungsfeldern sind. Eine Vertretung von Pfarrerinnen im gottesdienstlichen Bereich ist aus diesem Grund von der Beauftragung der Gemeindediakone nicht abgedeckt.

Gemeindediakoninnen sind angestellt und zwar zentral bei der Landeskirche. Dadurch können prekäre Beschäftigungsverhältnisse vermieden werden, und es ist eine Personalentwicklung möglich.

4.2.4 Gemeindediakoninnen als Teil eines multiprofessionellen Teams

Seit 1976 regelt das Kirchliche Gesetz über die Dienste der Mitarbeiter in Gemeindediakonie, Jugendarbeit, Religionsunterricht und kirchlicher Sozialarbeit (Mitarbeiterdienstgesetz), dass die unmittelbare Dienstaufsicht über Gemeindediakoninnen – wie über Pfarrer – bei der zuständigen Dekanin liegt (§ 5 Mitarbeiterdienstgesetz; § 38 GDG). Seit nunmehr 37 Jahren arbeiten Pfarrer rechtlich gesehen gleichberechtigt miteinander.

Seit 1996 sind Gemeindediakone im gemeindlichen Dienst Mitglied im Ältestenkreis mit beratender Stimme, seit 2013 sind sie Mitglieder mit Stimmrecht. Vor dem entsprechenden Beschluss der Landessynode im Frühjahr 2013 nahmen bereits ca. 16 Prozent der Gemeindediakone ein Stimmrecht im Ältestenkreis wahr: die einen, weil sie es als Mitglieder des Gruppenamts hatten (§ 10 LWG), die anderen, weil sie von den Gemeinden als Mitglied des

Ältestenkreises gewählt worden waren. Eine Wahl war möglich, weil Gemeindediakoninnen bei der Landeskirche, nicht bei der Kirchengemeinde angestellt waren (und sind) (§ 4 Abs. 2 LWG). Die letzte Gruppe der Stimmberechtigten waren diejenigen, die als Ehrenamtliche gewählt wurden (in einer Gemeinde, in der sie keinen Dienst tun) und dort wie alle ehrenamtlichen Mitglieder ihre spezifischen Kompetenzen einbrachten. Die positive Entscheidung der Landessynode über das Stimmrecht der Gemeindediakone hat somit auch eine Vereinheitlichung der Mitwirkung von Gemeindediakonen im Ältestenkreis bewirkt. Der Gewinn für die Gemeinden besteht darin, dass Gemeindediakone kirchengemeindliche Leitungsaufgaben wahrnehmen können. Dazu gehören z. B. die Leitung stimmberechtigter Ausschüsse, die Übernahme von Aufgaben im Bereich der Pfarramtsverwaltung und die Zuständigkeit für die Belange der zugehörigen Kindertagesstätte. In jedem Fall leistet das Stimmrecht einen Beitrag zur Kultur eines strukturierten Miteinanders der Berufsgruppen im gemeindlichen Dienst.

In Folge des Synodenbeschlusses regelt seit 2014 die Rechtsverordnung zur Zusammenarbeit in Dienstgruppen (Dienstgruppen-RVO), dass Pfarrer und Gemeindediakoninnen, die in einer Kirchengemeinde arbeiten, ihre Zusammenarbeit durch die Erstellung eines gemeinsamen Dienstplanes strukturieren müssen. Die Einrichtungen von Dienstgruppen ist ein Schritt, der nach langem Diskussionsprozess auf die Einführung des Gruppenamtes 1978 folgte, dem seinerseits eine lange Erprobungsphase vorausging. Die Berufsgruppen übergreifende Zusammenarbeit birgt Konfliktpotenzial, das nicht nur auf der Ebene der je eigenen Konstruktion von beruflicher Identität liegt oder auf der Zuschreibung von Pflichten durch weitere im Handlungsfeld Tätige, sondern rechtlich begründet auf der pragmatischen Ebene der Verteilung von Aufgaben. Denn aufgrund unterschiedlicher Beschäftigungsverhältnisse – Gemeindediakone sind Angestellte (EG 10 bis EG 12), Pfarrerinnen sind Kirchenbeamte (A13 bis A14) – sind auch Privilegien und Pflichten unterschiedlich verteilt. So haben Gemeindediakone eine Wochenarbeitszeit von 39 Stunden; Beamte nicht. Unter diesen Rahmenbedingungen Gleichberechtigung zu organisieren, ist herausfordernd. Pragraph 10 Dienstgruppen-RVO sieht deshalb vor, dass Supervision diesen neuen strukturellen Weg begleiten soll, damit die Konflikte als Hinweise auf die Klärungsbedarfe genutzt werden können.

5 Perspektiven

Der vorliegende Beitrag zielte darauf, den Beruf des Gemeindediakonen in der Evangelischen Landeskirche in Baden in seiner aktuellen Ausgestaltung zu beschreiben, ihn bekannter zu machen und zu seiner Profilierung beizutragen. Vorausgesetzt ist dabei, dass die Bekanntheit eines Berufs sowie die Klärung der Rolle, die er bei der Realisierung der Aufgabe der Kirche hat, entscheidend sowohl für die Berufszufriedenheit der bereits beruflich Tätigen als auch für die Nachfrage nach dem Beruf ist.

Mit Blick auf die zukünftige Entwicklung des Berufes lassen sich folgende Herausforderungen für kirchenleitendes Handeln und theologische Reflexion benennen:

Das berufliche Selbstverständnis von Gemeindediakoninnen ist unter anderem abhängig von den Erwartungen und Zuschreibungen anderer beruflich und ehrenamtlich im Feld Tätiger sowie von Zielgruppen. Das bedeutet, dass Veränderungen oder Schärfungen des Berufsbildes ein längerfristig angelegtes Innovationsmanagement erfordern; dieses wird insbesondere auch die kirchlichen Leitungsgremien einbeziehen müssen. Im Blick auf die Bewerbung kirchlicher Berufe dürfte sich der Verweis auf die geregelte Zusammenarbeit mit Vertreterinnen anderer Berufe schon jetzt positiv auswirken, und zwar sowohl auf die Nachfrage nach dem Beruf des Gemeindediakonen als auch auf die nach dem Pfarrberuf.

Zunehmend mehr Studierende des BA Religionspädagogik/Gemeindediakonie studieren länger, erweitern ihre Kompetenzen (BA Soziale Arbeit) oder erhöhen das Qualifikationsniveau durch einen MA Studiengang. Zukünftig kommt es darauf an, nicht nur Interessierte für ein Studium zu gewinnen, sondern auch Absolventinnen zu binden. Zudem wird zu beobachten sein, ob die höhere Eingruppierung vor allem von Berufsvertreterinnen, die hauptsächlich in der Schule oder in übergemeindlichen Bereichen eingesetzt werden, zu einer Benachteiligung gemeindlicher Dienstorte bei der Versorgung mit Gemeindediakonen führt.

Gemeindediakoninnen im gemeindlichen Dienst arbeiten in der Ekiba mit Pfarrern rechtlich gesehen schon seit Jahrzehnten gleichberechtigt zusammen. Erforderlich ist es, dass das berufliche Selbstverständnis von Pfarrerinnen regelhaft die Beziehung zu anderen kirchlichen Berufen einbezieht.[46] Ein disziplinärer Ort entsprechender theologischer Reflexionen ist

---

46 Uta Pohl-Patalong, Pastoraltheologie, in: Christian Grethlein (u. a.) (Hrsg.), Prakti-

die Pastoraltheologie im Sinne einer kritischen Theorie der Beruflichkeit derer, die in gemeindlichen und übergemeindlichen kirchlichen Feldern tätig sind. Dazu gehören in einem nächsten Schritt übrigens auch die diakonischen Berufe, die sowohl nach dem Selbstverständnis von Kirche als auch in der Zuschreibung durch Zielgruppen einen zentralen Beitrag zur Realisierung des kirchlichen Auftrags leisten.

Der Beruf der Gemeindediakonin ist einer, der seit Anfang des 20. Jahrhunderts und verstärkt seit den 1970er Jahren mit kirchenreformerischen Zielen seitens der Gliedkirchen und der EKD verbunden war. So solle »der Verengung kirchlichen Handelns auf Kerngemeinde und Pfarramt entgegengewirkt und [...] eine neue Zugangsmöglichkeit für die stärker distanzierte volkskirchliche Mitgliedschaft eröffnet werden«.[47] Dieser Satz aus der Berufsbildungsordnung von 1996 formuliert nun allerdings zu Recht keine Anforderungen an eine bestimmte Berufsgruppe, sondern an die Disziplin der Gemeindepädagogik »als Gesamtdimension gemeindlicher Arbeit«. Es bleibt eine Aufgabe sowohl der Theologie als auch des kirchlichen Leitungshandelns, berufsspezifische Zugänge zur Disziplin zu bestimmen und die einander sowohl ergänzenden als auch überschneidenden Lizenzen und Mandate der beruflich Tätigen zu benennen.

Literaturverzeichnis

ASCHENBRENNER, DIETER (u. a.), Die Kirche braucht andere Mitarbeiter. Vom Universaldilettanten zum Spezialisten. Analysen, Thesen und Materialien zum Berufsbild und zur Ausbildung des kirchlichen Mitarbeiters im Gemeindedienst. Radius-Projekte 37, Stuttgart 1970.

---

sche Theologie. Eine Theorie- und Problemgeschichte, Leipzig 2007, 515–574. 572. – Als Konzepte, die Pastoraltheologie als ›Pastor-Theologie‹ verstehen und ein strikt hierarchisches Gemeindekonzept mit dem Pfarrer bzw. der Pfarrerin als Schlüsselperson vertreten, sind exemplarisch die Entwürfe von Josuttis und Karle zu nennen. Alternativen im genannten Sinne stellen pastoraltheologische Arbeiten z. B. von Peter Bubmann, Eberhard Hauschildt, Uta Pohl-Patalong sowie mit Blick speziell auf die diakonisch-gemeindepädagogischen Berufe Nicole Piroth und Matthias Spenn.

[47] Grundsätze einer kirchlichen Berufsbildungsordnung für die gemeindebezogenen Dienste. Eine Ausarbeitung im Auftrag des Rates der EKD, hrsg. vom KIRCHENAMT DER EKD, Hannover 1996, 18–21.15.

BUBMANN, PETER, Im gemeindepädagogischen Dienst, in: Pastoraltheologie 104 (2015), 416–430.

BUTTLER, GOTTFRIED, Art. Kirchliche Berufe, TRE 19 (1990), 191–213.

EHLERT, GUDRUN, Gender in der Sozialen Arbeit. Konzepte, Perspektiven, Basiswissen, Schwalbach/Ts. 2012.

FIX, KARL-HEINZ (u. a.) (Hrsg.), Die Protokolle des Rates der Evangelischen Kirche in Deutschland, Band 8: 1954/55, Göttingen 2012.

FLESSNER, HEIKE, Arbeit und Fürsorglichkeit. Alltägliche Geschlechterverhältnisse und ihre Bedeutung für die Soziale Arbeit, in: KIM-PATRICK SABLA (u. a.) (Hrsg.), Gendertheorien und Theorien Sozialer Arbeit, Berlin/Toronto 2013, 79–98.

HEINSIUS, MARIA, 40 Jahre Berufsausbildung für Sozialarbeit und Gemeindearbeit 1918–1958, Freiburg i. Br. 1958.

KARGES, ROSEMARIE (u. a.), Soziale Arbeit: »typisch weiblich!?« typisch »Ost«, typisch »West!?«, hrsg. von ISIS Berlin e. V. Berlin 2002, 96–98. Online unter: https://www.khsb-berlin.de/fileadmin/user_upload/PDF_Sammlung/Dozenten/karges/08_FB_Geschlecht_Endfassung.pdf (22. 02. 2016).

KESSLER, HILDRUN, Gemeindepädagogische Berufstätigkeit zwischen Sozialarbeit und Pfarramt, in: PETER BUBMANN (u. a.) (Hrsg.), Gemeindepädagogik, Berlin 2012, 265–296.

KIRCHENAMT DER EVANGELISCHEN KIRCHE IN DEUTSCHLAND (Hrsg.), Grundsätze einer kirchlichen Berufsbildungsordnung für die gemeindebezogenen Dienste. Eine Ausarbeitung im Auftrag des Rates der EKD, Hannover 1996.

KLEIN, UTA (u. a.), Männer auf dem Weg aus der Sozialen Arbeit, WSI Mitteilungen 3, 2007, 138–144.

MATTHES, BRITTA (u. a.), Frauenberufe – Männerberufe. Karten neu gemischt?, IAB Forum 1 2009, 18–23.

MAURER, SUSANNE, Soziale Arbeit als Frauenberuf, in: HANS-UWE OTTO (u. a.) (Hrsg.), Handbuch Sozialarbeit/Sozialpädagogik, 2. erw. Aufl., Neuwied 2001, 373–384.

MOLTMANN-WENDEL, ELISABETH, Ein anderer Jesus. Befreier – Ganzmacher – Geborener, in: RENATE KIRCHHOFF (u. a.) (Hrsg.), Christologie im Lebensbezug, Göttingen 2005, 12–33.

NICOLAISEN, CARSTEN (u. a.) (Hrsg.), Die Protokolle des Rates der Evangelischen Kirche in Deutschland Band 5: 1951, Bearb. von Dagmar Pöpping, Göttingen 2005.

NITTEL, DIETER, Von der Mission zur Profession. Stand und Perspektiven der Verberuflichung in der Erwachsenenbildung, Bielefeld 2000.

NÜBEL, HANS ULRICH, Die Utopie formender Gemeinschaft. Fähig zu trauern? Fröhlich vorwärts gehen, in: JOACHIM WALTER (Hrsg.), »Spurensuche«, 75 Jahre EFH 1918–1993, 21–37.

OEVERMANN, ULRICH, Professionalisierungsbedürftigkeit und Professionalisiertheit pädagogischen Handelns, in: MARGRET KRAUL (u. a.) (Hrsg.), Biographie und Profession, Bad Heilbrunn 2002, 19–63.

PIROTH, NICOLE, Gemeindpädagogische Möglichkeitsräume biographischen Lernens. Eine empirische Studie zur Rolle der Gemeindepädagogik im Lebenslauf, Münster 2004, 328. 74–79.

PIROTH, NICOLE, Gemeindepädagogen und Pfarrer. Zwei Berufsbilder in der Perspektive von Gemeindegliedern, PGP 3/2005, 9–13

POHL-PATALONG, UTA, Pastoraltheologie, in: CHRISTIAN GRETHLEIN (u. a.) (Hrsg.), Praktische Theologie. Eine Theorie- und Problemgeschichte, Leipzig 2007, 515–574.

PÖPPING, DAGMAR (u. a.) (Hrsg.), Die Protokolle des Rates der Evangelischen Kirche in Deutschland, Band 7: 1953, Göttingen 2011.

ROLAND, URSULA, Spurensuche nach Gemeindediakonen/innen und Religionspädagogen/innen, in: JOACHIM WALTER (Hrsg.), »Spurensuche« 75 Jahre EFH 1918–1993, Freiburg 1993, 38–41.

SALOMON, ALICE, Leitfaden der Wohlfahrtspflege, 3. Aufl., Leipzig 1928.

SCHÜTZE, FRITZ, Sozialarbeit als »bescheidene« Profession, in: BERND DEWE (u. a.) (Hrsg.), Erziehen als Profession. Zur Logik professionellen Handelns in pädagogischen Feldern, Opladen 1992, 132–170.

SPENN, MATTHIAS (u. a.) (Hrsg.), Lernwelten und Bildungsorte der Gemeindepädagogik. Bedingungen, Bezüge und Perspektiven, Münster 2008.

SUIN DE BOUTEMARD, BERNHARD, Sozialer Wandel und Professionalisierung der Gemeindepädagogik, International Journal of Practical Theology 1, 1999, 14–51, 17.

WALLNER, CLAUDIA, Frauenarbeit unter Männerregie oder Männerarbeit im Frauenland? Einblicke in die Geschlechterverhältnisse sozialer Fachkräfte im Wandel Sozialer Arbeit, in: KARIN BÖLLERT (u. a.) (Hrsg.), Genderkompetenz in der Sozialen Arbeit, Wiesbaden 2008, 29–45.

WINTER, JÖRG, Die Grundordnung der Evangelischen Landeskirche in Baden. Kommentar für Praxis und Wissenschaft, Köln 2011.

Perspektiven für diakonisch-gemeindepädagogische Ausbildungs- und Berufsprofile. Tätigkeiten – Kompetenzmodell – Studium, EKD Texte 118, hrsg. vom KIRCHENAMT DER EVANGELISCHEN KIRCHE IN DEUTSCHLAND (EKD), Hannover 2014.

http://www.ekd.de/studium_bildung/studium/texte/gemischte_kommission.html, (19.02.2016).

https://www.ekd.de/presse/pm26_2015_gleichstellungsatlas.html (22.02.16).

Frauen und Wortverkündigung – Kann eine Vikarin zum Predigtamt ordiniert werden?

Eine Gegenüberstellung der Positionen von Peter Brunner (1900–1981) und Elisabeth Freiling (1908–1999) aus den Jahren 1940/41

Sarah Banhardt, Sonja Schelb

1 Einführung

Als angehende Pfarrerinnen empfanden wir es bislang als völlig selbstverständlich, auf die Ordination zuzustreben. Der Blick in die Vergangenheit hat uns allerdings in Erinnerung gerufen, dass Frauen erst um ihr Recht, Pfarrerin zu werden, kämpfen mussten. Denn lange Zeit blieb Theologinnen die Ordination verwehrt. Exemplarisch für das Ringen der Frauen um die Ordination ist die Diskussion innerhalb der Bekennenden Kirche. Zwei Positionen aus diesem Diskurs werden im Folgenden einander gegenübergestellt: der Standpunkt des Theologen Peter Brunner (1900–1981) und der Theologin Elisabeth Freiling (1908–1999).

2 Die Entwicklung kirchlicher Frauenämter

Seit Beginn des 19. Jahrhunderts hatte sich das Diakonissenamt als kirchlicher Frauenberuf in der evangelischen Kirche entwickelt. Im Bereich der inneren Mission angesiedelt, bot es Frauen eine gesellschaftlich anerkannte und gesicherte Existenz außerhalb der Ehe. Die Arbeit der Frauen war vor allem im sozialen Bereich, in der Kindererziehung, Kranken- und Altenpflege angesiedelt.

Ab dem Jahr 1900 jedoch konnten Frauen in Deutschland studieren. Baden ließ sie als erstes Land zur Immatrikulation an den Universitäten Heidelberg und Freiburg zu. Natürlich war damit auch das Theologiestudium für Frauen prinzipiell geöffnet, problematisch blieb die ersten Jahre jedoch die Frage nach einem Abschluss. Denn zu den kirchlichen Examina waren nur Männer zugelassen. Baden nahm auch hier eine Vorreiterrolle ein: Im Frühjahr 1916 legte die damals 45-jährige Elsbeth Oberbeck das Erste Theologische Examen ab. Nach dem Besuch des Predigerseminars in Heidelberg und dem Zweiten Examen fand sie eine Anstellung als Pfarrgehilfin an der Heiliggeistkirche in Heidelberg.

Ihr folgten nach und nach weitere junge Frauen, die als Pfarrgehilfinnen und Gemeindehelferinnen von den Kirchengemeinden angestellt wurden. Ihr Einsatzort war vor allem der Religionsunterricht und die Seelsorge an Frauen und Mädchen.

3 PROBLEMSTELLUNG 1940/41

Mit dem Ausbruch des Zweiten Weltkriegs änderte sich die Situation für Theologinnen grundlegend. Aufgrund des Pfarrermangels in den Gemeinden übernahmen die Gemeindehelferinnen und Pfarrgehilfinnen Aufgaben der Pfarrer. Ausnahmegenehmigungen übertrugen ihnen für die Dauer des Krieges das Hirtenamt. In der Notzeit durften Frauen predigen, Kasualien feiern und die Sakramente spenden – dies alles jedoch ohne ordiniert zu sein.

4 DIE POSITIONEN VON PETER BRUNNER UND ELISABETH FREILING

Auch in der Bekennenden Kirche wurde die Frage der Frauenordination aus akutem Anlass diskutiert. 1940 verfasste der Theologe Peter Brunner zu diesem Thema ein Gutachten, das er der Bekenntnissynode vorlegte.[1]

Aufgrund des massiven Mangels an Pfarrern und Hilfspredigern wurden in Notfällen bereits Vikarinnen eingesetzt, um Gottesdienste zu halten, die Sakramente zu verwalten, zu konfirmieren, zu trauen und zu beerdigen. Für Brunner stellt sich die Frage, ob die Ordination von Frauen die Antwort auf den Pfarrermangel ist. Es drängt, so Brunner, eine klare Beantwortung der Frage, ob die Vikarin in das Predigtamt berufen und ordiniert werden darf, zu finden. Dieser Aufgabe geht sein Gutachten nach. Doch seine Haltung zur

1 Vgl. BRUNNER, PETER: Gutachten über die Frage, ob die Vikarin in das Predigtamt berufen und ordiniert werden kann. Wuppertal, 22. November 1940, in: HERBRECHT, DAGMAR (Hrsg.): Der Streit um die Frauenordination in der Bekennenden Kirche: Quellentexte zu ihrer Geschichte im Zweiten Weltkrieg. Neukirchen-Vluyn 1997, 117–131.

Frauenordination tritt bereits zu Beginn des Aufsatzes ans Licht: »U[nseres] E[rachtens] würde eine solche Praxis bereits einen Zerfall der Kirche bedeuten.«[2]

Die Theologin Elisabeth Freiling reagierte darauf mit acht Gegenthesen.[3]

Die jeweiligen Argumente Brunners und Freilings werden im Folgenden einander im Wechsel gegenübergestellt. Dazu sind ihre Positionen in sechs Themenfelder zusammengefasst.

a) Amtsverständnis

Für Brunners Argumentation ist sein Amtsverständnis grundlegend. Dabei unterscheidet er auf neutestamentlicher Grundlage drei Weisen, wie eine Person in ein Amt eingesetzt werden kann. (1) Durch die unmittelbare Einsetzung von Christus, (2) durch die Geistgabe und schließlich (3) durch die Einsetzung der Kirche. Und eben jene dritte Weise trifft auf das Pfarramt zu: Es ist zwar von Gott gegeben, wird jedoch allein von der Kirche besetzt. Brunner fügt zudem hinzu, dass das Predigtamt zwar durch den Taufbefehl des Auferstandenen gestiftet, aber kein Teil des Priestertums aller Gläubigen ist.

Für Elisabeth Freiling ist das Hirtenamt als *ministerium verbi divini* im Glauben durch die *vocatio Christi* gestiftet und empfangen. Das gilt für Männer und Frauen gleichermaßen. Die Kirche hat die Berufung in dieses Amt durch *electio, vocatio et ordinatio* zu bestätigen. Der Taufbefehl ist für sie die Begründung des allgemeinen Priestertums der Gläubigen. Diesem ist das Amt zwar vor-, aber nicht übergeordnet.

b) Kirchliche Tradition

In seiner Argumentation gegen eine Frauenordination verweist Brunner auch auf die *gesamte* kirchliche Tradition. Eine Wortverkündigung und eine Verwaltung der Sakramente durch Frauen widerspricht genau dieser. Bislang ist die Frauenordination nur für häretische Sekten bezeichnend gewesen. Wenn diese Tradition der Kirche sodann nicht bewahrt wird, sieht Brunner für die Kirche die Gefahr, dass sie sich »geradezu in einen ›Frauenverein‹ auflösen«[4] könnte. Diese Gefahr muss seiner Ansicht nach gebannt werden.

---

2 A. a. O., 117f.

3 Vgl. Elisabeth Freiling: Kann eine Vikarin zum Predigtamt ordiniert werden? (Gegenthesen zum Gutachten von D. Peter Brunner), in: Dagmar Herbrecht (Hrsg.): Der Streit um die Frauenordination in der Bekennenden Kirche: Quellentexte zu ihrer Geschichte im Zweiten Weltkrieg. Neukirchen-Vluyn 1997, 136–138.

4 Brunner: Gutachten (s. Anm. 1), 129f.

Freiling bezieht sich auf die lutherischen Bekenntnisschriften. Diese verbinden die Wortverkündigung und die Ordination untrennbar miteinander. Wer das Evangelium verkündigt – und das tun Frauen im Religionsunterricht, bei Andachten, Gottesdiensten und in der Katechese Tag für Tag –, der muss ordiniert werden. Für Freiling ist deshalb klar: Entweder verbietet die Kirche Frauen die Wortverkündigung oder sie bestätigt ihr *ministerium verbi* durch die Ordination. Damit ist für sie auf Grundlage des lutherischen Bekenntnisses aber auch das *ministerium docendi evangelii et porrigendi sacramenta et potestas clavium* verbunden.

c) Neutestamentliche Tradition

Brunner befragt auch das Neue Testament nach Aufgaben oder Ämtern für Frauen in der Kirche. Dabei stellt er fest, dass durchaus bedeutende Frauengestalten im Neuen Testament zu finden sind – so beispielsweise Jüngerinnen, finanzkräftige Frauen, die die Sache Christi unterstützen, dienende Frauen sowie Diakonissen und Prophetinnen –, doch – und das ist das Entscheidende – eine ausdrücklich erwähnte oder von der Gemeinde eingesetzte Missionarin, Evangelistin, Lehrerin oder Gemeindeleiterin lässt sich nirgendwo finden. Auf der Grundlage des Neuen Testaments ist für Brunner das Amt einer ordinierten Pfarrerin zu verneinen.

Die Argumentation Freilings zur neutestamentlichen Tradition ist leider recht knapp. Zwar ist die Wortverkündigung von Frauen im Neuen Testament nicht explizit begründet, dies gilt aber auch für andere Traditionen der Kirche, wie z. B. die Kindertaufe.

d) Schöpfungsordnung

In seinem Hauptargument gegen ein kirchliches Lehramt von Frauen beruft sich Brunner auf die göttliche Schöpfungsordnung sowie auf 1Tim 2,11–15, 1Kor 11,1–16 und 1Kor 14,34–35. In diesen Texten sowie in der *objektiven* Seinsordnung ist nach Brunner dezidiert eine Unter- und Nachordnung der Frau gegenüber dem Mann begründet. In Berufung auf diese ist für Brunner klar: Der Frau ist das kirchliche Lehramt untersagt. Denn das Lehren schließt ein Befehlen und ein Entscheiden mit ein. Eine *lehrende* Frau erhebt sich über den Mann und setzt sich so über ihre göttliche Unter- und Nachordnung hinweg. So schreibt Brunner: »Würde jenes Reden von der Frau in der Kirche ausgeübt, dann würde damit jene von Gott gesetzte Ordnung verletzt.«[5]

---

5 A. a. O., 125.

Freilings Auseinandersetzung mit Brunners schöpfungstheologischer Argumentation zeigt deutlich, dass es ihr nicht um Frauenrechte oder Emanzipation geht. Das gesellschaftliche Rollenbild von Frauen sowie die Verhältnisbestimmung von Mann und Frau stellt sie nicht infrage. Sie sieht darin jedoch kein Hindernis für die Wortverkündigung von Theologinnen – solange sie die *gute Sitte* wahren. Die von Brunner zitierten Bibelstellen richten sich ihrer Ansicht nach nur an verheiratete Frauen, die ihren Mann und die Ehe nicht verachten sollen. Freiling plädiert deshalb dafür, bei der Schaffung eines ordinierten Frauenamtes die göttliche Schöpfungsordnung zu integrieren. Das Verhältnis von Pfarramt und Vikarinnenamt bedarf ihrer Sicht nach genauen Bestimmungen von Grenzen und Freiheiten. Dabei spielt auch das Geschlecht eine Rolle. Leitendes Kriterium bei der Verhältnisbestimmung muss aber die Liebe sein, an der sich auch die Echtheit des »Herrsein[s] des Mannes« erweist.[6]

E) TAUFE

Brunner verweist auf Gal 3,28 – sagt aber deutlich, dass die Taufe den schöpfungsgemäßen Unterschied zwischen Mann und Frau nicht auflöst. Die Verheißung des Galaterbriefs erfüllt sich erst in der Auferstehung der Toten und nicht in der gegenwärtigen Kirche. Er fährt fort: »In der Taufe gründet zwar das allgemeine Priestertum der Gläubigen und die damit verbundenen Dienste der Christen in der Gemeinde, aber nicht das Predigtamt. Denn das Predigtamt ist nicht durch die Taufe da, sondern durch Taufbefehl und Predigtbefehl des Auferstandenen.«[7]

Freilings Ausführungen zur Taufe sind wiederum sehr kurz. Wichtig ist ihr jedoch, dass der Taufbefehl in Mt 28,19 in Verbindung mit Gal 3,28 der Kirche einen Raum eröffnet, ein neues, ordiniertes Frauenamt zu schaffen. In der Alten Kirche, aber auch in der Auseinandersetzung mit dem Arierparagrafen wurden diese Räume genutzt. Weiterhin gibt sie zu bedenken, dass »in den Ordnungen des gemeindlichen Lebens die Sündenordnung der Welt weithin ihre zeichenhafte Aufhebung findet«.[8]

---

6 FREILING: Kann eine Vikarin (s. Anm. 3), 137.

7 BRUNNER: Gutachten (s. Anm. 1), 128.

8 FREILING: Kann eine Vikarin (s. Anm. 3), 137.

f) Gestaltung des kirchlichen Frauenamtes

Brunner verneint deutlich die Frauenordination, doch kennt für die heutige Frau durchaus einen legitimen Dienst in der Kirche: »Die Vikarin ist die [...] theologisch ausgebildete Diakonisse.«[9] Ihre Aufgaben liegen vor allem in den Werken der Liebe, aber auch in der Seelsorge und der Verkündigung. Ihre Zielgruppe sind Kinder, Mädchen und Frauen. Doch »[d]iesen Dienst kann sie nicht selbständig, sondern nur in Verbindung mit dem Hirten der Gemeinde zu dessen Unterstützung ausführen. Ihr Dienst muß dem des Hirten zu- und nachgeordnet bleiben.«[10]

Freilings Forderung mag aus heutiger Sicht vielleicht manchen enttäuschen. Sie fordert keine allgemeine Gleichberechtigung von Frauen oder gar den Wandel des gesellschaftlichen Rollenverständnisses. Ihr Ziel ist es, die Ordination und die damit verbundenen Rechte auch Frauen zukommen zu lassen. Denn damit wird die bereits stattfindende Praxis der Wortverkündigung und Sakramentspendung auf den Boden des lutherischen Bekenntnisses gestellt.

5 Fazit

Brunners logisch-konsequenter Argumentationsgang wirkt erstaunlich oft sehr stimmig. Die bisweilen sehr knappe Exegese der Vertreterin unseres Geschlechts enttäuscht dagegen an manchen Stellen. Freilings Positionspapier birgt viel Potenzial, das sie leider nicht ausgeschöpft hat. Die Darlegung ihres Amtsverständnisses überzeugt allerdings. Aus heutiger Perspektive erscheint es jedoch verwunderlich, dass sie Gal 3,28 in der Auseinandersetzung nicht noch stärker gemacht hat. Denn dies ist für uns eines der überzeugendsten Argumente.

Die Gegenüberstellung der Positionen Freilings und Brunners geben einen Einblick in das Ringen der Theologinnen um die Frauenordination. In der evangelischen Landeskirche in Baden wurden noch während des Krieges 1944 die ersten neun Theologinnen nach einem besonderen Formular eingesegnet. Erst 14 Jahre später wurden die ersten Vikarinnen ordiniert – wiederum nach einem speziellen Formular. 1971 wurden Frauen in der letzten Sitzung der amtierenden Landessynode ihren männlichen Kollegen

---

9 Brunner: Gutachten (s. Anm. 1), 128.

10 A. a. O., 128.

endgültig gleichgestellt: »Pfarrer im Sinne der Grundordnung ist auch die Pfarrerin.«[11]

Quellen

BRUNNER, PETER: Gutachten über die Frage, ob die Vikarin in das Predigtamt berufen und ordiniert werden kann. Wuppertal, 22. November 1940, in: DAGMAR HERBRECHT (Hrsg.): Der Streit um die Frauenordination in der Bekennenden Kirche: Quellentexte zu ihrer Geschichte im Zweiten Weltkrieg. Neukirchen-Vluyn 1997, 117–131.

FREILING, ELISABETH: Kann eine Vikarin zum Predigtamt ordiniert werden? (Gegenthesen zum Gutachten von D. Peter Brunner), in: DAGMAR HERBRECHT (Hrsg.): Der Streit um die Frauenordination in der Bekennenden Kirche: Quellentexte zu ihrer Geschichte im Zweiten Weltkrieg. Neukirchen-Vluyn 1997, 136–138.

EOK (Hrsg.): 2. Sitzung der 11. Tagung der 1965 gew. Landessynode, Karlsruhe 1971.

---

11 EOK (Hrsg.): 2. Sitzung der 11. Tagung der 1965 gew. Landessynode, Karlsruhe 1971, 42.

»Mit dem Scharblick der Liebe« oder »Vaterländische Pflicht«?

Das Müttererholungsheim Sonnenhaus

Brigitte Übel

In der unmittelbaren Nachkriegszeit schienen neben den hilfsbedürftigen Kindern auch die im Krieg zu allen Opfern bereiten und jetzt gänzlich erschöpften Mütter eine besondere Fürsorge zu benötigen. Während Staat und Kommunen im Zuge sinkender Geburtenzahlen in erster Linie Schwangeren und Gebärenden diesen Schutz gewährten, wurden im Zusammenhang mit dem allgemeinen Ausbau der Gesundheitsfürsorge auch Forderungen einer Erholungsfürsorge für Mütter laut.[1] Marie Baum sprach in diesem Zusammenhang von einem geradezu »schreienden Bedürfnis« für Hausfrauen und Mütter. Der badische Landesverband für christliche Mütter e. V. rief 1919 unter Berufung auf die vaterländische Pflicht zu einer großen Sammel- und Spendenaktion auf und leistete 1920 in Baden mit der Eröffnung eines Müttererholungsheimes in Griesbach Pionierarbeit.[2] Auch der Evangelische Frauenverband für Innere Mission in Baden erkannte die Notwendigkeit dieses Fürsorgezweiges, hatte aber zunächst nicht die Mittel, ein eigenes Heim zu erwerben, sondern vermittelte Kuraufenthalte in verschiedenen Einrichtungen. 1924 konnte der Verband mit dem Haus Gottestreue, einem Erholungsheim für Diakonissen in Badenweiler, und der Villa Charlottenruhe in Bad Herrenalb, dem Landesverband der Inneren Mission gehörig, jeweils vier bis fünf Belegbetten reservieren. Eine vierwöchige Kur kostete 60 Reichsmark,

---

1 Unter Erholungsfürsorge im weitesten Sinne verstand man Mittel und Maßnahmen, die der körperlichen und geistigen Erholung der Personenkreise dienen sollten, die sich aus eigenen Kräften diese gesundheitliche Hilfe nicht oder nur ungenügend verschaffen konnten. Vgl. Art.: Erholungsfürsorge. In: Handwörterbuch der Wohlfahrtspflege. Hrsg. von Julia Dünner. 2. überarbeitete Auflage, Berlin 1929.

2 Marie Baum u. a.: Grundriss der Gesundheitsfürsorge. München 1923. 063-180 Merkblatt und Spendenaufruf.

ein Drittel davon zahlte der Verband, ein Drittel die Frau selbst und ein Drittel sollte durch Krankenkassen, Fürsorgeverbände »oder anderweitig« finanziert werden. Krankenkassen und Reichsangestelltenversicherung sahen jedoch eine vorbeugende Müttererholung nicht vor. In einem Rundschreiben betonte die Vorsitzende Frau von Marschall, dass diese Art der Fürsorge bist jetzt fast ausschließlich durch Spenden aus den USA und Schweden ermöglicht wurde, und riet dazu, »dass uns hierfür hier und da etwas von deutscher Seite gegeben wird«. Einige Monate später wiederholte der Verband seinen Spendenaufruf mit dem Hinweis: »Wohl ist die Geldknappheit groß und doch möchte der Verband bitten, denkt an unsere Mütter, besonders an unsere kinderreichen Witwen, deren Kraft ihren Familien zu erhalten auch eine vaterländische Pflicht ist«.[3] Ab 1922 bezuschusste das Arbeitsministerium die Kuren unter der Voraussetzung, dass Bedürftigkeit vorherrschte, die Kinder unter 14 Jahren, alt waren und von der Mutter selbst versorgt wurden. Damit waren Frauen, die gerade wegen zu geringen oder fehlenden Verdienstes des Ehemanns mitarbeiten mussten und daher einer Doppelbelastung ausgesetzt waren, von dieser Unterstützung ausgeschlossen.[4]

Im darauffolgenden Jahr verkündete der Frauenverband, dass er in den letzten zweieinhalb Jahren ca. 200 Frauen und Müttern, vor allem aus dem Mittelstand, einen mehrwöchigen Erholungsaufenthalt ermöglicht habe. Da sich die Gesuche häuften und sich die gesamtwirtschaftliche Lage zu stabilisieren begann, fasste der Frauenverband nun den Kauf eines eigenen Hauses ins Auge.

In der ehemaligen »Pension Minerva« fand man das geeignete Objekt: »ein Haus, das alles zu vereinen schien, was wir brauchen. Gut gebaut, in gutem Zustand, ganz und zwar sehr gut eingerichtet, [...] in einer Höhe von 760 m gelegen, dicht am Wald und doch in nächster Nähe des Städtchens Königsfeld.« Auch der für ein Gutachten zurate gezogene Baurat Noll bestätigte, dass das 1912 erbaute Haus eine gute Bausubstanz habe und die Räumlichkeiten für den Zweck der Müttererholung geeignet seien. Mit dreißig Gästezimmern, mehreren Wirtschaftsräumen, großer Küche und Speisezahl bot es genügend Raum, besaß aber einen »familienfreundlichen Charakter«. Aller-

---

3 063-138 Rundschreiben 1 vom 2. März 1924.

4 Ein Überblick, wie viele dieser Frauen in den Genuss der Zuschüsse kamen, kann hier im Gesamten nicht gegeben werden. Aber im Winter 1924/25 beantragte der Verband für fünf Frauen und 150 Verpflegungstage Zuschüsse. Ein Verpflegungstag kostete 4 Mark 063-180 Schreiben an den Minister des Innern vom 30. März 1925.

dings gab es nur ein Badezimmer und drei Toiletten. Zum Haus gehörten ein Garten sowie zwei unbebaute Grundstückflächen. Für 70.000 Reichsmark erwarb der Frauenverband schließlich die Pension. Da nur 10.000 Reichsmark Eigenkapital vorhanden waren, mussten verschiedene Darlehen aufgenommen werden. Mit Spenden und Privatdarlehen versuchte man, Bankkredite mit hohen Zinsen zu vermeiden, was nicht immer gelang. Königsfeld, eine Gründung der Herrnhuter Brüdergemeine, hatte sich ab 1900 zu einem viel besuchten Kurort gewandelt, hob sich aber bewusst von den »mondänen« Kurstädten ab.[5] Denn neben »leiblicher« wollten die Herrnhuter den Erholungssuchenden auch »geistliche Speise« bieten, z. B. durch Fremdensegnungen und Morgenandachten. Dieser »besondere Charakter« stellte sicher bei der Wahl des Ortes ein wichtiges Kriterium dar. Unter den Gemeinen fand man auch die geeignete Person zur Leitung des zukünftigen Heims. Frl. Hanna Karlowa, eine Diakonissin, die bis 1918 in Straßburg tätig war und seit fünf Jahren in Königsfeld ansässig. In ihrer Wahl sah Frau von Marschall, die Erste Vorsitzende, die beste Gewährleistung, dass »neben körperlicher Erholung auch die geistige und geistliche Stärkung im Hause vorhanden sein wird [...]. Ihr Wesen und ihre vielseitige Ausbildung gewährleisten einen stillen Einfluss in unserem Sinn.«[6] Wegen der Finanznot blieb für zusätzliche Renovierungsarbeiten und notwendige Anschaffungen kein Geld übrig. So dämpfte Pfarrer Werner die Erwartungen der neuen Heimleiterin: »Bitte die Küche nur streichen zu lassen, wenn nötig« und »von neuen Tapeten kann gar keine Rede sein. Ich werde mein Allermöglichstes tun, um Frl. Karlowa in den allernächsten Tagen 500 RM zuschicken, woher ich sie aber nehme, weiß ich selbst nicht.«[7] So waren Spenden aller Art willkommen. Und immer wieder appellierte der Verband in seinen Rundschreiben, ihn in seinem Vorhaben zu unterstützen. Neben Geld waren auch Sachspenden jeglicher Art willkommen. Vom Harmonium bis zu Hausrat und Lebensmitteln, aber auch Bibeln und Gesangbücher, alles wurde dankend angenommen, um den Betrieb schnellstmöglich aufnehmen zu können. Frau von Marschall spendete einen Liegestuhl, ein Gästebuch sowie Kartoffeln und Äpfel, Frau Prälat Schmitthenner steuerte »Topfanfasser« bei. Auch in den folgenden Jahren flossen

---

5 Zur Geschichte Königsfelds und der Herrnhuter Gemeinde siehe: Gerhard Heyde: Die Geschichte Königsfelds. 1807–1912. Königsfeld 1912. Gemeinde Königsfeld (Hrsg.) Aus der Geschichte der Gemeinde Königsfeld und ihrer Ortsteile. Königsfeld 1986.

6 063–58 Schreiben vom 16. Oktober 1925 an den Centralausschuss für Innere Mission.

7 063–58 Schreiben von Pfarrer Werner vom 30. Oktober 1925.

dem Heim zahlreiche Sachspenden zu. So mancher Spender nutzte hier sicher die Gelegenheit, mildtätiges Handeln mit der Entrümpelung seines Hausrates zu verbinden. Daher organisierte man 1929 eine Verlosung der *»geschenkten Artikel«.*[8]

Am 15. Oktober 1925 trat Frl. Karlowa ihren Dienst an und bereitete das Haus zur Eröffnung vor. Nachdem Pfarrer Werner die Diakonissin aufgefordert hatte, keine Neuanschaffungen zu machen, und ihr erklärte, dass kaum Betriebsmittel frei wären, schalteten sich Frau von Marschall und Baurat Noll ein:

> »Frl. Karlowa ist schwer daran, Luft, Licht und Sauberkeit zu schaffen. [...] Die Arbeiten müssen gemacht werden, diese erfordern vielmehr Kräfte und Geld. Zum Reinemachen, zum Waschen, vor allem der Bettwäsche, zum Herrichten von Vorhängen, zum vorteilhaften Verstellen der Einrichtungen in den Räumen [...], das Haus soll in Betrieb genommen werden. Das erfordert Material. Es muß auch geheizt werden, in der Küche muß gekocht werden. Nicht nur das, die Dinge sind als Wintervorrat einzulagern. [...] Soll ich noch mehr aufzählen? Das heißt, man braucht Geld. Ich bin erschrocken, als ich auf meine Frage hörte, was an Betriebsmitteln zur Verfügung gestellt worden sei: das geht so einfach nicht. Wenn man etwas in Betrieb setzen will, das den Umfang des Sonnenhauses hat, muß man darauf gefaßt sein, Geld in Mengen ausgeben zu können. Ohne Sorge: Es muß gespart werden an allen Ecken und Kanten. Aber es kann nicht von der Luft gelebt, gekocht und geschaltet werden. [...] laßt einen zukunftssicheren Betrieb nicht mit Sterben beginnen.«[9]

Am 1. November 1925 öffnete das Heim seine Pforten, und 14 Tage später erfolgte die feierliche Einweihung des Hauses. In der Weiherede lobte der aus Villingen angereiste Dekan den » Scharfblick der Liebe«, mit dem die Innere Mission es immer verstanden habe, Lücken in dem Netz von Anstalten zu entdecken, und erkannte, wie notwendig ein solches Heim sei. Die vom Frauenverband erbrachte Leistung, auf dessen Schultern nun die Verantwortung für das Unternehmen ruhte, erwähnte er in diesem Zusammenhang jedoch nicht.[10]

---

8 063-58 Dankschreiben für Spenden, ohne Datum. Zur Lotterie vgl. 14. Jahresbericht des Evangelischen Frauenverbandes für Innere Mission in Baden vom 1. Januar bis 31. Dezember 1929, 2.

9 063-29 Schreiben an Pfarrer Werner vom 21. Oktober 1925.

10 063-58 Weiherede vom 16. November 1925.

Die favorisierte Zielgruppe im Sonnenhaus waren nicht allein erholungsbedürftige Mütter, sondern auch von Anfang an alleinstehende berufstätige, vorwiegend in sozialen Berufen tätige Frauen. Sicher eine Referenz an die Neue Zeit, in der zunehmend Frauen aus der Mittelschicht ihre Mütterlichkeit professionalisierten, aber auch eine finanziell berechenbare Größe, da diese Frauen versicherungspflichtig waren. Ursprünglich nicht geplant, aber durch die Schuldenlast notwendig geworden, öffnete man das Haus von Anbeginn auch für Urlaubsgäste, so dass ein eigenartiger Mischbetrieb zwischen Kur- und Gästehaus entstand. In der Korrespondenz zwischen den Verbandsvorsitzenden und der jeweiligen Heimleitung spielte daher die Frage der Gruppenzusammensetzung und der mehr oder weniger vorhandenen Harmonie eine nicht unwesentliche Rolle.

Bei der Ausgestaltung des Kuralltags hatte Frau von Marschall genaue Vorstellungen, sie wies die Leiterin an, eine Hausordnung aufzustellen. Eindringlich bat sie darum, auf »zeitiges Zubettgehen und frühes Aufstehen« sowie auf regelmäßige Spaziergänge und Ruhezeiten zu achten. »Alles muss streng und pünktlich eingehalten werden. Die Kost soll kräftig und gut, aber einfach sein.«[11] Dies entsprach den im zeitgenössischen Kurbetrieb angewandten natürlichen Erholungsmitteln Ernährung, Schlaf und Atmung, denen »Ordnung und Pünktlichkeit« als Kurmittel übergeordnet waren und durch Sonnenbäder, Wanderungen etc. ergänzt werden konnten.[12]

Die Platzvergabe erfolgte nach wie vor über Frau Amtsdirektorin Kaiser in Karlsruhe. Pfarrer und Gemeindehelferinnen dienten vor Ort als Anlaufstelle. Das Finanzierungsmodell aus den Anfangsjahren wurde prinzipiell beibehalten. Dazu kamen aus Spenden finanzierte Freiplätze. Die Absicht, »Frauen aus allen Ständen« aufnehmen zu wollen, entsprach den zeitgenössischen Prämissen in der Gesundheitsfürsorge, die klassenübergreifend auf die Gesundung des gesamten Volkskörpers hinarbeitete. Die Aufnahme »einfacher Frauen« fand dann auch erst ab den 1930er Jahren vermehrt statt. Schon die Liste der mitzubringenden Utensilien – neben Bettwäsche, Handtüchern, Hausschuhen und warmer Kleidung sollten die Kurgäste Servietten und kleine Kissen mitbringen – wirkte hier sicher selektierend.[13] Neben den rein erholungssuchenden Kurgästen gab es auch immer wieder Frauen, die einer medizinischen Versorgung bedurften. In diesen Fällen übernahmen die ortsansässigen Kurärzte, die zum Teil weit über Königsfeld hinaus in Fach-

---

11 063-29 Aktennotiz ohne Datum.

12 Vgl. KARL BEHM: Erholungsfürsorge. Leipzig 1926, 27ff.

13 063-58 Zu beachten bei Meldungen im Müttererholungsheim Sonnenhaus.

kreisen bekannt waren, die Betreuung.[14] Trotz der finanziellen Nöte begann man den Betrieb hoffnungsfroh und war sich sicher, dass er bald seinem eigentlichen Zweck der Erholung erschöpfter Mütter und Frauen dienen konnte. Zum Bedauern der Verantwortlichen erfüllte sich diese Erwartung in den nächsten Jahren nicht. Konnten die großen Wohlfahrtsverbände in den Anfangsjahren der Weimarer Republik den Ausbau ihrer verschiedenen Fürsorgemaßnahmen noch mit Spenden aus dem Ausland und Zuschüssen des Reichsarbeitsministeriums finanzieren, so versiegten diese Quellen ab 1925 zunehmend. Mit dem Ausbruch der Weltwirtschaftskrise verschlechterte sich die Finanzlage des Centralausschusses, was Kürzungen und Streichungen von Zuschüssen und Beihilfen zur Folge hatte.[15] Um die kritische Situation zu entschärfen, plädierte Frau von Marschall für den Verkauf eines Teilgrundstückes, den sie gegen die Empfehlung von Baurat Noll durchsetzte. Allerdings gelang es ihr nicht, in das Grundbuch den Vermerk einfügen zu lassen, dass der neue Käufer sich verpflichtet, bei Wiederveräußerung das Grundstück nicht an einen Katholiken zu verkaufen.

Konkurrenz entstand der Mütterverschickung »im eigenen Hause« mit dem Ausbau der Hauspflege, war es doch günstiger und gesellschaftlich akzeptierter, Müttern eine »Erholung« durch zusätzliche Hilfe im eigenen Haushalt zu gewähren. Die anfangs anvisierte »ganz kleine Zahl« an Urlaubsgästen, denen zum Preis von sechs Mark. täglich ein Einzelzimmer und »Bedienung« zur Verfügung standen, entpuppte sich daher als relativ konstante Einnahmequelle. Im Gegensatz zu den selbstzahlenden Gästen mussten die Mütter auch »kleine Arbeiten« leisten, z. B. ihr Zimmer selbst reinigen, Tisch decken usw. Frau von Marschall, die sich persönlich der Einrichtung eng verbunden fühlte, hielt sich mindestens dreimal im Jahr im Sonnenhaus auf. Auch für andere Funktionärinnen und Mitglieder des Verbandes wurde die Einrichtung zu einem beliebten Erholungsort. Die Erste Vorsitzende kam sicherlich nicht nur zu reinen Erholungszwecken, sondern überzeugte sich gerne selbst vor Ort, dass das Haus ordnungsgemäß geführt wurde. In die Arbeit der Haus-

14 So z. B. Dr. Heisler, er propagierte als einer der Ersten den psychosomatischen Ansatz und entwickelte Heilmittel wie die Kaffeekohle (Carbo Königsfeld). 1952 wurde er vom Deutschen Ärztetag mit der Paracelsus-Medaille geehrt.

15 Unter anderem verringerten sich die Reichssubventionen von 20 Mio. RM im Jahr 1923 auf 6 Mio. RM im Jahr 1926. siehe: Peter Hammerschmidt: Die Wohlfahrtsverbände im NS-Staat. Opladen 1999, 84. Zum: Konkurs der »Hilfskasse« und Zusammenbruch der Deutschen Evangelischen Heimstättengesellschaft m. b. H. (DEVAHEIM) – vgl. Peter Hammerschmidt: Die Wohlfahrtsverbände im NS-Staat, 117ff.

mutter Frl. Karlowa hatte sie volles Vertrauen, musste aber eingestehen, dass eine der Schwächen der Heimleiterin »alles Schriftliche« war. Dies zeigte sich 1928, als es zu Unregelmäßigkeiten in der Buchführung kam. Pfarrer Werner machte darauf aufmerksam, dass die Rechnungsführung der Hausmutter kaum nachvollziehbar sei, sie das Heim mit ihren Ersparnissen in Höhe von 1000 Reichsmark bezuschusst habe und so ein falsches Bild von der eigentlichen Rentabilität der Einrichtung entstanden sei. Als Pfarrer Werner auf mehr Ordnung in der Buchführung drängte, verärgerte er mit seiner Ermahnung nicht nur die Hausmutter, sondern verstimmte auch Frau von Marschall. »[S]o kann ich mir nicht vorstellen, daß Frl. Karlowa Rechnungen doppelt bezahlt hat. Ich halte für möglich, daß da rechnerische Fehler vorliegen und will mir die Bücher darauf hin noch einmal ansehen.«[16] Während selbst Frau von Marschall in dieser Hinsicht Schwächen einräumen musste, verteidigte sie Frl. Karlowa gegenüber der späteren Landesführerin Fr. Dr. Schumacher vehement und betonte, diese sei die »Selbstlosigkeit in Person, zu jedem Opfer bereit und scheue keine Mühen. Sie bemühte sich bei Tisch trotz ihrer Müdigkeit, Gespräche in Gang zu bringen, beschäftigte sich abends mit den Müttern, und viele schütteten ihr ihr Herz aus.« In der Tat muss das von Frl. Karlowa geleistete Arbeitspensum enorm gewesen sein. Das verbindet sie mit ihren beiden Nachfolgerinnen Frl. Grete Lenzen und Frl. Elsa Nassauer. Die zeitweilig angestellten Wirtschafterinnen und Hausmädchen verließen das Haus oftmals wieder recht schnell. Blieben sie länger, dann meistens aus persönlicher Zuneigung zu ihrer unmittelbaren Vorgesetzten. War eine Stelle unbesetzt, konnte es einige Wochen bis Monate dauern, bis Ersatz gefunden wurde. Die Hausmütter selbst versuchten zeitweise, die Personalkosten möglichst niedrig zu halten, und verzichteten freiwillig auf zeitnahe Wiedereinstellung des Personals.

Im Jahr 1929 betreuten die Mitarbeiter 42 Gäste und 71 Mütter mit insgesamt 3.875 Verpflegungstagen, was einer Belegungsrate von ca. 43 Prozent entsprach. Mit der Durchführung von Mütterfreizeiten konnte man den Gästekreis in der Nebensaison etwas erweitern, auch befanden sich ab 1934 die ersten NSV-Frauen unter den Kurgästen. Aber selbst in einem relativ gut besuchten Jahr wie z. B. 1935 betrug die Auslastung ca. 63 Prozent bei 5.717 Verpflegungstagen, im »Krisenjahr« 1937 dann noch lediglich 21 Prozent bei 1.958 Verpflegungstagen.[17] Eine gegenteilige Entwicklung zeigten die Zahlen

16 063-180: Schreiben vom 30. März 1928 und vom 26. März 1928.

17 Der Berechnung liegen eine Mindestbelegzahl von 30 Betten und eine zehnmonatige Betriebszeit zugrunde. Zu den Verpflegungstagen vgl. 14. Jahresbericht des Evangelischen

der Mütterverschickung durch die Nationalsozialistische Volkswohlfahrt (NSV). Zwar nutzten die Machthaber das Angebot vorhandener Einrichtungen, führten diese Maßnahme aber zunehmend als örtliche Erholungspflege in eigenen NSV-Müttererholungsheimen durch.[18] 1934 lenkte Fr. Dr. Schumacher als Landesführerin in dem neu strukturierten Frauenwerk die Geschicke des Sonnenhauses.[19] Die Zusammenarbeit mit der langjährigen Hausmutter gestaltete sich zunehmend schwieriger. Es beschwerten sich öfters Besucher über die Heimleiterin. Fr. Dr. Schenck, die Leiterin der sozialen Frauenschule in Freiburg, betrachtete sich die Verhältnisse vor Ort und stellte fest, dass die Schwierigkeiten vor allem im Umgang »mit den einfachen Frauen« lägen, und betonte, dass aber »gerade darin die eigentliche Aufgabe des Sonnenhauses liege«[20]. Fr. Dr. Schumacher bemühte sich, die Differenzen im persönlichen Gespräch auszuräumen, aber ohne Erfolg. Nachdem sie als letzte Maßnahme die Kündigung der langjährigen Mitarbeiterin in Betracht zog, schaltete sich noch einmal Frau von Marschall ein und verschaffte Frl. Karlowa eine Stelle in Berlin. Wie angespannt und zerrüttet das Verhältnis zwischen der Landesführerin und der Heimleiterin war, kann man daran erkennen, dass die Hausmutter vor ihrer Abreise nach Berlin die gesamte Korrespondenz des Sonnenhauses verbrannte und nur unter dem Hinweis, dass es Eigentum des Frauenwerks sei, das Gästebuch nicht mitgenommen hat. Sichtlich erleichtert schreibt Fr. Dr. Schumacher 1935 an Frau von Marschall: »Die sorgenvolle Frage Sonnenhaus hoffe ich jetzt auch befriedigend geklärt zu haben.«[21]

Die Leitung des Hauses erhielt Frl. Lenzen. Fr. Dr. Schumacher kannte die neue Hausmutter aus Pforzheim, wo diese mit ihrem Mann, dem Jugend- und Wohlfahrtspfarrer Dr. Oskar Schumacher, bereits zusammengearbeitet hatte.

Frauenverbandes für Innere Mission in Baden vom 1. Januar bis 31. Dezember 1929, 2; 063-58 Jahresabrechnung 1935; SPA 1300 Jahresabrechnung 1937. Schreiben vom 14. März 1935 an Frau Schumacher 063-107.

18 Zur NSV und dem Hilfswerk »Mutter und Kind« siehe: Herwart Vorländer: Die NSV. Darstellung und Dokumentation einer nationalsozialistischen Organisation (Schriften des Bundesarchivs 35), Boppard am Rhein 1988.

19 Zur Geschichte der Frauenarbeit im Nationalsozialismus und Frau Dr. Schumacher siehe Heide-Marie Lauterer: Frauen in die Männerkirche. In: Ev. Frauenarbeit in Baden (Hrsg.): Kraft und Würde sind ihr Gewand und sie lacht des kommenden Tages. Karlsruhe 2006, 22 ff.

20 063-107 Schreiben von Fr. Dr. Schenk vom 14. März 1935.

21 SPA 14300 Schreiben an Frau von Marschall vom 27. Dezember 1935.

Zwischen den beiden Frauen bestand ein enges Vertrauensverhältnis, das zwar von Standesdenken geprägt war, aber auch von gegenseitigem Respekt und persönlicher Zuneigung. Frl. Lenzen ging mit vollem Elan an ihre neue Aufgabe. Sie versuchte rückwirkend, eine Statistik der Besucher aufzustellen, aber weder im Rathaus noch über den Verband konnte sie die dafür notwendigen Informationen erhalten. Renovierungsarbeiten mussten bei dem mittlerweile über 20 Jahre alten Inventar dringend in Angriff genommen werden. So ließ Frl. Lenzen unter anderem den Waschkessel erneuern und morsche Pfähle an der Liegehalle ausbessern. Am Ende des ersten Dienstjahres berichtete die neue Hausmutter: »Es ist allerhand an Reparaturen und Anschaffungen gewesen. Hoffentlich war das das schlimmste Jahr und das nächste wird besser.« Wegen der niedrigen Rentabilität und der immer knapper werdenden Zuschüsse und Spendeneinnahmen musste Frl. Lenzen in ihrem Elan gebremst werden. »Leider haben wir keine Gönner mit großem Geldbeutel, höchstens einige mit großem Herzen bei uns.«[22] Die Personalsituation hatte sich zwischenzeitlich wieder etwas gebessert. Neben einer Köchin standen Frl. Lenzen zwei 15-jährige weibliche Hilfskräfte zur Verfügung und eine Wirtschafterin, die allerdings aufgrund der Arbeitsüberlastung das Haus bald wieder verließ. In der Hochsaison arbeiteten die Frauen von morgens sechs Uhr bis abends 21 Uhr. Einen Einblick in den arbeitsreichen Alltag gibt ein Bericht von Frl. Lenzen:

> »Diese Woche versetzte uns unsere Waschfrau mal wieder und da alles gerichtet, z. T. vorgekocht war, mussten wir allein damit fertig werden. Ich stand den ganzen Vormittag allein in der Waschküche, weil die Mädchen und Frl. Voland im Haus und in der Küche zu tun hatten, nachmittags halfen sie dann abwechslungsweise. Trotz des schlechten Wetters am Vormittag brachten wir bis auf die bunte Wäsche noch alles trocken. Und hatten bis zum Abendbrot alles fertig, sogar schon die Waschküche geputzt. Aber meine Hände sind sehr mitgenommen und mein Kreuz spürt diesen Waschtag.«[23]

Trotz mancher Verschönerungsarbeiten, zu der unter anderem die Gestaltung einer »*Schwarzwaldstube*« gehörte, war unverkennbar, dass sich ein enormer Renovierungsstau angesammelt hatte.[24] Um die Betriebskosten zu senken,

---

22 SPA 14300 Schreiben von Fr. Dr. Schumacher vom 16. Mai 1936.

23 063-58 Bericht von Frl. Lenzen vom 23. Oktober 1936.

24 SPA 14301 Schreiben von Frl. Lenzen vom 26. April.1938.

schlug Frl. Lenzen vor, auch in den Sommermonaten mehr zahlende Gäste aufzunehmen; dies lehnte Fr. Dr. Schumacher kategorisch ab, weil sich das gegen die ursprüngliche Intention des Vorhabens richtete: »dann entkleiden wir dem Haus dadurch ganz seinen ursprünglichen Sinn«. Ausnahmen sollten nur für bestimmte Frauen gelten – wie Frau R.,

> »die früh Witwe war, ständig für kranke Kinder und ihre Mutter sorgen musste, sich selbst nie etwas gönnte, dann sind das genau die Frauen (sie arbeitet so gut in Karlsruhe) mit, die wir haben wollen. Sie ist also unbedingt aufzunehmen, auch wenn sie selbst zahlt. Aber fremde Gäste würde ich nach Möglichkeit nicht in der Ferienzeit aufnehmen.«[25]

Unermüdlich bemühte sich Frl. Lenzen, mehr Gäste und Mütter in die Einrichtung zu bringen. Sie warb im Ort um Gäste für den Mittagstisch, lud Gemeindehelferinnen zur Besichtigung des Hauses ein, damit diese Mütter schicken. In den überfüllten Sommermonaten stellte sie ihr eigenes Zimmer und das der Dienstmädchen den Gästen zur Verfügung und zog in den Speicher. Aber nicht nur ihre Tüchtigkeit, auch die innere Einstellung der Leiterin überzeugte Fr. Dr. Schumacher. Frl. Lenzen war Mitglied der Bekennenden Kirche und hielt wie ihre Vorgängerin engen Kontakt zu den Brüdergemeinen in Königsfeld. Mit deren Unterstützung bemühte sie sich, den Frauen ein »abwechslungsreiches« Programm zu bieten. Es fanden Sing- und Spielabende statt, die zum Teil von den Brüdergemeinen geleitet wurden. Einmal in der Woche standen jeweils »Radio« und »Unterhaltung« auf dem Programm, und es gab Vorlese- und Handarbeitsabende. Ferner konnten die Mütter in Königsfeld verschiedene Bibelkurse und Vorträge besuchen. Im Sommer ergänzten neben den Wanderungen in der Umgebung Tagesausflüge z. B. nach Triberg das Programm. »Gerade die primitiven schüchternen kamen bei ihr zu ihrem Recht«, urteilte Fr. Dr. Schumacher rückblickend.[26] Aber sie beklagte auch die von den Pfarrgemeinden getroffene Auswahl:

> »[…] aber das, was, abgesehen vom Finanziellen, mich immer stärker beunruhigt, bleibt das ungelöste Problem, daß wir immer weniger kirchennahe als die Kirche ausnützende Elemente aus den Gemeinden in unser Haus erhalten. Genau das, was wir etwa von der NSV sagen, daß die Familien, die es am besten verstehen

25 SPA 14301 Schreiben von Fr. Dr. Schumacher vom 16. Mai 1938.

26 SPA14300 Schreiben von Fr. Dr. Schumacher vom 27. Juli 1942.

> zu betteln, das dickste Stück erwischen und dass es sich bei den Insassen in prozentual nur seltenen Fällen um die Stützen unserer Gemeinden und treue Gemeindemitglieder handelt. [...] nur so kann man den Zweck Erholung und Ausrichtung nach der Kirche für die Leitung und Träger befriedigend nennen. [...] Dann wäre die Arbeit für sie leichter und befriedigender. An der Teuerung, an der Knappheit kirchlicher Gelder können wir nicht rütteln, aber gerade weil es so ist, müssen die Geistlichen ihre Wahl überprüfen.«[27]

Enttäuscht waren die Akteurinnen vor allem von den Pfarrgemeinden, die nicht nur die falschen Mütter auswählten, sondern insgesamt zu wenige Frauen schickten. 1937 ergriff Fr. Dr. Schumacher die Initiative und machte beim Landesverband der Inneren Mission und der Landeskirche deutlich, dass es so mit dem Sonnenhaus nicht weitergehen könne. Sie drängte darauf, Missstände abzuschaffen. Zur Bekräftigung ihrer Argumente ließ sie ein Gutachten erstellen, in dem bestätigt wurde, dass vermehrt ungeeignete Einweisungen (alte und kranke Menschen) erfolgten und in den Sommermonaten das Haus zu stark belegt sei, wodurch eine Überforderung der Angestellten entstehe. Auch müssten die sanitären Anlagen, die nach wie vor auf dem Stand von 1912 waren, dringend erneuert und der Speicher ausgebaut werden.[28] Die Frage, wie es mit dem Sonnenhaus zukünftig weitergehen soll, wurde nun diskutiert. Dem Frauenwerk lag nach wie vor ein »Nurmüttererholungsheim« am Herzen. Die Frauen waren sich aber bewusst, dass »die Mütterverschickung nach der momentanen Lage der Pfarrgemeinden nicht verspricht, in Kürze einen Aufschwung zu erfahren«. Von einer Preiserhöhung riet Frl. Lenzen vorerst ab, da der Vorschlag während der Saison kam und in den Prospekten und Inseraten die alten Preise genannt wurden. Viele Gäste kamen ihrer Meinung nach »auf Grund der Preise und nicht aus »Liebhaberei zum Haus zu uns oder weil es ein christliches Heim ist. Das ist vielleicht bei zehn Prozent der Gäste der Fall. Die Leute kommen, weil sie eine billige Pension suchen, und nehmen dafür in Kauf, daß sie einige Arbeiten tun müssen (Betten machen, Hilfe beim Tischdecken etc.).«[29] Aus den Akten ist nicht ersichtlich, wer zum ersten Mal auf den Gedanken kam, das Sonnenhaus durch

---

27 SPA 3401 Schreiben von Fr. Dr. Schumacher vom 30. August 1938. Zum Kirchenkampf und den Folgen für die Landeskirche und dem Landesverband für Innere Mission siehe: Rolf-Ulrich Kunze: »Möge Gott unserer Kirche helfen!«. Stuttgart 2015, 71 ff.

28 SPA 14300 Schreiben an Dr. Dewitz vom 12. Januar 1937.

29 SPA 14300 Schreiben von Frl. Lenzen ohne Datum.

einen Anbau zu erweitern, um Dauergäste aufnehmen zu können, sprich den Betrieb zum Teil in ein Altersheim umzuwandeln. Fr. Dr. Schumacher und Frl. Lenzen setzten sich aber massiv für diese Idee ein. Als die Landesführerin diesen Plan den Oberkirchenräten Bender und Friedrich vorstellte, waren die beiden Herren skeptisch, da man glaubte, nicht genügend Dauergäste in das entlegene Königsfeld locken zu können. OK Friedrich verwies zusätzlich auf die akute Geldknappheit und machte der Landesführerin deutlich, dass das Sonnenhaus keine nennenswerten Geldbeträge zu erwarten habe – damit stünden auch keine Mittel zur dringend notwendig gewordenen Renovierung des Hauses zur Verfügung. Frei werdende Mittel sollten lieber den Müttern direkt zugute kommen, indem man ihnen durch die Anstellung von Familienpflegerinnen Erholung gewährte. Fast ein Jahr später, am 25. August 1939, verfassten die Geschäftsführerin Frl. Bayer und Frau Scherer, die ab 1935 für den Aufbau der Jungmütterarbeit zuständig war, einen ausführlichen Bericht über die Situation des Sonnenhauses. Sie äußern klar, dass der laufende Betrieb aufgrund zu geringer Pflegekosten nicht mehr aus eigener Kraft aufrechterhalten werden kann. Die Frauenarbeit sei aber auch nicht in der Lage, diesen Ausfall zu decken. Es stelle sich daher die Frage, ob die Frauenarbeit den Müttererholungsbetrieb einstellt. Da diese Arbeit nach wie vor als ein wichtiger Zweig der Gesundheits- und Seelsorge angesehen wurde, beschlossen die Frauen, beim Gesamtverband nochmals jährliche Zuschüsse aus dem »Fonds Verpflegungskostenzuschüsse« zu beantragen. Pfarrer Ziegler sollte diesbezüglich beim Reichskirchenministerium in Berlin in Erfahrung bringen, ob von dort Einwände gegen die Zuschüsse erhoben werden. Fiele die Antwort negativ aus, wäre die Frauenarbeit bereit, die Müttererholung aufzugeben. Sei die Antwort positiv, soll Pfarrer Ziegler prüfen, ob der Gesamtverband die notwendigen Hilfen in Aussicht stellt.[30]

Mitten in die Diskussion um die Zukunft des Sonnenhauses kam der Ausbruch des Zweiten Weltkrieges. Nach dem Einmarsch der Deutschen in Polen am 1. September 1939 und der Kriegserklärung von Frankreich erwarteten die nationalsozialistischen Machthaber einen Angriff aus dem Westen. Frauen, Kinder sowie gebrechliche und alte Leute aus den Riedgemeinden mussten evakuiert werden. Zu diesen Personen gehörten auch die im Schwesternerholungsheim weilenden Diakonissen, denen man das Sonnenhaus als Fluchtstätte zuwies. Die Anordnung kam überraschend, so dass die Oberin Frl. Höflin sich nicht rechtzeitig mit Fr. Dr. Schumacher in Verbindung setzen

30 SPA 14303 Aktennotiz von Pfarrer Ziegler vom 26. August 1939.

konnte. Frl. Lenzen musste vor Ort schnell reagieren und verteilte die im Sonnenhaus anwesenden Gäste auf andere Pensionen oder schickte sie kurzerhand nach Hause. Nach einer abschließenden Inventur und sonstigen Formalitäten übergab sie den Diakonissen das Sonnenhaus. Im Nachhinein regelten Fr. Dr. Schumacher und die Oberin die finanziellen Details wie monatliche Miete und Kosten der übernommenen Lebensmittel- und Kohlvorräte.[31] Frl. Lenzen übernahm die Leitung eines Pflegeheims in Braunschweig. In Briefen an Fr. Dr. Schumacher beteuerte sie wiederholt ihr Bedauern über das Schicksal des Sonnenhauses und, obwohl aus dem Rheinland stammend, ihre Anhänglichkeit zum badischen Land. Da sie der Bekennenden Kirche nahestand, fühlte sie sich auf ihrem Arbeitsplatz, umgeben von deutschen Christen, nicht sehr wohl, auch die Köchin war ihr ob ihres »jüdischen Aussehens« unheimlich.[32]

Nach den Blitzsiegen über Polen und Frankreich konnten die evakuierten Diakonissen im Juli 1940, in ihr Mutterhaus nach Nonnenweier zurück. Im ersten Übermut hatte der Verband zu früh Werbung zur Wiedereröffnung des Sonnenhauses gemacht. Da sich der Rücktransport der Diakonissen zeitlich verzögerte, drängte die Zeit, zumal noch keine neue Hausmutter für das Heim gefunden war. Kommissarisch übernahm zunächst Frl. Bayer die Leitung. Gleichzeitig gewann Königsfeld durch den Kriegsausbruch eine neue Attraktivität. Auch Frl. Lenzen, die ebenfalls kurzfristig wieder aushalf, glaubte, »wenn der Krieg noch über Winter dauert, haben wir sicher immer Gäste, die vom Rheinland und anderen Gebieten kommen, die viel von Fliegern angegriffen werden«. Die Suche nach einer geeigneten Heimleiterin gestaltete sich schwierig. Die Wahl fiel zunächst auf Frl. Hildebrand. Aus privaten Gründen, aber auch weil sie wenig Zukunft in dem Erhalt des Hauses sah, lehnte Frl. Hildebrand, sehr zum Bedauern von Fr. Dr. Schumacher, die Stelle ab.[33] Auch andere Bewerberinnen erteilten eine Absage, nicht zuletzt aufgrund des hohen Arbeitseinsatzes, der von ihnen erwartet wurde. So fiel letztlich die Wahl auf Frl. Elsa Nassauer. Frl. Bayer beschrieb sie als eine »gewandte und sichere Person […], in ihrer Einstellung sehr nett«, räumte aber ein, »für unser Haus hätte ich mir einen anderen Typ gewünscht. Zu schade, daß ich nicht mit vollem Herzen ja zu Frl. Nassauer sagen kann. […] das Wirtschaftliche fehlt ihr ganz.«[34] Wie groß die Bedenken vonseiten des Verbands

---

31 SPA 14303 Schreiben von Oberin Höflin vom 5. September 1939.

32 SPA 14300 Schreiben von Frl. Lenzen ohne Datum.

33 SPA 14303 Schreiben von Fr. Dr. Schumacher vom 30. August. 1940.

gegenüber der neuen Heimleiterin waren, ist unter anderem daran zu erkennen, dass Fr. Dr. Schumacher sich genau über Formalitäten wie Probezeit und Kündigungsfristen erkundigte. Auch ging sie davon aus, dass Frl. Nassauer regelmäßig kontrolliert werden müsse, was dann auch durch verschiedene Verbandsmitglieder geschah. Aus diesem Zweck war vermutlich auch Frl. Lenzen, die mittlerweile wieder in Karlsruhe tätig, aber gesundheitlich sehr angegriffen war, nicht nur als »Gast« im Sonnenhaus. Nach wie vor die Vertraute von Fr. Dr. Schumacher, zog sie Erkundigungen bei den Gästen, Pfarrern und Gemeindemitgliedern über die neue Leitung ein. Inwieweit die Tatsache, dass Frl. Nassauer Mitglied der nationalsozialistischen Partei war, als störend empfunden wurde, ist schwer zu sagen. Sicherlich sympathisierte und kooperierte Frl. Nassauer zu diesem Zeitpunkt mit den neuen Machthabern.

Ein Grund für die Ressentiments vonseiten des Frauenwerks lag sicher in der mangelnden religiösen Einstellung der Heimleiterin. So berichtet Fr. Dr. Schumacher, dass es vollkommen widersprüchliche Urteile von den Gästen über Frl. Nassauer gäbe. Einige wären voll Lobes, andere hätten sich bei Frl. Lenzen bitter beklagt. Abgesehen von wirtschaftlichen Mängeln, die der Heimleiterin angelastet wurden, stellte sich Fr. Dr. Schumacher die Frage, ob Frl. Nassauer überhaupt an »einer gleichmäßigen und gleichbleibenden liebevollen Betreuung aller Hausinsassen gelegen sei«. Sie zweifelte an deren Aufrichtigkeit der Zusicherungen, dass sie weiterhin auf eine enge Zusammenarbeit mit den Herrnhutern achte. So habe Frl. Nassauer ihr gegenüber bestätigt, »dass Pfarrer Coldwitz in den täglichen Andachten von den Müttern gehört wird. Andererseits kommt das Frühstück so spät auf den Tisch, daß die Frauen nicht zur Andacht kommen können. […] ich halte sie in ihrer Einstellung für den Typ der Frau, die aus der Jugendbewegung nicht herausfand zu einer reifen Lebensbetrachtung und die immer auf die eigene Elastizität und Leistungsfähigkeit, mit der Jugend zusammen das Leben zu teilen, pocht.« Ferner wirft sie ihr vor, zu viel Raum und Zeit für sich in Anspruch zu nehmen, »wie keine Familienmutter sie sich in solch außergewöhnlichen Zeiten wie die heutige zu nehmen verantworten könne«. Fr. Dr. Schumacher forderte schließlich den Landesverband für Innere Mission auf, dass dieser diktatorisch darauf bestehe, dass Neuerungen wieder zurückgenommen werden.[35]

---

34 SPA 14303 Schreiben von Fr. Dr. Schumacher vom 12. und 18. September 1940.

35 Pfarrer Coldwitz, Mitglied der Brüdergemeinen, kritisierte zum Missfallen anderer Gemeinemitglieder das nationalsozialistische Regime. Vgl. Hans Jürgen Kunick: Königs-

Obwohl Frl. Nassauer 1942 ihren 50. Geburtstag feierte, entsprach sie anscheinend nicht mehr dem opferbereiten, selbstlosen Mutter- und Frauentyp, wie ihn die bürgerliche Frauenbewegung bei allem emanzipatorischen Bestreben propagierte und dessen Ansprüche die beiden Vorgängerinnen so gut erfüllten. Damit verbunden war die mangelnde religiöse Einstellung der neuen Leitung in Verbindung mit der Sorge, dass das Haus, das wenige Monate zuvor an den Landesverband der Inneren Mission verkauft worden war, allmählich seiner »besonderen Atmosphäre« beraubt und eventuell mit der Zeit sogar seinem eigentlichen Zweck entfremdet würde. Wie sehr Fr. Dr. Schumacher und dem gesamten Frauenwerk das Haus am Herzen hing, zeigen die langwierigen Verhandlungen, die sich über ein Jahr hinzogen. Vor dem unmittelbaren Verkauf teilte sie Frl. Nassauer ihre Bedenken mit: »[I]ch hoffe, daß sich für sie ebenso wenig dabei ändert wie für die Mütter, denn das war bei der ganzen Angelegenheit mein Anliegen. Daß die ganze Zeit persönlich schwierig war und daß man nur hoffen kann, daß wir für das Haus den richtigen Weg gegangen sind.« Im Kaufvertrag wurde ausdrücklich vereinbart, dass das Haus seinem Zweck weiter erhalten bleiben soll. Die Verkaufssumme von 40.000 Reichsmark legte man auf einem Sonderkonto an und nutze das Geld zur Unterstützung der Mütterarbeit. Zumindest entfiel dem Frauenwerk nun die wirtschaftliche Sorge für das Haus. Für die Arbeit vor Ort ergaben sich durch den Trägerwechsel kaum Änderungen.[36] Aber es kamen einfach zu wenige von den Frauen nach Königsfeld, die sich das Frauenwerk als eigentliche Zielgruppe wünschte. Für Fr. Dr. Schumacher stellte sich daher nach wie vor die Frage, »wie wir noch mehr die eigentlichen Mütter aus den Gemeinden herbeirufen können. Wir haben da jedes Jahr geworben und alle möglichen Gemeinden angeschrieben und die Pfarrer mobil gemacht. Da die finanzielle Lage des Hauses resp. der Frauenarbeit so ist, daß wir Mittel haben, auch Zuschüsse zu geben, so sollte man doch vor dem Sommer alle Wege zu gehen versuchen.« Sie liefert aber auch gleichzeitig eine mögliche Begründung: »Wenn ich allerdings an mich denke, so wird es den meisten Müttern wie mir ergehen, daß sie sich täglich unabkömmlicher für die Ihren fühlen! Andererseits sieht es so aus, als sollten wir nicht die letzten Reserven an Kraft der Mütter verbrauchen, und wie viele gibt es, denen wir eine Zeit der Erholung wünschen möchten, weil sie es blutnötig haben.«[37]

---

feld in der Zeit des Dritten Reiches. Vortragsmanuskript vom 17. Oktober 2010. Abrufbar unter www.historischer-verein-koenigsfeld.de/31 (zuletzt abgerufen am 2. Januar 2016).

36 063-113 Schreiben an Frl. Nassauer am 18. Februar 1942.

Trotz der anfänglichen Vorbehalte blieb Frl. Nassauer und versah bis in die letzten Kriegsmonate ihren Dienst. Neben der schlechten Versorgungslage und den unmittelbaren Kriegseinwirkungen waren es die Denunziationen seitens der Gäste und die Kämpfe mit lokalen Machthabern, die Frl. Nassauer, wie sie selbst zugab, viel Kraft kosteten. Im Frühjahr 1942 konnte wegen verringerter Kohlelieferung nach einem Kälteeinbruch die Heizung nicht eingeschaltet werden. Viele Gäste erkälteten sich, und zwei bekamen eine Rippenfellentzündung. Auch Frl. Nassauer selbst und die Köchin erkrankten an einer Bronchitis, so dass der Betrieb nur dank einer aus Karlsruhe herbeigerufenen Majorswitwe aufrechterhalten werden konnte. Wegen der Kohlenknappheit hätte Frl. Nassauer das Haus über Winter am liebsten geschlossen, fürchtete aber, dass dann das Militär auf das Haus aufmerksam werden würde.[38] Königsfeld war mittlerweile Lazarettort, und das Militär beschlagnahmte immer mehr Betten. Auch dem Sonnenhaus drohte die Beschlagnahmung. Frl. Nassauer konnte die Einquartierung der Soldaten nochmals verhindern, aber sie musste das untere Stockwerk räumen und als Gästezimmer für die Familienangehörigen der im Lazarett untergebrachten Soldaten freihalten. Im Herbst 1943 drohte erneut die Beschlagnahmung des Gebäudes. Doch auch jetzt konnten zumindest einige der Betten für Erholungssuchende gerettet werden. »Wir atmen auf, daß diese Änderung für das Haus nicht kommt, die Ruhe für unsere Mütter wäre dahin gewesen, jetzt mit den Lazarettbesuchern läuft alles gut.«[39]

Zwar gelang es Frl. Nassauer unter Ausnutzung gegenseitiger Rivalitäten der lokalen Machthaber, das Haus, wenn auch mit großen Einschränkungen, nach wie vor zum Zweck der Müttererholung zu nutzen, doch klagte sie zunehmend über große Schikanen unter anderem vonseiten des Bürgermeisters Hermann Weiler. Bei einer Besprechung äußerte dieser, dass er das Haus am liebsten beseitigen möchte. Der Ortsgruppenleiter fügte ausdrücklich hinzu, »wenn ich es gewusst hätte, ich hätte es nicht getan. Das religiöse passt mir nicht.« Zu den Querelen um die Beschlagnahmung des Hauses kamen Denunziationen der Gäste. So beschwerte sich eine der Frauen beim Rathaus, sie habe die Führerrede nicht im Radio verfolgen können. Eine andere beanstandete, sie habe die Morgenandachten hören müssen. Wiederum erhielt

---

37 063-113 Schreiben von Fr. Dr. Schumacher vom 12. April 1942.

38 063-113 Schreiben an Kirchenrat Huss ohne Datum, Schreiben an Kirchenrat Huss vom 2. November 1942 und Brief an Fr. Dr. Schumacher vom 18. April 1942.

39 063-113 Schreiben an Kirchenrat Huss vom 2. Oktober 1943.

Frl. Nassauer eine Vorladung und konnte nachweisen, dass die Teilnahme an den Morgenfeiern freiwillig sei. »Dabei ist unser Bürgermeister, an den alles hingeht, Mitglied der Brüdergemeine, aber von derart niedriger Gesinnung, daß es einen schüttelt. [...] Ich war gestern ganz krank von all dem Kampf und der Art des Kampfes, wie er gegen uns als christliches Haus geführt wird. Ich müßte jetzt einen Mann zur Seite haben.«[40] Ab Sommer 1944 begann die Offensive der Alliierten, die Front rückte näher, und im Herbst begann die Evakuierungswelle. Nachweislich bis zum Februar 1945 stand Frl. Nassauer in Kontakt mit dem Frauenwerk und berichtete von Ereignissen und Gästen aus dem Sonnenhaus, das zu diesem Zeitpunkt zahlreiche Flüchtlinge beherbergte. Fast ununterbrochen ging der Betrieb im Sonnenhaus weiter, das in der Nachkriegszeit zum Sanatorium umgewandelt wurde. Auch das Frauenwerk nahm die Müttererholungsarbeit in den Nachkriegsjahren wieder auf, wobei man, da man nun kein eigenes Heim mehr hatte, wie in den Zwischenkriegsjahren die Erholungskuren über mehrere Jahre in den verschiedensten Heimen der Inneren Mission durchführen musste. Für einige sicher besonders bitter war die Tatsache, dass man nun in der ehemals eigenen Einrichtung um Plätze für erholungsbedürftige Frauen anfragen musste. Sicher ebenso bitter war es, dass aufgrund der Währungsreform das aus dem Hausverkauf gewonnene Vermögen schrumpfte. So blieb zunächst die konstruktive Mitgestaltung beim Aufbau des im Jahre 1950 gegründeten Müttergenesungswerks, bis schließlich 1955 unter der Geschäftsführung von Frau Gertrud Hammann die Frauenarbeit in Baden-Baden erneut ihr eigenes Kurhaus eröffnen konnte. Ein zweites, das Marie-von-Marschall-Haus, nahm kurze Zeit danach seinen Betrieb auf. Die Namensgebung zeigte, dass sich die Akteurinnen ihrer historischen Wurzeln durchaus bewusst waren. Zugleich nahm man sich auf Jahrzehnte hinaus erfolgreich der neuen Herausforderungen der Mütterarbeit an. Mütter waren nun nicht mehr Objekte, die es galt, gemäß dem traditionellen christlich-evangelischen Frauenbild zu betreuen und zu erziehen, vielmehr wollte man im Zuge der sich ändernden Rollenauffassungen und der Suche nach neuen Lebensentwürfen Hilfe und Unterstützung gewähren.

---

40 Zur Haltung der Königsfelder Brüdergemeine vgl. Hans Jürgen Kunick: Königsfeld in der Zeit des Dritten Reiches wie Anm. 35. Vortragsmanuskript vom 17. 10. 2010. Abrufbar unter www.historischer-verein-koenigsfeld.de/31.

Müttererholungshaus, Haus Sonnenschein, Königsfeld

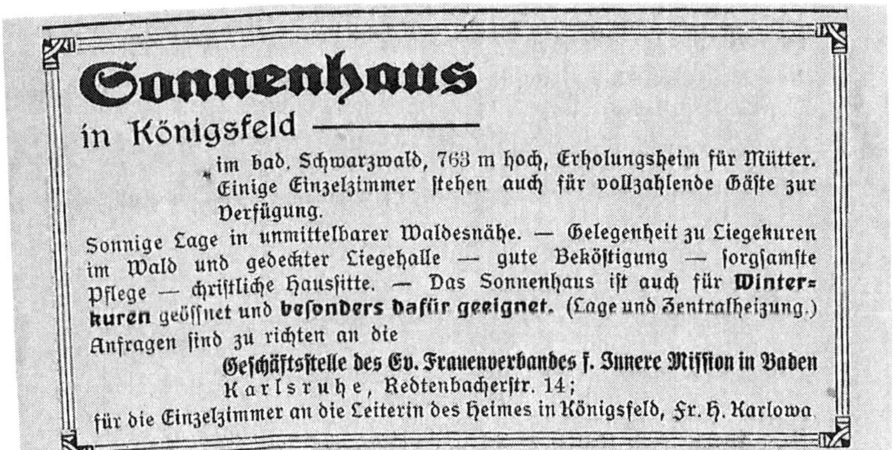

Müttererholungsanzeige der Geschäftsstelle des Evangelischen Frauenverbandes für Haus Sonnenschein, Königsfeld

1977–2000: Gleichberechtigt, evangelisch, feministisch

23 Wunder – volle Frauenjahre

Eva Loos

Gleichberechtigt, evangelisch, feministisch sind die Suchbegriffe, unter die ich meinen Rückblick auf 23 Jahre als Pfarrerin in der Frauenarbeit der Evangelischen Landeskirche in Baden gestellt habe.

Evangelisch waren die bis 1916 selbstständigen Frauenvereine, die mitten im Ersten Weltkrieg in einem »Verband evangelischer Frauenvereinigungen für Innere Mission in Baden« zusammengeschlossen wurden. Evangelisch war die Kirche, unter deren Dach dieser Verband seine Arbeit ab 1934 weiterführen konnte, evangelisch waren die Frauen, die die Arbeit taten. Tätige Nächstenliebe und Frauenbildung im Dienste von Kirche und Volk prägten das evangelische Profil.

Gleichberechtigung von Männern und Frauen insbesondere in Ehe, Familie und Kirche widersprach auch nach 1949 noch der herrschenden theologischen Lehre. Projekte des Ökumenischen Rats der Kirchen und des Lutherischen Weltbundes[1] eröffneten das Gespräch darüber. *Feministisch*-theologische Literatur wurde ab den 70er Jahren einem großen Publikum zugänglich. Gleichberechtigung und Feminismus öffneten den Blick für das eigene Leben und das gemeinsame Leben von Frauen. Feministische Theologie befreite zum eigenen Denken, Urteilen und Handeln.

Entsprechend ihrer neuen Ordnung von 1978[2] hat die Frauenarbeit ihre zukünftige Aufgabe darin gesehen, »aufgrund der befreienden Botschaft des Evangeliums Frauen zur Übernahme partnerschaftlicher Mitverantwortung

---

1 In der Projektgruppe »Frauen als Innovationsgruppen« des deutschen Nationalkomitees des Lutherischen Weltbundes habe ich von 1977 bis 1981 mitgearbeitet.

2 Diese Ordnung löste die Ordnung von 1955 ab. Siehe Gesetzes und Verordnungsblatt der Ev. Landeskirche in Baden, GVBl 3/1955.

und Gestaltung des Lebens in allen Bereichen – Familie, Beruf, Kirche und Öffentlichkeit – zu ermutigen und zu befähigen«. Als Pfarrerin in der Frauenarbeit von 1977 an hatte ich die Aufgabe, in Kooperation mit der geschäftsführenden Leiterin, dem Landesausschuss, den Bezirksbeauftragten und den Mitarbeiterinnen in der Geschäftsstelle, den Mütterkurhäusern und den Dorfhelferinnenstationen Rahmenbedingungen für diese Aufgabe zu schaffen.

Neben der bleibenden Verantwortung für die besonderen Bedürfnisse von Frauen und Müttern in den Arbeitszweigen: Müttergenesung, Dorfhelferinnen, Freizeiten, in der Arbeit mit alleinerziehenden Frauen und ihren Kindern, in der Arbeit mit spätausgesiedelten Familien, neben all dem hat die Frauenarbeit in den Jahren zwischen 1977 bis 2000 Aufgaben wahrgenommen, »die sich aus der veränderten Situation der Frauen ergaben und die die Gesellschaft und die Kirche als Ganze betrafen«[3]. Zusätzlich zu den Tagungen, Seminaren und Weiterbildungen für die haupt- und ehrenamtlichen Mitarbeiterinnen der Frauenarbeit entstanden neue Veranstaltungsformen: Fortbildungen für Frauen im Ältestenamt, Gesprächskreise für Frauen der Landessynode und für Theologinnen, Arbeitskreise mit Mitarbeiterinnen der diakonischen Werke, Frauenforen zu aktuellen Themen.

Für die Vorbereitung des Weltgebetstags wurden ökumenische Teams gebildet, für den jährlichen Frauensonntag entstanden liturgische Werkstätten. Alle Texte für Gottesdienste wurden quer zur vorgeschlagenen Perikopenreihe neu ausgewählt und übersetzt. Große und schöne Gottesdienste wurden gefeiert. Gottesdienste waren der Anfang für gemeinsame Wege, Gottesdienste begleiteten andere auf ihren Wegen. »Unterwegs für das Leben« war eine Bewegung zwischen Gottesdiensten und Orten, von denen in den 80er Jahren Bedrohung ausging. Der »Brief aus der Frauenarbeit«, Informationsmedium seit 1981, war Plattform und Spiegel der verschiedenen Akteurinnen und Initiativen. Von 1993 an entstanden jeweils am ersten Freitag eines Monats Gebetsgottesdienste in Gemeinden.

Viel Fantasie bedurfte der notwendige Informationsaustausch zwischen den Gremien der Frauenarbeit und der Kirchenleitung. Gewohnte Verhaltensweisen im Umgang mit Frauen griffen nicht mehr. Heftige Konflikte entstanden naturgemäß, wenn die Frauenarbeit eigene politische und theologische Positionen in der Öffentlichkeit bezog. Der Boykottaufruf der »Evangelischen Frauenarbeit in Deutschland« 1978 zur Politik mit dem Einkaufskorb unter dem Slogan »Kauft keine Früchte der Apartheid« erging gegen den ausdrück-

3 GVBl 1978, 59.

lichen Wunsch des Rates der EKD. In den Frauenarbeiten entstanden Projektgruppen, die den Boykottaufruf zu ihrer Sache machen konnten. Nicht evangelische *Einigkeit*, sondern evangelische *Freiheit* wurde geprobt, Gleichberechtigung gelebt, demokratische Entscheidungsformen gegenüber der Forderung nach Einheit bevorzugt.

Dringenden Handlungsbedarf im Hinblick auf Frauenrechte bei den Kirchen stellte 1974 die Konsultation des »Ökumenischen Rates der Kirchen« in Berlin fest: »Sexismus heute: Die Diskriminierung der Frau«. Die kirchliche Lehre von der Unterordnung der Frau in der Familie und im kirchlichen Leben und die beherrschende Stellung des Mannes in den kirchlichen Organisationsstrukturen sowie im kirchlichen Denken wurde infrage gestellt. Damit standen auch die theologischen Implikationen dieser Praxis und deren soziale und symbolische Ordnungen infrage. Das Veränderungspotenzial feministischer Theologie rückte in den ökumenischen Fokus. Die Erkenntnis war: Feministische Theologie geht die Kirchen insgesamt etwas an. Alles in Theologie und Kirche ist noch einmal neu zu lesen und neu zu formulieren. Das betrifft auch die Bekenntnisse, nicht nur deren Sprache, sondern auch deren Theologie.

Feministische Theologie stellte insofern keine wirklich neue Herausforderung für die deutsche akademische und kirchenamtliche Theologie dar, weil schon im Zuge von Industrialisierung, Kolonialisierung, Militarisierung, Nationalisierung bereits genug Anlass zu einer generellen theologischen Revision bestand.

Die Kirchen, die bereits 1945 das Stuttgarter Schuldbekenntnis sprachen, waren danach keine anderen als die, die schuldig geworden waren. Das Dach der Landeskirche, unter dem der Frauenverband 1934 Schutz fand, war zu klein gewesen, um allen Schutz zu gewähren, deren Existenz mit Beginn des Dritten Reiches bedroht war. Die notwendigen Veränderungen an diesem Dach wurden auch nach 1945 nicht mutig in Angriff genommen. Erst 39 Jahre danach, und zwar 1984, hat die badische Landessynode ihr Verhältnis zum Judentum ausdrücklich neu bestimmt und 2001 die Grundordnung der Landeskirche entsprechend geändert.

1971 wurde mit einem Zusatz zur Grundordnung der Landeskirche die Gleichstellung von Frauen und Männern im Pfarramt beschlossen. »Pfarrer im Sinne der Grundordnung ist auch die Pfarrerin.«[4] Kaum zu glauben, mit welch einfachen Worten eine jahrhundertelange, Bibliotheken füllende Dis-

---

4 GVBl 1971, 153.

kussion beendet werden konnte. Das Leben in Kirche, Diakonie und Universität ging weiter, als wäre das lediglich eine längst fällige Korrektur gewesen.

Der Satz begründete eigentlich eine andere Kirche. Was war geschehen? Hatten sich die Männer oder die Frauen geändert? Was war auf einmal mit den ganzen Vorbehalten gegenüber predigenden Frauen? Hatten sich lediglich die Zeiten geändert oder gab es theologische und seelsorgerliche Einsichten, die diesen Paradigmenwechsel verständlich machten? War das, wie noch zu Kaisers Zeiten, einfach Anpassung an die herrschenden Verhältnisse – und die waren seit 22 Jahren eben demokratisch – oder war es eine Art Reformation?

Wenn ja, was waren deren theologische und ekklesiologische Implikationen? Und vor allem, was waren deren seelsorgerliche Folgen? Generationen von Frauen waren verletzt worden. Pfarrfrauen hatten ihren Beruf aufgegeben. Für Generationen von Frauen hatte Pflichterfüllung anstelle evangelischer Freiheit gestanden.

Feministische Theologie beansprucht zu Recht eine Revision traditioneller Theologie im Hinblick auf eine neue Vision von Kirche. Geschichte lässt sich nicht zurückdrehen, das gilt weder für das Verhältnis zum Judentum noch für den Ausschluss der Frauen noch für die Bevormundung demokratischer Bewegungen. Die Zukunft lässt sich gestalten. Darin allerdings – so meine Erfahrung – lassen sich Kirchenleitungen Zeit, bis sich eine Veränderung nicht mehr vermeiden lässt. Die Pflege von Gewohnheiten überwiegt gegenüber dem Dialog und der Verantwortung für die Aufgaben der jeweiligen Gegenwart. Viele Frauen haben die Kirche verlassen. Auf Vertröstungen wollten sie ihr Leben nicht aufbauen. Die Interesselosigkeit in den Kirchen an denen, die gehen, weil sie nicht mehr warten können, bis sich die Kirchen »selbst von Rassismus, Sexismus und Klassendenken sowie von Lehren und Praktiken, die Frauen diskriminieren«[5], befreien, war schwer auf die kirchliche Tagesordnung zu setzen.

Eine neue realexistierende Vision von Kirche war von 1948 an der »Ökumenische Rat der Kirchen«. Auf der Basis der Anerkennung der Gleichheit aller Kirchen, die dem ökumenischen Rat beitraten, entwickelten sich Kommunikationsstrukturen »in Richtung auf mehr Partizipation«.[6] Eine Erkenntnis war: Auf der Basis der Anerkennung der Gleichheit aller Menschen verändern sich die Strukturen von Gemeinschaften.

5 4. Ziel der Ökumenischen Dekade »Solidarität der Kirchen mit den Frauen«.

6 Ziel der 6. Vollversammlung in Vancouver.

Für die »Evangelische Landeskirche in Baden« war es die organisierte Frauenarbeit, die von Mitte der 70er Jahre an die Einladungen des ökumenischen Rates zur Beteiligung an internationalen ökumenischen Konsultationen auf die landeskirchliche Agenda setzte. Die Qualität dieser Einladungen bestand darin, dass die Teilnahme an ihnen eine neue theologische Gesprächskultur erforderte. Die Vision vom Priestertum aller Gläubigen gab die Struktur vor.

Der jährliche Weltgebetstag der Frauen war von 1949 an ein Fenster zur Welt, durch das leise, aber beständig die Geschichten und Gebete anderer Frauen gedrungen waren. Neben der Befreiung durch das Recht erlöste die Einladung zum weltweiten Gebet sanft von den Traumatisierungen des Ersten und Zweiten Weltkriegs. Trauer und Klage, Schuld und Wut hatten einen Platz im Gottesdienst. Zusammen mit anderen Frauen über nationale Grenzen hinweg konnte der eigenen gefallenen Söhne, der verlorenen Kinder gedacht werden, Mitleid und Schuld konnten gefühlt werden. Das eigene Leben konnte angenommen und gestaltet werden.

Die ökumenische Studie »Die Gemeinschaft von Männern und Frauen in der Kirche« von 1978 setzte die Vision eines internationalen ökumenischen Dialogs auf sehr einfache Weise um. Theologie sollte nicht länger am Anfang stehen und von der Gemeinde nachvollzogen werden. Am Anfang sollte das Gespräch aller stehen. Alle sollten sich am Gespräch darüber beteiligen können, wie in der weltweiten Kirche zukünftig das Verhältnis von Frauen und Männern gelebt werden sollte. Die Studie stellt eine Theologie permanent revidierter Fragen und vorläufiger Feststellungen über unsere sich verändernde pluriforme Welt dar.[7]

Als Pfarrerin in der Frauenarbeit in den Jahren 1977 bis 2000 verdanke ich der mir mit dieser Tätigkeit ermöglichten Mitgestaltung von Kirche und Theologie 23 wundervolle Frauenjahre. Mein besonderer Dank gilt hier meinen Lehrerinnen Brigalia Bam, Constance Parvey, Gerta Scharffenorth und Hildegard Zumach.

Im Gegensatz zu der Vorstellung der Kirchenleitungen in den 70er Jahren, dass mit Hilfe von Erwachsenenbildung der Graben zu überbrücken wäre, der durch den Ausschluss von Frauen aus der Theologie entstanden war, hatte ich im Studium und durch die Mitarbeit an ökumenischen Projekten die Überzeugung gewonnen, dass zunächst Frauen für sich selbst entscheiden

---

7 Studie über die Gemeinschaft von Frauen und Männern in der Kirche, Genf 1978, 6.

müssen. Mit der Berufung von Frauen ins Predigtamt war beendet, was über Jahrhunderte kirchliche Praxis war. Frauen vollzogen nicht länger nach, was Männer gedacht hatten. Bildung als Umweg zur Gleichberechtigung war nicht länger die Forderung, gleichberechtigt von Anfang an die gute evangelische Ausgangsposition, feministisch die Forderungen. Wundervoll waren und sind die vielen feministischen Freundschaften. Ohne diese würden die Frustrationen bei weitem die Freude überwiegen, die Frauen auch in Kirche haben können. Voller Wunder waren für mich die Jahre von 1981 bis 1989. Unterwegs für das Leben, so auch der Name für eine frauenpolitische Initiative der badischen Frauenarbeit von 1984 an, wuchsen *wir* alle ein wenig über uns selbst hinaus. Das Vorbild anderer Frauen auf der Welt in ihrem Kampf um Gerechtigkeit ermutigte uns. Aus der Teilnahme an einer Friedenskonferenz in El Salvador entstand eine 10-jährige Partnerschaft mit der Frauenarbeit der lutherischen Kirche El Salvadors. Befreit von der alleinigen Sorge um sich selbst, ihre Familien und von Rollenklischees, beschritten Frauen gemeinsam öffentliche Wege, diskutierten ihre Anliegen, luden in Gemeinden zu Gesprächen und Gottesdiensten ein, und vor allem luden sie sich selbst ein, wenn sie dringenden Gesprächsbedarf sahen.

Dringend war in den 80er Jahren die Beendigung des Wettrüstens. Mit 46.000 Unterschriften im Gepäck gelang es einer Delegation Frauen, organisiert von der Geschäftsstelle der Frauenarbeit, 1983 Gespräche mit der in Genf tagenden sowjetischen und der US-amerikanischen Mission zu führen. Das war der Anfang von unzähligen Gesprächen, zu denen sich Frauen von da an einluden. Besuche und Gespräche galten den Waffenschmieden und deren Profiteuren. Selbsteinladungen beim Zentrum Innere Führung der Bundeswehr kehrten die gewohnten Spielregeln zwischen Militär und Frauen um. Das ist eine eigene Geschichte wert.[8]

1986 blickten die Mitarbeiterinnen der Landesgeschäftsstelle im Rahmen einer Bezirksbeauftragtenversammlung auf die Anfänge 1916 »mitten im Krieg« zurück. »Die evangelischen Frauen haben sich 1916 doch gegen den Krieg zusammengeschlossen?« »Nein, für den Krieg wurden sie zusammengeschlossen.« »So politisch war die Frauenarbeit 1916.«[9]

---

8 Nachzulesen bei ERIKA HERZOG, Unterwegs für das Leben, Tagebuch eines Bittgangs von Mosbach bis Genf, Eschbach 1985.

9 Sätze aus einem Anspiel anlässlich des 70. Jahrestages des Zusammenschlusses evangelischer Frauenverbände im Großherzogtum Baden.

Was ich aus der Geschichte der Frauenbewegung in Deutschland wusste, betraf mich als Pfarrerin in einer landeskirchlichen Frauenarbeit unmittelbar. 1915 hatte in Den Haag der internationale Frauenfriedenskongress stattgefunden. Weder die Kirchen noch ihre Frauenarbeiten standen unter Frauen im Ruf, gute Adressen auf dem Weg in die Freiheit zu sein. Die Kirchen und ihre Frauenverbände waren in der Öffentlichkeit Institutionen mit einem unzeitgemäßen Frauenbild. Auch ich hatte mich von diesem Bild verabschiedet, anders hätte ich nicht Pfarrerin werden können. Dieser Wandel des Frauenbildes wurde landauf, landab in Gemeinden beklagt. »Selbstverwirklichung« hieß die neue Frauensünde, die an den Grundfesten unserer Gemeinschaft sägte, so die verbreitete Angst. Das Leben in Ehe und Familie schien bedroht.

Vom 1. Juli 1977 an hatten Ehefrauen und Mütter, die auf ihre berufliche und finanzielle Selbstständigkeit nicht verzichten wollten, endlich das Recht auf ihrer Seite. Die erste Eherechtsreform der SPD-geführten Regierung der BRD seit 1900 beendete die Ungleichheit von Frau und Mann in Ehe und Familie. Von nun an musste verhandelt werden. Literatur wie die *Familienkonferenz* von Thomas Gordon hatten dafür bereits gute Vorarbeit geleistet. Die Aufregung über die Emanzipationsbestrebungen von Frauen schien mir unverhältnismäßig groß, gemessen an den Schrecken und der Zerrüttung, die zwei Kriege für Ehe und Familie bedeutet haben. Es war an der Zeit, genau hinzusehen und endlich über das zu reden, was geschehen war.

1977 konnte die Frauenarbeit den Erweiterungsbau zum Mütterkurhaus Baden-Baden einweihen. Von nun an hatten auch Mütter während ihrer Kur ein eigenes Zimmer und einen eigenen Hausschlüssel. Das hatte symbolische Bedeutung und wurde auch von den Gegnerinnen und Gegnern dieser Neuerung so verstanden. In den Frauenhäusern der autonomen Frauen suchten Frauen mit ihren Kindern Schutz vor gewalttätigen Ehemännern und Vätern. Frauenhäuser gewährten Asyl beim Fluchtgrund »Gewalt in der Ehe«. Die Kollekte vom Festgottesdienst anlässlich der Einweihung des Erweiterungsbaus zum Mütterkurhaus in Hinterzarten 1991 wurde in schwesterlicher Verbundenheit an das Frauenhaus in Freiburg weitergegeben. »Die emanzipierte Frau in der Gemeinde« war Thema der Jahrestagung der Frauenarbeit 1978. Anstelle der traditionellen Weitergabe von Arbeitsmaterial für die Arbeit mit Frauen in der Gemeinde trat die Auseinandersetzung unter Frauen selbst und die Auseinandersetzung von Frauen mit ihrer Kirche und deren kirchenamtlicher Theologie. »Die Zeit des Schweigens ist vorbei«[10], »Jenseits von Gottvater, Sohn & Co«[11] wurde Theologie studiert mit den Augen einer Frau.[12] Evangelische Freiheit in und von Ehe und Familie, Tagungsthema des »Komitees Freiheit für Wort und Dienst in der Kirche«[13] setzte in Baden eine breite landeskirchliche Diskussion zu Lebensformen in Gang. In der Geschäftsstelle der Frauenarbeit, im Landesausschuss, in den Frauenkreisen, den Bezirksarbeitsgemeinschaften, den Mütterkurhäusern, in Freizeiten, Tagungen und Fortbildungen wehte der »Wind of Change«[14]. Nicht nur das Patriarchat, auch von Frauen gegenüber Frauen ausgeübte Herrschaft wurden nicht länger ertragen. Gleichberechtigung und Mitbestimmung verliehen der Fantasie die Flügel der Freiheit und machten Spaß.

In den 90er Jahren ging es darum, die neugewonnenen Räume einzurichten. Das Dach bildete die ökumenische Dekade »Kirchen in Solidarität mit Frauen«. Waren es von 1978 bis 1981 – im Rahmen der ökumenischen Studie über »Die Gemeinschaft von Männern und Frauen in der Kirche« – Frauen-, Männer- und Gemeindegruppen, die nach ihrer Vision von Kirche gefragt waren, so waren es von 1988 bis 1998 die Kirchenleitungen, die aufgerufen waren, ihre Strukturen zu überdenken und Räume für Frauen zu schaffen. Für die Evangelische Landeskirche in Baden übernahm die Frauenarbeit die Initiative zur Einrichtung von Dekadeausschüssen. Auf Initiative der Frauenarbeit kam es zur Einrichtung einer Arbeitsstelle für Gleichstellung. Der Einrichtung ging auf Wunsch der Frauenarbeit ein Konsultationsprozess in den Gemeinden und Bezirken voraus. Auf diese Weise wurde in den 90er Jahren nachgeholt, was 1978 bis 1981 noch nicht möglich gewesen war. 1992 lud die Frauenarbeit selbst in Gemeinden und Bezirken Frauen dazu ein, im Hinblick auf die anstehende Neufassung des Paragrafen 218 StGB zum Schwangerschaftsabbruch ein Votum für die Landessynode zu erarbeiten. Dem Wunsch der Frauenarbeit, die Arbeitsstelle für Gleichstellung unter dem Dach der Frauenarbeit einzurichten, hat sich die Synode nicht an-

10 Titel eines Buches 1979, herausgegeben von Susanne Kahl. Susanne Kahl-Passoth ist seit Oktober 2015 Vorsitzende der Ev. Frauen in Deutschland.

11 Titel eines Buches von Mary Daly von 1973 (God the Father: Towards a Philosophy of Women's Liberation, 1. Auflage in deutscher Übersetzung 1980, Gütersloh.

12 Thema der ersten feministisch-theologischen Lehrveranstaltung der Theologischen Fakultät Heidelberg 1981, Gastdozentin Eva Loos in Kooperation mit Prof. Kristina Hungar.

13 Im April 1975 in Frankfurt gegründet als Reaktion auf mehrere Berufsverbote in verschiedenen Landeskirchen. Siehe auch »Junge Kirche«, 36. Jahrgang, 194 ff.

14 Titel eines Songs der Rockgruppe Scorpions von 1990. Die »Hymne der Wende« gibt die Stimmung der 80er Jahre wieder.

geschlossen. Die landeskirchliche Hierarchie sollte erhalten bleiben. Die Ordnung für die Gleichstellungsarbeit in der Landeskirche haben die beiden Leiterinnen der Frauenarbeit erarbeitet.

In den 70er Jahren bot die Frauenarbeit eine Plattform zur Auseinandersetzung mit den Traditionen in Kirche und Theologie, in den 80er Jahren veränderte sie ihre Organisationsstrukturen mit dem Ziel, ein Mehr an Partizipation zu ermöglichen. Initiativen und Projekte von Frauen entstanden neben den bestehenden Arbeitsbereichen. Die alljährliche Arbeitshilfe für den Frauensonntag im Herbst, die ökumenischen Arbeitsgemeinschaften zur alljährlichen Vorbereitung des Weltgebetstags im März, der Brief aus der Frauenarbeit, die Initiative »Von nun an« 1982, der »Bittgang für das Leben« 1983, »Unterwegs für das Leben« von 1984 an förderten und wurden gefördert von wachsender Selbstständigkeit und Verantwortung, Fantasie und Mitbestimmung.

Eine Aufgabe der 90er Jahre war auch die Institutionalisierung von Projekten und Initiativen. Für die übergemeindlichen Fraueninitiativen wie »Von nun an«, »Unterwegs für das Leben«, Gebet am ersten Freitag des Monats, Feministische Theologie, die Arbeitshilfe für den Frauensonntag wurden Ordnungen erarbeitet, die den Beteiligten selbstverantwortliches Arbeiten ermöglichte. An der Herausgabe der »Landeskirchlichen Richtlinien für das ehrenamtliche Engagement« hat die Frauenarbeit einen wesentliche Anteil.

1999 beschloss die Landessynode den Verkauf des Mütterkurhauses in Baden-Baden und 2003 den Verkauf des Mütterkurhauses in Hinterzarten. Das Dorfhelferinnenwerk kam 1999 unter das Dach des Diakonischen Werks Baden. Die Frauen der Landeskirche, die jahrzehntelang diese beiden besonderen Angebote für Familien finanziell, ehren- und hauptamtlich mit Leben gefüllt hatten, waren von diesen Entscheidungen ausgeschlossen.

Gleichberechtigt und evangelisch schließen sich gegenseitig nicht mehr aus. Gleichberechtigt evangelisch feministisch geht darüber hinaus.

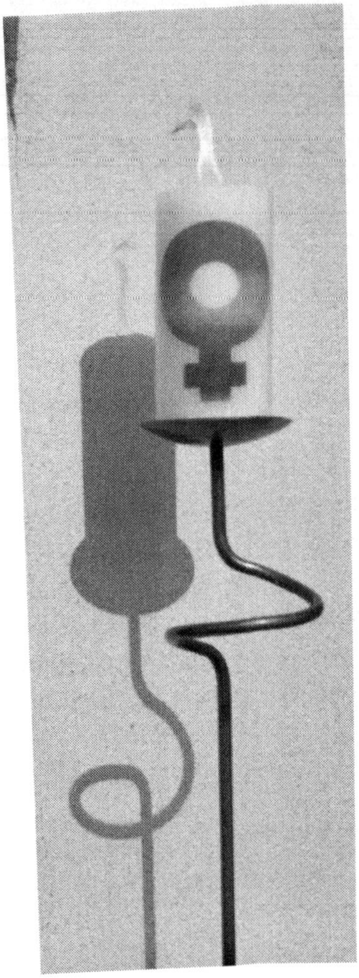

Kerze, hergestellt anlässlich
75 Jahre Evangelische Frauenarbeit
in Baden

Empowerment und Empörung

Evangelische Frauen in Baden, Diakonie und ihre Beratung für Menschen in der Prostitution

Urte Bejick, Ingrid Reutemann

1 Von der Sittlichkeitsfrage zur Gefährdetenfürsorge – Frauenvereine und Innere Mission im Kampf gegen Mädchenhandel und Prostitution

»Wir empören uns als Frauen dagegen, dass Angehörige unseres Geschlechts, die uns Schwestern sein sollten, als Ware gehandelt und verhandelt werden. Ihre Schmach trifft uns mit, ihr Ehrverlust und ihre Schande kann uns nicht gleichgültig lassen«, so Paula Müller (1865–1946), seit 1901 Vorsitzende des Deutschen Evangelischen Frauenbundes und Mitglied des Centralausschusses der Inneren Mission.[1]

Prostitution und die gesellschaftliche Stellung von Prostituierten waren von Anfang an Themen der ersten und zweiten Frauenbewegung wie der Inneren Mission. Wie Prostitution nicht einfach ein Phänomen ist, das es angeblich »immer schon gegeben« hat, sondern stets im Koordinatensystem von Ökonomie, Kultur, Macht und Genderpolitik zu sehen ist, so auch die Auseinandersetzung mit ihr.

Als der Evangelische Frauenverein in Baden gegründet wurde, war der Kampf gegen Prostitution innerhalb der Inneren Mission noch in Männerhand. Nachdem der aufsuchende Einsatz von Diakonissen und Freiwilligen im 1883 gegründeten »Frauenbund zum guten Hirten« in Berlin mehr oder weniger gescheitert war, organisierten sich 1889 Sittlichkeitsvereine aus ganz Deutschland in der »Allgemeinen Konferenz der deutschen Sittlichkeitsvereine«. Der Verbund, dem vor allem Pfarrer und Beamte angehörten, engagierte

---

1 Zit. nach: Doris Kaufmann, Frauen zwischen Aufbruch und Reaktion. Protestantische Frauenbewegung in der ersten Hälfte des 20. Jahrhunderts. Zürich/München 1988, 34.

sich in Vorträgen, Broschüren und Petitionen nicht nur gegen eine staatliche und polizeiliche Konzessionierung der Prostitution, sondern gegen jede Gefährdung der Sittlichkeit wie außerehelische Sexualität, Promiskuität, Homosexualität, schlüpfrige Theatervorführungen und Schmutz- und Schundliteratur.[2] Praktischer agierten Rettungshäuser für »gefallene Mädchen«, die »Magdalenenasyle«. Ihr Ziel war es, die gefährdeten Mädchen zum Erwerb ihres Lebensunterhalts in einfachen Berufen, meist als Dienstbotinnen, und zur Ehe zu erziehen.[3] Prostitution im industrialisierten Deutschland des 19. Jahrhunderts war von Arbeits- und Armutsmigration vom Land in die Stadt und von Osten (Balkan, Polen, Galizien) nach Westen geprägt. Frauen auf Arbeitssuche konnten dabei durch falsche Versprechungen verbrecherischer Vermittler leicht in ausbeuterischen Arbeitsverhältnissen oder Prostitution enden. Im »Strafgesetzbuch für das Deutsche Reich« von 1871 wurde Prostitution nicht verboten, aber durch staatliche und polizeiliche Anweisungen in den Ländern stark kontrolliert. In größeren Städten mussten sich Prostituierte registrieren lassen und wurden in der Wohnungswahl, durch Sperrbezirke und Sperrzeiten reglementiert. In anzeigbaren »Unzuchtsverdacht« konnten Frauen geraten, die nachts alleine auf der Straße unterwegs waren, Männer zu lange direkt ansahen oder sich nach ihnen umdrehten. Gering verdienende Frauen wie Dienstmädchen, Arbeiterinnen oder Kellnerinnen waren bevorzugte Objekte polizeilicher Kontrollen.[4] Frauenvereine[5], die sich präventiv für gefährdete Arbeitsmigrantinnen und Prostituierte einsetzten, waren oft vom Gedanken des Abolitionismus[6], d. h. der Sklavenbe-

---

2 Isabell LISBERG-HAAG, »Die Unzucht – das Grab der Völker«. In: URSULA RÖPER / CAROLA JÜLLIG (Hrsg.), Die Macht der Nächstenliebe. Einhunderfünfzig Jahre Innere Mission und Diakonie 1848–1998. 1998, 131 f.

3 BIRGIT REICHE, Prostitution und der Leib Christi. Zum Spannungsverhältnis zwischen der Prostituierten- und Ausstiegsberatung für Mädchen und junge Frauen, Theodora, in Herford und Teilen der Kerngemeinde. Masterarbeit am Institut für Diakoniewissenschaft und Diakonie-Management Bethel. 2012, 14 f.

4 RAHEL GUGEL, Das Spannungsverhältnis zwischen Prostitutionsgesetz und Art. 3 II Grundgesetz – eine rechtspolitische Untersuchung. Diss. Bremen 2010, 28; http://elib.suub.uni-bremen.de/edocs/00101114-1.pdf. PETRA SCHMACKPFEFFER, Frauenbewegung und Prostitution: Über das Verhältnis der alten und neuen deutschen Frauenbewegung zur Prostitution. Oldenburg 1989, 15; 18–21.

5 UTE GERHARD, Unerhört. Die Geschichte der deutschen Frauenbewegung. Reinbek 1990, 253.

6 SCHMACKPFEFFER, Frauenbewegung (s. Anm. 4), 26–30; 37–49.

freiung geprägt, so die bekanntesten Aktivistinnen wie Josephine Butler (1828–1906) in England und die deutsche Frauenrechtlerin Bertha Pappenheim (1859–1936), die sich besonders für die in jüdischen Ghettos Osteuropas rekrutierten Opfer von Menschenhandel einsetzte.[7] Nach dem Ersten Weltkrieg trat die Rolle Deutschlands als Transitland für Menschenhandel zurück. In Bereich der Gefährdetenfürsorge agierten in großen Städten wie Hamburg, Dortmund, Dresden, Berlin und Königsberg die seit den 20er Jahren des vorigen Jahrhunderts gegründeten Mitternachtsmissionen.[8] Relativ gut dokumentiert ist die Arbeit der 1919 gegründeten Mitternachtsmission Dortmund: »Die Arbeit wird von zwei Missionsarbeiterinnen geleistet und erstreckt sich z. Zt. bei den weiblichen Gefährdeten auf Seelsorge im Gerichtsgefängnis, der Hautklinik, der städtischen Krankenanstalten, Hausbesuche, Straßendienst, Unterbringung von Mädchen in Dienststellen und Heimen, Fühlungnahme mit der Evangelischen Fürsorge der Städtischen Gesundheitsbehörde, dem Städtischen Wohlfahrtsamt usw. An die männlichen Gefährdeten werden Flugblätter warnenden und gewissenschärfenden Inhalts verteilt.«[9] Die Mitternachtsmissionen mobilisierten nicht nur Ehrenamtliche, die Informationsblätter an potenzielle Freier verteilten, sondern beschäftigten ausgebildete, beruflich tätige Missionsschwestern.

Die Entwicklung in der NS-Zeit mit ihrer repressiven Reglementierung und der sexuellen Versklavung von Frauen in den KZs, eigenen Bordellen und Lebensbornen verdient eine eigene Darstellung und kann hier nur erwähnt werden.[10] Der nationalsozialistischen Vernichtungspolitik fielen auch das 1906 von Bertha Pappenheim gegründete Reformmädchenheim in Neu-Isenburg und seine Bewohnerinnen zum Opfer.

---

7 Britta Konz, Bertha Pappenheim (1859–1936). Ein Leben für jüdische Tradition und weibliche Emanzipation. Reihe »Geschichte und Geschlechter«, Band 47. Ffm. 2005.

8 In Baden-Württemberg wurde die Mitternachtsmission Heilbronn in den 60er Jahren des vorigen Jahrhunderts gegründet.

9 Aus der »Statistik der evangelischen Liebestätigkeit« des Central-Ausschusses für Innere Mission 1929, zit. In: Reinhard van Spankeren, Historischer Abriss. In: Dortmunder Mitternachtsmission, Daten und Fakten. www.standort-dortmund.de/mitternachtsmission (eingesehen: 5. November 2015).

10 Kurze Übersicht: Gugel, Spannungsverhältnis (s. Anm. 4), 30ff.; Helga Amesberger / Karin Auer / Brigitte Halbmayr, Sexualisierte Gewalt. Weibliche Erfahrungen in NS-Konzentrationslagern, Wien 2004; Christa Paul, Zwangsprostitution. Staatlich errichtete Bordelle im Nationalsozialismus. Berlin 1994.

2 »Gäbe es keine Prostituierten, könnten wir anderen Frauen uns nicht mehr auf die Strasse trauen [...]« – Prostitution und soziale Disziplinierung in der Nachkriegszeit

In den ersten Nachkriegsjahren stieg die Armuts- und Überlebensprostitution von Frauen stark an. In den Jahren des wirtschaftlichen Aufschwungs etablierten sich Bordell-, Straßen- und Lokalprostitution. War Prostitution in der DDR verboten, galt sie in der BRD als sittenwidrig und »gemeinschaftsschädlich« (BGB 138.I), aber erlaubt.[11] Prostituierte hatten keine Möglichkeit, einer Renten-, Kranken- oder Sozialversicherung beizutreten oder vorenthaltenen Lohn einzuklagen, waren aber gleichwohl einkommenssteuerpflichtig. Der 1974 abgeschaffte sogenannte Kuppeleiparagraf (§ 180 StGB) reglementierte sowohl den Betrieb von Bordellen wie nichteheliche Sexualität, so konnten z. B. Vermieter oder Hoteliers bestraft werden, die nicht verheirateten Paaren eine Unterkunft zur Verfügung stellten. Die in der Weimarer Zeit begonnene Eingliederung auch diakonischer Mädchenheime in das sie oft disziplinierende Fürsorgesystem wurde fortgeführt.[12] Hier wurden auch Mädchen eingewiesen, die »in die Prostitution abzugleiten« drohten, was an abweichendem Verhalten festgemacht wurde: » [...] sie ist sehr egoistisch, putzsüchtig und besucht leidenschaftlich gern das Kino. Sie hat einen Hang zum Lügen und ebenso zu geschlechtlichen Ausschweifungen [...]. Nach Äußerungen ihrer Mitschülerinnen ist sie bereits mit 11 Jahren hinter Jungen hergelaufen [...].«[13] Dennoch wurde Prostitution geduldet. Ihr wurde Ventilfunktion für die »Triebhaftigkeit« des Mannes und somit eine Schutzfunktion zugunsten »anständiger« Frauen zugestanden. Das BGB unterstellte diese der Kuratel ihres Ehepartners: Bis 1977 waren Frauen durch die Eheschließung zur »Führung des Haushalts verpflichtet« und zur Aufnahme oder Weiterführung eines

---

11 Schmackpfeffer, Frauenbewegung (s. Anm. 4), 86–90.

12 Silvia Kontos, Öffnung der Sperrbezirke: Zum Wandel von Theorie und Politik der Prostitution. Königstein/Taunus 2009, 248ff.; Friedrich W. Stallberg, Sozialarbeit im Prostitutionsbereich: Verhinderungsbedingungen, Ansätze, Aussichten. In: Alfred Bellebaum / Heribert J. Becher / Michael Th. Greven, (Hrsg.), Helfen und Helfende Berufe als soziale Kontrolle. Opladen 1985, 103–124.

13 Zitate in: Annette Lützke, Öffentliche Erziehung und Heimerziehung für Mädchen 1945 bis 1975 – Bilder »sittlich verwahrloster« Mädchen und junger Frauen. Diss. Univer-sität-Gesamthochschule Essen. 2002, 188. Zur tatsächlichen Prostitution, 214–226. http://d-nb.info/966176626/34.

Berufs von dessen Zustimmung abhängig. Erst 1997 wurde die Vergewaltigung in der Ehe als Straftatbestand anerkannt (§ 177 StGB), nachdem es noch 1966 nach Urteil des Bundesgerichtshofs als Pflichtverletzung galt, wenn eine Ehefrau ihren ehelichen Pflichten teilnahmslos nachkam. Die neue Frauenbewegung bekämpfte daher von Anfang diese Doppelmoral – ein Signal war 1975 die Besetzung einer Kirche in Lyon durch Prostituierte und Feministinnen, um gegen Polizeiwillkür zu protestieren.[14] Fast parallel zum Erstarken der zweiten Frauenbewegung und der Entstehung der Hurenbewegung[15] breitete sich männlicher Sextourismus nach Südostasien, Kenia und in die Dominikanische Republik aus.[16] Der Weltgebetstag der Frauen 1980 mit dem Schwerpunkt Thailand brachte das Thema Zwangsprostitution in die kirchliche Öffentlichkeit und die Frauenarbeit ein. Auch das Diakonische Werk der EKD definierte in den 90er Jahren Hilfen für Menschen in Prostitution als diakonisches Aufgabengebiet und gründete 2000 die Arbeitsgemeinschaft »Prostitution und Menschenhandel (PUM)«.[17]

3 »Wir sind Frauen wie andere auch«[18] – Das Prostitutionsgesetz 2002 und die Veränderungen im Prostitutionsmilieu

Im Januar 2002 trat das Prostitutionsgesetz (ProstG) in Kraft.[19] Sein Ziel war es, die rechtliche und soziale Lage von Prosituierten zu verbessern. Prostitution gilt nach dem ProstG nicht mehr als sittenwidrig. Dies beinhaltet,

---

14 Schmackpfeffer, Frauenbewegung (s. Anm. 4), 100–103.

15 Almuth Waldenberger, »… wie andere auch!« Geschichte und Debatten der Hurenbewegung in Deutschland und Österreich von den 1970er Jahren bis 2011. Dipl.-Arbeit Universtität Wien 2012, http://othes.univie.ac.at/20344/1/2012-05-11_0305907.pdf.

16 Regula Renschler u. a., Ware Liebe. Sextourismus. Prostitution. Frauenhandel. Wuppertal 1988.

17 Diakonisches Werk der EKD, Prostitution und Menschenhandel – eine Herausforderung für Kirche und Diakonie. 08/2001; Diakonisches Werk der EKD, Prostitution und Menschenhandel. Was hilft? Neue Bündnisse und Wege in der Arbeit, Dokumentation der Fachtagung des Diakonischen Werkes der EKD vom 14. bis 16. März 2001 in Berlin. Dokumentation 04/2001.

18 So der Titel eines Buches der Aktivistin Pieke Biermann.

19 Bündige Beschreibung in: Elisabeth von Dücker / Beate Leopold / Christiane Howe / Museum der Arbeit Hamburg (Hrsg.), Sexarbeit – eine Welt für sich. Erzählstücke aus

dass Prostituierte einen Anspruch auf vorher vereinbarte Entgelte für ihre Leistungen haben und sie theoretisch einklagen können. Auch wird es Prostituierten ermöglicht, sozialversicherungspflichtige Beschäftigungsverhältnisse einzugehen und eine Krankenversicherung abzuschließen. Zuhälterei ist nach dem Strafgesetzbuch (§ 181a StGB) weiterhin strafbar, sobald die Arbeitsbedingungen der Prostitutionsausübung zur Profiterzielung fremdbestimmt werden, nicht aber die »Begünstigung von Prostitution« (§ 180a StGB), z. B. durch das Vermieten von Zimmern. Diese Entkriminalisierung sollte die Arbeitsbedingungen in Bordellen verbessern und für eine freundlichere Gestaltung von Zimmern und mehr Sicherheit sorgen. Eine von der Bundesregierung in Auftrag gegebene Evaluation 2007 ergab, dass das ProstG den Prostituierten selbst kaum Verbesserungen gebracht hat. Das Gesetz bietet zwar Möglichkeiten, es gibt aber keine Verpflichtungen, den gewonnenen Freiraum in gute Arbeitsbedingungen umzuwandeln.[20]

Doch hat sich nach Gesetzeseinführung und im Rahmen neoliberaler Marktwirtschaft die Prostitutionslandschaft gewandelt. Prostitution ist ein »gutes Geschäft«, und Bordellinhaber (und Bordellinhaberinnen) streben weg vom Image des klassischen Zuhälters hin zu Unternehmern. Der »Bundesverband sexuelle Dienstleistungen e.V.« präsentiert sich auf seiner Homepage als Gruppe alerter Manager und charakterisiert in einer Imagebroschüre »Unternehmer Fred« so: »Er liebt das Prostitutionsgewerbe und das ganze Drumherum und diskutiert gern mit den Prostituierten und Kunden […]. Ihm ist sehr an der Seriosität seiner Branche gelegenen und er achtet peinlichst auf die Einhaltung der Gesetze.«[21] Online-Prostitutionswerbung und vor allem Community-Plattformen, die von professionellen Angeboten bis zu Sexkontakt- oder Seitensprungbörsen reichen, machen

erster Hand. Freiburg 2008, 32–37; zur Entstehung: WALDENBERGER, wie andere auch (s. Anm. 15), 90ff.

20 BUNDESMINISTERIUM FÜR FAMILIE, SENIOREN, FRAUEN UND JUGEND (Hrsg.), Bericht der Bundesregierung zu den Auswirkungen des Gesetzes zur Regelung der Rechtsverhältnisse der Prostituierten. 2007.

21 BUNDESVERBAND SEXUELLE DIENSTLEISTUNGEN E.V. (Hrsg.), Gute Geschäfte. Rechtliches ABC der Prostitution. Berlin 2005, 25. Anders sehen das »Milieu«-Vertreter der Polizei: MANFRED PAULUS, Zwangsprostitution im ländlichen, grenznahen Raum. Rotlichtkriminalität. In: FREIJA – AKTIV GEGEN MENSCHENHANDEL UND ZWANGSPROSTITUTION, Drei Länder – ein Problem. Dokumentation des Fachtags und der Kick-Off-Veranstaltung am 7. Februar 2007. 39–43.

die Grenze zwischen privater und kommerzieller Sexualität fließender.[22] Private Kontaktanzeigen präsentieren sich zunehmend pornographisiert, und früher strikt getrennte Symbolwelten vermischen sich: High Heels, Stiefel, entsprechende Dessous sind in jedem Kaufhaus zu haben. Da Prostitutiton auch im Buchgeschäft verkaufsfördernd wirkt, machen »Erlebnisberichte« Gelegenheitsprostitution als Feld erotischer Erfahrung oder Studentinnenjob populär. [23]

Angebote und Nachfragen sind vielfältiger geworden.[24] Neben klassischen Bordellen, Laufhäusern und Terminwohnungen entstanden »FKK-Clubs« und »Wellness-Oasen«. Oft als »Freizeitclub« deklariert, können diese einschränkende Gesetze wie das Gaststättengesetz umgehen und bieten in der Regel sexuelle Dienstleistungen zu sich unterbietenden Discountpreisen an.[25] Polizeivertreter beschreiben Großbordelle »als Einrichtungen, in denen als offizielle Geschäftsführer unbescholtene Strohpersonen eingesetzt werden, während die tatsächlich und im Hintergrund agierenden Verantwortlichen direkt aus dem Zuhälter- oder Schwerkriminellen-Milieu stammen und fast durchgängig enge Beziehungen zur Organisierten Kriminalität haben«.[26] Öffentliche Aufmerksamkeit fand diese Form der Prostitution und Arbeitsausbeutung durch den Widerstand von auch durch örtliche Kirchengemeinden unterstützten Bürgerinitiativen gegen Großbordelle in den Kleinstädten Weinheim und Schorndorf[27] und die aggressive Werbung des Flatratebordells »Pussy-Club« in Fellbach 2009.[28] Schnäppchenmentalität auch hinsichtlich sexueller Dienst-

---

22 Nicola Döring, Prostitution in Deutschland: Eckdaten und Veränderungen durch das Internet. Zeitschrift für Sexualforschung, 27(02) 2014, 99–137; 114f.; 117.

23 Tamara Domentat, Lass dich verwöhnen. Prostitution in Deutschland. Berlin 2004; Felix Ihlefeldt, Abenteuer Hure. Prostitution als weibliches Hobby. Berlin 2002; Peter Wagner, »So eine nette Arbeitsstelle werde ich nie wieder haben«. Interview mit Sonia Rossi, jetzt.de, 28. August 2008. http://jetzt.sueddeutsche.de/texte/anzeigen/445101.

24 Kompakter Überblick in: Gisela Zohren, Der Einstieg in den Ausstieg – Motivationen, Hindernisse, Chancen. In: P.I.N.K., (Hrsg.), Dokumentation des Fachtages zur offiziellen Eröffnung des Modellprojektes P.I.N.K. Freiburg, 15–18.

25 Marcel Feige, Das Lexikon der Prostitution. Das ganze ABC der Ware Lust – die käufliche Liebe in Kultur, Gesellschaft und Politik. Berlin 2003, 179; 230–234.

26 Gugel, Spannungsverhältnis (s. Anm. 4), 54.

27 Alice Schwarzer (Hrsg.), Prostitution. Ein deutscher Skandal. Köln 2013, 156–163.

28 Pussy-Club in Fellbach. Chronologie eines Skandals. Stuttgarter Zeitung 23. Juli 2010; http://www.stuttgarter-zeitung.de/inhalt.pussy-club-in-fellbach-chronologie-eines-skandals.5da03b16-5aa0-42b7-a821-40007ad54bb0.html (eingesehen am 05. 11. 2015).

leistungen[29] und Preisdruck wirken sich auch auf Prostituierte in traditionellen Bordellen, in Wohnungen oder dem Straßenstrich aus. »Denn in der Prostitution wird heute für weniger Geld wesentlich mehr Leistung unter riskanteren Arbeitsbedingen erbracht als noch vor 10 Jahren.«[30]

Möglich wurden solche Discountpreise durch die Rekrutierung billiger und ausbeutbarer Arbeitskräfte.[31] Bereits kurz nach dem Mauerfall setzte ein innereuropäischer Billig-Sextourismus nach Polen und Tschechien ein. Der Beitritt Polens, Tschechiens und Litauens zur EU 2004 und Rumäniens und Bulgariens 2007 öffneten die Grenzen zur Arbeitsmigration. Bürgerinnen der neuen EU-Staaten können in Deutschland legal einer Tätigkeit als selbstständige Prostituierte nachgehen, finden sich aber wie viele andere Arbeitnehmer auch in einer Scheinselbstständigkeit wieder, in der sie nicht wirklich frei über ihre Arbeitsmodalitäten bestimmen können.[32] Frauen aus Nicht-EU-Staaten haben keine Möglichkeit, legal als Prostituierte zu arbeiten. Sie können in Deutschland nur illegal oder in Abhängigkeit von einem Ehemann leben und arbeiten und sind so von Sozialleistungen ausgeschlossen und besonders vulnerabel. Nicht alle, aber ein Teil der Prostituierten sind Opfer von Menschenhandel und wurden durch Täuschung oder Gewalt in die Prostitution gezwungen. »Es gibt nur ein Prinzip: immer billiger. Und nur eine Himmelsrichtung: Osten«[33] gilt sowohl für prekäre Arbeitsverhältnisse von Migrantinnen wie die Wünsche der Konsumenten, sei es in der Fleisch- oder Sexindustrie.

---

29 Zur Konsummentalität und geänderten Wünschen der Freier: Sabine Grenz, Das perfekte sexuelle Erlebnis. Freier auf der Suche. Heinrich-Böll-Stiftung, Grüne Akademie, Werkstattgespräch Zwangsprostitution, Menschenhandel und der Freier. 2007. https://www.boell.de/sites/default/files/assets/boell.de/images/download_de/menschenhandel_grenz_erlebnis.pdf (eingesehen: 28.08.2015).

30 Andrea Weppert, Beratung von Prostituierten unter veränderten gesetzlichen Voraussetzungen. Ein Bericht aus dem Gesundheitsamt Nürnberg, in: Barbara Kavemann/Heike Rabe (Hrsg.), Das Prostitutionsgesetz. Aktuelle Forschungsergebnisse, Umsetzung und Weiterentwicklung, Opladen 2009, 262.

31 Inge Bell, »Fleischbeschau«. OST-WEST. Europäische Perspektiven. 2 (2002).

32 Von Dücker, Sexarbeit (s. Anm. 19), 18 f.

33 Anne Kunze, Die Schlachtordnung. ZEIT 51 (2014); www.zeit.de/2014/51/schlachthof-niedersachsen-ausbeutung-arbeiter (eingesehen: 18.08.2015).

4 Menschenhandel im Dreiländereck – die Initiative FreiJa[34]

2001 hatte sich die badische Arbeitsgruppe »Frauen unterwegs für das Leben« anlässlich des Kirchentags in Berlin mit Vertreterinnen des KOK[35] (Koordinierungskreis gegen Frauenhandel und Gewalt an Frauen) getroffen und sich über Frauenhandel im Transitland Deutschland informiert. Die Frauen waren erschüttert, dass Menschenhandel nach Waffen- und Drogengeschäften den drittgrößten kriminellen »Wirtschaftsfaktor« darstellt.[36] Gefördert durch Informationsveranstaltungen der Evangelischen Frauen in Deutschland, wurde das Thema »Zwangsprostitution« von der badischen Frauenarbeit (so die Bezeichnung bis 2012) im Rahmen der »Dekade zur Überwindung von Gewalt« (2001–2010) als ein Schwerpunkt gewählt und damit in den Kontext der Gewalt gegen Frauen und Mädchen gestellt. 2002 beteiligte sich die Frauenarbeit mit dem Workshop »Gewalt im Leben von Frauen« am Ersten Badischen Forum zur Dekade. Seit 2003 wurde der Internationale Aktionstag »Nein zur Gewalt an Frauen« am 25. November für Aufklärungsveranstaltungen genutzt, 2003 beginnend mit »Frauenhandel und Zwangsprostitution« in Zusammenarbeit mit der Hilfsorganisation Solwodi.[37] Weitere Themen waren: »Frauen als Opfer von Folter und Krieg« (2004), »Zwangsheiraten« (2005), häusliche Gewalt (2006, 2007) und Arbeitsausbeutung in der Textilindustrie (2009). Dieser Sensibilisierung für das Thema Prostitution folgte bald praktische Hilfe.

Die Entstehung eines Projektes »Aktiv gegen grenzüberschreitenden Menschenhandel und Zwangsprostitution« in der Evangelischen Landeskirche in Baden geht zurück auf die Erfahrungen in unterschiedlichen Bereichen diakonischer Arbeit. In die Beratungsstellen von Diakonischen Werken wurden z. B. Frauen im Schwangerschaftskonflikt gebracht, deren Geschichten unglaubwürdig klangen, deren Not aber spürbar war. Die Bahnhofsmissionen beobachteten junge Mädchen, die nicht wussten wohin, die verstört waren,

---

34 Eine Zusammenstellung der wichtigsten Daten stellte Inge Bayer, Evang. Frauen in Baden / Evang. Oberkirchenrat, zur Verfügung.

35 http://www.kok-gegen-menschenhandel.de. Der KOK unterscheidet zwischen Menschenhandel zur sexuellen Ausbeutung, zur Arbeitsausbeutung und zur Ehe.

36 Unterwegs für das Leben, Friedberg 2001, 26.

37 Solwodi (Solidarity with Women in Distress) wurde von der Ordensschwester Dr. Lea Ackermann in Kenia gegründet und betreibt seit 1987 auch Beratungsstellen in Deutschland. www.solwodi.de.

die weinten. In die Frauenhäuser brachte die Polizei Frauen, die in besonderer Form sexuelle Gewalt erfahren hatten. Allen Situationen war gemeinsam, dass eine Verständigung mit den Frauen kaum möglich war. In der Grenzregion entlang der deutsch-französischen wie der deutsch-schweizerischen Grenze floriert das Geschäft mit der Prostitution. Ein Preisgefälle, unterschiedliche gesetzliche Bedingungen, gute Verkehrsanbindungen, die Hoffnung auf Anonymität und das aufregende Fremde sind Zutaten für ein Gewerbe, das sich einer Gesamtschau entzieht. Unterschiedliche Zuständigkeiten und Sprachen erleichtern auch Menschenhändlern das Hin- und Herschieben von Frauen: »In einem Land wird gewohnt, im anderen angeschafft.«[38] 2004 verschärfte sich die Lage in Grenzstädten wie Weil: Frauen wurden für drei visumsfreie Monate in Behelfswohnungen in Weil untergebracht und nach Basel zum Anschaffen geschickt, nach drei Monaten wurden sie von dort nach Frankreich verschoben und im Zirkelschluss wieder nach Deutschland. Belastbare Zahlen lassen sich oft nur schwer erheben: 2004 meldete das Landeskriminalamt 54 Fälle von Menschenhandel mit 23 Ermittlungsverfahren in Baden-Württemberg.[39]

Diakonische Beratungsstellen in Baden konnten betroffenen Frauen keine adäquate schützende Hilfe bieten. 2003 gründeten daher die für die Regionen zuständigen Diakonischen Werke Breisgau-Hochschwarzwald, Lörrach und Ortenaukreis und das Diakonische Werk Baden als Dachverband die Arbeitsgruppe »Menschenhandel und Prostitution in der Grenzregion«, zu der über die Gruppe »Unterwegs für das Leben« der Kontakt zur badischen Frauenarbeit hergestellt wurde. Ziel war der Aufbau einer Fachberatung für von Menschenhandel und Zwangsprostitution betroffene Frauen. Im November 2003 fand ein grenzüberschreitendes Treffen auf der Clausmatt bei Ribeauville

---

38 BARBARA KOHLSTRUCK, In einem Land wird gewohnt, im anderen angeschafft. Grenzüberschreitende Zusammenarbeit gegen Frauenhandel und Zwangsprostitution. In eFa. Zeitschrift der evangelischen Frauenarbeit 7–8 (Juli/August 2005), 22. – In Frankreich galt im genannten Zeitraum »Racolage«, das offensive Werben für Prostitution auch durch die Prostituierten selbst, als verboten. Seit 2013 werden nach schwedischem Vorbild Freier bestraft. Über die Situation in der Schweiz informiert: REFORMIERTE, CHRIST- UND RÖMISCH-KATHOLISCHE KIRCHEN BASELLAND (Hrsg.), Ohne Glanz und Glamour. Frauenhandel und Zwangsprostitution im Zeitalter der Globalisierung. Szene Schweiz. Begleitheft zur Ausstellung. 2006. Übersicht über die Gesetzeslage aller drei Länder: STEFANIE TRÄNKLE, Drei Länder – ein Problem. In: FREIJA, Drei Länder, 20–34.

39 Das BKA meldete für 2005 317 Ermittlungsverfahren in ganz Deutschland und registrierte 642 Opfer. FREIJA, Drei Länder (s. Anm. 21), 17.

statt, an dem Vertreter und Vertreterinnen der südbadischen Diakonischen Werke, des Diakonischen Werkes Baden, des Evangelischen Oberkirchenrates und der Frauenarbeit in Baden sowie der französischen Sozialinitiative »Espoir« teilnahmen. Grundsätzlich wurde festgehalten: »Prostitution ist hinzunehmen, jedoch nicht die Zwangsprostitution.«[40] Das Konzept eines Regionetzwerks präzisierte: »Der Handel mit Frauen bedeutet die systematische und permanente Verletzung der Rechte von Frauen, nämlich ihrem Recht auf Selbstbestimmung und ihre psychische und physische Integrität. Frauenhandel ist somit eine ausgeprägte geschlechtsspezifische Form alltäglicher Gewalt gegen Frauen und muss im Kontext der strukturbedingten Benachteiligungen von Frauen gesehen werden.«[41] Zielgruppen der Beratung sollten daher nicht allein Opfer von Zwangsprostitution, sondern Frauen mit Gewalterfahrungen im Prostitutionsmilieu allgemein oder in ausbeuterischen Arbeitsverhältnissen wie z. B. Haushaltshilfen sein. Zunächst bestand die Notwendigkeit, eine Beratung zum Schutz und Unterstützung der Opfer aufzubauen und die dazu benötigten Finanzierungsquellen zu erschließen. Der dazugehörige Schritt war das Eingehen von innerkirchlichen, kommunalen, landesweiten und grenzüberschreitenden Kooperationen. Mit Hilfe der Frauenarbeit der Landeskirche wurde eine Mischfinanzierung aus Mitteln der »Aktion Mensch«, des Oberkirchenrats und Diakonischen Werks Baden sowie Eigenmitteln der Akteure vor Ort konstruiert. Die Frauenarbeit sagte 2005 die Bezuschussung der Fachberatung auf drei Jahre zu. So konnte am 1. Juni 2006 »FreiJa – Aktiv gegen Menschenhandel und Zwangsprostitution« mit drei grenznahen Beratungsstellen in Weil, Kirchzarten und Kehl starten. Das Beratungsprojekt vernetzte sich mit der Mitternachtsmission in Heilbronn, dem Fraueninformationszentrum in Stuttgart, der Aidshilfe Basel und der Schweizer Initiative »Aliena« sowie dem französischen »Mouvement du Nid«[42], deren Streetwork in Strasbourg von nun an gemeinsam mit FreiJa in Kehl betrieben wurde. Das Diakonische Werk Baden initiierte den Kontakt in die Herkunftsländer der Frauen. Eine Kollekte aus »Hoffnung für Osteuropa« wurde in Belarus und Rumänien eingesetzt. Die Frauengruppe »Semja« in Belarus wurde unterstützt, präventive Aufklärung und Rückkehrhilfen anzubieten.

---

40 Protokoll der Veranstaltung »Menschenhandel in der Grenzregion«, 20. 11. 2003, Clausmatt/Ribeauville. Internes Papier Evang. Oberkirchenrat Baden.

41 Regionetzwerk der Kirchen und der Diakonie am Rhein gegen Zwangsprostitution und Menschenhandel, Konzeption eines Hilfesystems im Bereich des Diakonischen Werks Baden, 3. Mai 2004. Internes Papier Evang. Oberkirchenrat Baden.

42 http://www.mouvementdunid.org.

In den Jahren 2006–2009 begleitete FreiJa 58 Personen, die Schutz benötigten und ohne Anspruch auf Sozialleistungen oder alternative Arbeitsmöglichkeiten hoch ausbeutbar waren. Die Frauen kamen größtenteils aus Ost- und Mitteleuropa, aber auch aus Deutschland und Nigeria. Aus einem 2006 eingerichteten Opferfonds konnte die Frauenarbeit immer wieder Einzelfallhilfe finanzieren – sei es zur Anmietung einer Wohnung, Ausstattung mit dem Nötigsten oder Fahrkarten zur Rückreise wie exemplarisch in diesem Fall:

> »Frau A., Jahrgang 1989, wurde bei der Straßenprostitution in Strasbourg vor einigen Tagen ausgeraubt. Ein Freier hat ihr die Plastiktüte, in der sie ihren Ausweis und ihr Geld hatte, weggenommen. Sie wollte zur Polizei gehen, aber ohne Sprachkenntnisse und ohne Papiere hat sie sich nicht getraut. Sie lebt seit ca. 3 Monaten in Kehl in unterschiedlichen Pensionen und geht in Strasbourg der Prostitution auf dem Straßenstrich nach. Jetzt ist sie völlig verunsichert, hat nichts mehr und möchte nur noch nach Hause in ihr Heimatland Bulgarien. […] Das nötige Geld für die Unterbringung sowie eine Busfahrkarte nach Sofia und etwas Taschengeld beantragen wir über einen Fonds, die Rückreise wurde von uns organisiert.«[43]

Die Frauenarbeit berichtete regelmäßig über die Entwicklung des Beratungsprojektes in ihrem Informationsorgan »ganz persönlich«. Im Jahr 2006 beteiligte sie sich mit zwei Veranstaltungen »Zerbrochene Träume – die bittere Wirklichkeit des Frauenhandels« und »Fair Play auch im Bordell« an der von Terre des femmes zur Verfügung gestellten Ausstellung »Ohne Glanz und Glamour – Prostitution und Frauenhandel im Zeitalter der Globalisierung«.

5 »Prostitution is there because men are looking for it.«[44] – Freierkampagnen

1999 hatte Schweden den»Kauf sexueller Dienstleistungen« unter Strafe gestellt. Verfolgt und mit Geldbußen belegt werden nicht die Prostituierten, sondern die Freier, die durch ihre Nachfrage erst einen Markt schaf-

43 FREIJA, Jahresbericht 2008. 3.

44 Zitat aus einer Freier-Studie: JAN MACLEOD u. a. (Hrsg.), Challenging Men's Demand for Prostitution in Scotland. A Research Based on Interviews with 110 Men who bought Women in Prostitution. 2008, https://whiteribbonscotland.files.wordpress.com/2008/04/challenging_mens_demand.pdf. Eine von Hydra in den 90er Jahren initiierte Studie ging

fen.[45] Auch in Deutschland wurde überlegt, ob eine »Freierbestrafung« zumindest im Falle von Zwangsprostitution sinnvoll sei. Die »Arbeitsgemeinschaft zu Prostitution und Menschenhandel« im Diakonischen Werk der EKD setzte generell auf Sensibilisierung statt Strafverfolgung, da über 20 Prozent identifizierter Opfer auf Hinweise von Freiern hin entdeckt würden.[46] Anlass zu einer breiten Kampagne bot 2006 die Fußballweltmeisterschaft in Deutschland. Mutmaßungen von 40.000 zusätzlich nach Deutschland geschleusten Frauen erregten die Medien.[47] Die Großveranstaltung wurde vom Diakonischen Werk der EKD zur Schaltung einer Beratungshotline und der Kampagne »Handeln gegen Zwangsprostitution« genutzt. Das Diakonische Werk und die Frauenarbeit Baden standen in dem Dilemma, das wichtige Thema Frauenhandel nicht unter Klischees von Gewalt- und Elendsschilderungen zu begraben, andererseits auch keiner Verharmlosung als das »Gerede um den Menschenhandel« Vorschub zu leisten. Die badische Frauenarbeit beteiligte sich an einer gezielt an Männer gerichteten Postkartenkampagne »Schau genau … eine Frau«. Die Postkarte lockte mit dem Bild einer blonden Frau am Pool und gab auf der Rückseite Hinweise, wie ein Freier erkennen könne, ob eine Prostituierte ihrer Tätigkeit freiwillig oder unter Zwang nachkomme. 24.000 Karten wurden in Lokalen und Kneipen in badischen Großstädten verteilt.[48] Parallel dazu startete das Diakonische Werk Baden die Kampagne »Frauenheld«. Eine speziell an Männer gerichtete Internetseite informierte darüber, was Freier bei Verdacht auf Zwangsprostitution tun könnten, hielt eine Liste helfender Einrichtungen bereit und eröffnete die Möglichkeit, den Verdacht anonym bei der Polizei anzeigen zu können. Durch Verteilpostkarten mit Zorro-Motiv und Kleinanzeigen im Umfeld einschlägiger Sexanzeigen in

---

von 12 Millionen Prostitutionskunden in Deutschland aus. Dieter Kleiber / Doris Velten, Prostitutionskunden. Eine Untersuchung über soziale und psychologische Charakteristika von Besuchern weiblicher Prostituierter in Zeiten von Aids. Bonn 1994.

45 Deutsche Gesellschaft für technische Zusammenarbeit (GTZ) (Hrsg.), Zielgruppe: Freier. Möglichkeiten zur Ansprache von Prostitutionskunden. Eschborn 2005.

46 PUM, Eckpunkte Freierbestrafung, 20.10.2005/internes Papier Diakonisches Werk Baden; Martin Rosowski, Männer tragen Verantwortung – Gemeinsam gegen Zwangsprostitution und Menschenhandel. 2004. www.diakonie.de/downloads/Rosowski-Maennerverantwortung.pdf (eingesehen: 18.08.2015).

47 Costanze von Bullion, Rotlichtbezirk Fußball-WM. Eine Kampagne wendet sich gegen den Import von 40.000 Prostituierten, die es vermutlich gar nicht gibt. SZ, 20.02.2006.

48 Inge Bayer, »Schau genau, eine Frau …«. Aufklärungskampagne zur Fußballweltmeisterschaft 2006. Ekiba intern 3 (2006), 3.

Zeitungen wurde auf die Internetseite und auf Spendenmöglichkeiten für FreiJa aufmerksam gemacht.[49]

6 »Der erste Ort, wo ich einfach erzählen konnte, wer ich bin und was ich mache, ohne mich schämen zu müssen« – Das Beratungsprojekt P.I.N.K.

Angst vor Sanktionen, Scham, fehlendes Wissen, mangelnde Deutschkenntnisse und Misstrauen verhinderten, dass die meisten betroffenen Frauen sich selbst an die Beratungsstellen wandten. Den Kontakt vermittelten andere soziale und diakonische Dienste, Pfarrgemeinden, Polizei, Kolleginnen, Privatpersonen oder immer wieder auch die Freier. Es mussten daher neue Wege zum direkten Kontakt und zum Erkennen der Opfer gefunden werden. Eine aufsuchende Arbeit im Prostitutionsmilieu wurde durch ein Bundesmodellprojekt zur Unterstützung des Ausstiegs aus der Prostitution begünstigt. Eine Förderung des Bundes und des Landes ermöglichte den Aufbau einer Beratung für den Ausstieg aus der Prostitution, P.I.N.K. (Prostitution. Integration. Neustart. Know-how.) in Freiburg und in der Ortenau und Umgebung. Daneben konnte FreiJa 2009 verstetigt und in zwei Fachberatungsstellen bei den Diakonischen Werken in Freiburg und Kehl überführt werden. Grundlage dazu war eine Förderung des Landes Baden-Württemberg und die stetige Zuweisung der Frauenarbeit und des Diakonischen Werkes Baden. Beide Beratungsstellen – für Prostituierte und für Opfer von Menschenhandel konnten sich nun gut ergänzen und das Vertrauen und den erforderlichen Zugang zu den Frauen mit Hilfebedarf finden.

Die wissenschaftliche Begleitung der Bundesmodellprojekte »Unterstützung des Ausstiegs aus der Prostitution« stellt fest, dass diese »gesellschaftlich entwertete Tätigkeit« die Frauen sowohl als Personen als auch im Zugang zu Hilfe und Unterstützung ausgrenzt und stigmatisiert[50], und fordert in ihrem Leitbild der Beratungspraxis eine akzeptierende Form

---

49 Diakonisches Werk Baden, Projekt »Aktiv gegen grenzüberschreitenden Menschenhandel und Zwangsprostitution« des Diakonischen Werks Baden. 09.05.2005. Internes Papier Diakonisches Werk Baden.

50 Bundesministerium für familie, Senioren, Frauen und Jugend (Hrsg.), »Abschlussbericht der wissenschaftlichen Begleitung zum Bundesmodellprojekt Unterstützung des Ausstiegs aus der Prostitution« September 2015. 13.

der Beratung von Prostituierten ein: »Akzeptierende Arbeit in diesem Feld bedeutet die Akzeptanz der Klienten/Klientinnen, sie bedeutet nicht notwendig die Akzeptanz der Prostitution.«[51] Deshalb leistet die Beratungsstelle P.I.N.K. nicht nur Beratung zur beruflichen Neuorientierung, sondern ist offen für alle Anliegen der Frauen wie Fragen zur Gesundheit, Altersversorgung, Versicherung, Schuldentilgung und allen belastenden Lebenserfahrungen. Die problematischen Lebensverhältnisse vieler Prostituierten erfordern zunächst die soziale Absicherung, bevor weitere Schritte zu einer Neuorientierung erfolgen können. Für die Beratung und Unterstützung ist eine respektvolle, wertschätzende Haltung gegenüber dem Menschen und seiner Tätigkeit erforderlich. P.I.N.K. konnte mit diesem offenen Ansatz mit jährlich rund 200 Frauen in Freiburg und 160 Frauen im Ortenaukreis in Kontakt kommen. Dies führte bei 66 Frauen zu einem intensiven Beratungs- und Begleitungsprozess, bei weiteren 52 Frauen konnten neue berufliche Perspektiven in Angriff genommen und der Ausstieg unterstützt werden.[52] In Baden wurden im Jahr 2013 und 2014 bei den Diakonischen Werken Mannheim[53] und Karlsruhe[54] zwei weitere Beratungsstellen für Prostituierte eröffnet. Damit gibt es entlang der Rheinschiene in Baden für Prostituierte Unterstützung in sozialen und gesundheitlichen Notlagen, bei der Suche nach einer beruflichen Alternative, Schutz vor Gewalt und eine Stärkung ihrer Rechte.

7 Empowerment und Empörung

Die Bewertung der Prostitution hat sich gewandelt, ist aber wie bereits in der ersten Frauenbewegung äußerst different. Grob vereinfacht lassen sich zwei Grundpositionen ausmachen:

Sexarbeit ist ein Tausch von Dienstleitungen, sei es in Form von Sexualität oder der Inszenierung von Fantasien, gegen Bezahlung. Sie beruht auf einer eigenständigen Entscheidung, einem freiwilligen Kontrakt mündiger Personen. Sexarbeit ist daher als Beruf anzuerkennen, der, wie jede andere Erwerbstätigkeit auch, der Entfremdung unterliegen kann, aber scharf von Men-

51 Ebd., 61

52 P.I.N.K., Projektbericht 2009–2013. www.pink-baden.de.

53 www.amalie-mannheim.de.

54 www.diakonisches-werk-karlsruhe.de/beratungfuerprostituierte.

schenhandel zur sexuellen Ausbeutung abgegrenzt werden müsse. Ein Verbot der Prostitution oder eine Freierbestrafung zementierten die Genderkonstruktion vom triebhaften, aggressiven Mann und der Frau als Opfer.[55] Sexarbeit müsse als normales Gewerbe entkriminalisiert und die Rechte der Sexarbeiterinnen und Sexarbeiter gestärkt werden. Ausdruck der Menschenwürde sei die freie Selbstbestimmung, die auch die Verfügung über den eigenen Körper beinhalte.[56]

Diese Position wird vom »Bündnis der Fachberatungsstellen für Sexarbeiterinnen und Sexarbeiter« (bufaS), dem vor allem nichtkonfessionelle Beratungsorganisationen wie Hydra und Madonna, aber auch die Mitternachtsmission Dortmund und P.I.N.K. in Freiburg und Kehl angehören, vertreten.[57] Sie wird auch von Amnesty International unterstützt.

Die Gegenposition spricht sich in der Tradition des Abolitionismus für ein Verbot der Prostitution aus: »Wir sprechen uns ausdrücklich gegen jegliche Form der Diskriminierung von Frauen in der Prostitution aus und fordern einen Perspektivwechsel hin zu den Sexkäufern und den Profiteuren der Sexbranche durch ein Verbot des Kaufs von sexuellen Dienstleistungen. Der käufliche Erwerb eines Körpers ist ein Ausdruck von Macht und Gewalt. Niemand kann für das Recht bezahlen, über eine andere Person zu verfügen.«[58] Auch bei »freiwilliger« Prostitution liege oft der Schlüssel in Gewalterfahrungen in der Kindheit.[59]

Diese Position wird seit ihrer Gründung 1977 von der feministischen Zeitschrift EMMA vertreten, die 2013 die Kampagne »Wir fordern: Prostitution abschaffen!« startete.[60] Sie wird von der Terre des femmes[61] vertreten wie von neuen feministischen Initiativen wie FEMEN oder den Antifa-Feministinnen Störenfriedas[62] und dem deutschen Ableger der Männerorganisation

---

55 WALDENBERGER, wie andere auch (s. Anm. 15), 180 ff.

56 Über die Internetaktivität der Sexarbeiterinnen-Bewegung: DÖRING, Internet (s. Anm. 22) 127 f.

57 www.bufas.net. Informationen über einzelne Fachberatungsstellen in: DÜCKER, Sexarbeit, 29 f. (kurz) und unter dem jeweiligen Namen in FEIGE, Lexikon (s. Anm. 25).

58 Positionspapier Solwodi 2015. www.solwodi.de.

59 EUROPEAN WOMEN'S LOBBY, Achtzehn Mythen über Prostitution. https://banishea.files.wordpress.com/2014/09/18-mythen-c3bcber-prostitution.pdf (engesehen: 28. 08. 2015).

60 EMMA 6 (2013).

61 www.frauenrechte.de.

62 http://diestoerenfriedas.de.

Zéromacho[63]. Das mit FreiJa und P.I.N.K. trotz unterschiedlicher Ansätze kooperierende Mouvement du Nid wirbt mit »Abolir le système prostitueur«.[64] In Baden-Württemberg tendierte 2014 der Landesfrauenrat[65] zu einem »Sexkaufverbot«.[66]

Beide Positionen sind sich einig in der Entstigmatisierung der in der Prostitution Tätigen, berufen sich jeweils auf authentische Erfahrungen von Prostituierten, stehen sich aber in einer oft hoch emotional und bisweilen auf beiden Seiten dogmatisch geführten Diskussion diametral gegenüber.[67] Die Frage, ob die Annahme einer Person zwingend die Bejahung eines Systems, in dem sie sich bewegt, bedeutet, begegnet in fast allen Bereichen der Seelsorge und diakonischer Beratung, z. B. der Krankenhaus- oder Militär- und Soldatenseelsorge. Auch im kirchlichen Kontext gehen die Meinungen über die Bewertung von Prostitution auseinander.[68]

Die Diakonie Deutschland und die diakonischen Beratungsstellen haben sich klar zur Unterscheidung von Menschenhandel zum Zweck sexueller Ausbeutung und Prostitution bzw. Sexarbeit ausgesprochen.[69] Die diakonischen Beratungsstellen in Baden halten ein Prostitutionsverbot nicht für sinnvoll, da sie durch eine Illegalisierung der Prostitution eher eine Verlagerung in unkontrollierbare Bereiche und eine Erhöhung der Gewalt fürchten.[70] Zur Professionalität der Beratung gehört auch, widersprüchliche Interessen und Einschätzungen, Differenzen zwischen Individualethik und Sozialethik aushalten zu können. Akzeptanz ist die Grundvoraussetzung in der Arbeit mit weiblichen und männlichen Prostituierten und Betroffenen von Menschen-

---

63 Eine Übersicht über Initiativen gegen Prostitution: http://banishea.wordpress.com.

64 http://www.mouvementdunid.org.

65 www.lfrbw.de.

66 Die sehr differenzierte Diskussion und die Stellungnahme der diakonischen Beratungsstellen in: ASF AKTUELL 2 (2014).

67 S. auch WALDENBERGER, Wie andere auch (s. Anm. 15), 158ff., und RENATE KIRCHHOFF, Prostitution und Gesellschaft. P.I.N.K., Dokumentation des Fachtages zur offiziellen Eröffnung des Modellprojektes P.I.N.K. Freiburg 2011, 9–14.

68 Aufsehen erregte das »Diakonie-Magazin« des Diakonischen Werks Baden 2009 durch ein Interview mit einer Prostituierten, die ihre Tätigkeit überwiegend positiv bewertete. DIAKONISCHES WERK BADEN (Hrsg.), Begehrenswert. Die Prostituierte Christin fühlt sich in ihrem Körper daheim. Diakonie-Magazin 2009, 19–23.

69 DIAKONIE DEUTSCHLAND, Argumentationshilfe Prostitution und Menschenhandel. Berlin 2013. Und: Worauf es uns ankommt! 10 Punkte in der sozialen Arbeit mit Prostituierten und Betroffenen von Menschenhandel. Berlin 2015.

70 Stellungnahme diakonische Beratungsstellen, ASF AKTUELL 2 (2014), 14.

handel. Grundsätzlich geht es um die Anerkennung des Individuums, seiner Lebensumstände und seiner Entscheidungsfreiheit. Eine theoretische Grundlage bietet hierzu der Befähigungs-(Capability-)Ansatz von Amartya Sen, der »die Möglichkeit von Menschen, bestimmte Dinge zu tun und über die Freiheit zu verfügen, ein von ihnen mit Gründen für erstrebenswert gehaltenes Leben zu führen«, in den Mittelpunkt stellt.[71] Eine empathische, ressourcenorientierte Beratung zeigt Wege in und aus der Prostitution auf.[72]

8 Prostituierte und ihre Kunden in der Gemeinschaft der Heiligen

Angestoßen von den Evangelischen Frauen in Deutschland[73], konnten die Evangelischen Frauen in Baden (so seit 2012 statt »Frauenarbeit«) neue theologische und ethische Aspekte in die kircheninterne und öffentliche Diskussion einbringen und so vor allem in den Kirchengemeinden bewusstseinsbildend wirken.

Prostitution wird nicht mehr vorwiegend sexualethisch beurteilt.[74] Sie ist weder an einem Ideal ganzheitlicher Intimität oder Erotik zu messen noch Ausdruck weiblicher sexueller Befreiung. Sie ist vor allem Thema der Wirtschaftsethik, denn Prostitution ist ein Wirtschaftsfaktor, an dem nicht nur die unmittelbar Beteiligten, sondern ganze Branchen vom Anzeigenmagazin bis zu Rechtsberufen und nicht zuletzt der Staat profitieren.[75] Sie steht im Kontext des Armutsgefälles in Europa und dadurch erleichterter ausbeuterischer Lohnverhältnisse, wie sie auch Männer z. B. in Bauberufen oder der Schlachtindustrie betreffen.

---

71 Amartya Sen, The Standard of Living. Cambridge 1987, 36.

72 Vorschläge für die Beratungspraxis: Bundesministerium Familie, Senioren, Frauen und Jugend, Abschlussbericht 2015, 60ff.

73 Evangelische Frauen in Deutschland (EFiD), Prostitution und Menschenhandel. Theologische Aspekte. Impulspapier zur Diskussion in den Mitgliedsorganisationen von EFiD (2012).

74 Anders als Kirchhoff, Prostitution (s. Anm. 68), 14, halte ich eine abolitionistische Haltung nicht allein in einer an einem Phantom ganzheitlicher Sexualität orientierten Gesinnungsethik begründet.

75 Renate Kirchhoff, Frauenwürde, Prostitution und Gesellschaft. Junge Kirche 3 (2001), 55–59, 56; EFiD, 2012; Beate Leopold, Alles ist käuflich … Sexualität, Macht und Markt. In: Prostitution und Menschenhandel. Was hilft? Diakonie Dokumentation 4 (2001), 9–14.

Prostitution ist darüber hinaus im Bezugsrahmen von Gewalt gegen Frauen, auch von häuslicher Gewalt, Zwangsverheiratung, Migration aufgrund genderspezifischer Diskriminierung und Arbeitsausbeutung zu verorten. Sie steht im Rahmen einer Genderkonstruktion und der Reglementierung weiblicher Sexualität allgemein, obwohl sie selbst keine Frage weiblicher Sexualität ist.[76] Die Stigmatisierung einer gesellschaftlichen Gruppe hat immer auch den Zweck, den Mitgliedern der sich als »normal« Definierenden ihre eigene Vulnerabilität vor Augen zu führen. In einer liberalen, marktwirtschaftlich dominierten Gesellschaft funktioniert die Polarität von »Heiligen« und »Huren« nur noch bedingt, Sexarbeit symbolisiert den potenziellen Warencharakter und die Austauschbarkeit jeder »normalen» Erwerbstätigen.

Zwischen freiwilliger Sexarbeit in geschütztem Ambiente und krimineller Versklavung gibt es einen großen Zwischen- und Graubereich, in dem Frauen gefährdeter sind als in anderen Berufen. Diakonie und Frauenarbeit können Freiräume bieten, alle diese Aspekte wahrzunehmen und unterschiedliche Positionen kontrovers, aber fair zu diskutieren. Die Evangelischen Frauen in Baden und die Beratungsstellen kooperieren daher auch ideologiefrei sowohl mit Mouvement du Nid oder Solwodi wie auch mit dem bufas. Denn Theorien zahlen keine Mieten oder den Schulausflug für das Kind. Theorien zahlen auch keine Gehälter. Die badische Frauenarbeit unterstützt die Beratungsarbeit durch Stellenfinanzierung, Einzelfallhilfen und das Einwerben von Spenden. Beratungsarbeit braucht eine geregelte Finanzierung und Lobbyarbeit und die Unterstützung der Kirchengemeinden. Auch Prostituierte sind Teil der »Gemeinschaft der Heiligen«.[77] Eine Frau brachte es in einer evaluierenden Befragung auf den Punkt: »Gerechtigkeit. Akzeptiert zu werden wie jeder andere auch.«[78]

---

76 GUGEL, Spannungsverhältnis (s. Anm. 4); PETRA BOSSE-HUBER, Prostituierte in der Gemeinschaft der Heiligen. ahzw 2 (2007).

77 BOSSE-HUBER, Gemeinschaft (s. Anm. 77), 67.

78 Zit. nach: BARBARA KAVEMANN, Das Prostitutionsgesetz und die Kontroverse um die Auswirkungen. In: P.I.N.K. (Hrsg.), Zur Situation von Prostituierten. Dokumentation des Fachtages 2013, Folie 15; www.pink-baden.de/download/13-pink-fachtag-dokumentation.pdf (eingesehn: 3. 11. 2015).

III Perspektiven

Zukunft der Frauenarbeit

Irmgard Schwaetzer

Herzlichen Glückwunsch zu hundert Jahren Frauenarbeit in Baden. Hundert Jahre sind eine lange Zeit, in der sich die Frauenarbeit weiterentwickelt und verändert hat. Arbeit von und mit Frauen in der Kirche ist äußerst vielfältig und in den Landeskirchen und Verbänden sehr unterschiedlich organisiert. Deshalb sei zunächst der Begriff »Frauenarbeit« etwas eingegrenzt: In diesem Text blicke ich auf die Angebote, die sich im kirchlichen Kontext speziell an Frauen richten. Die Frage der verbandlichen Strukturen lasse ich dabei weitestgehend außer Acht. Vielmehr meint Frauenarbeit in diesem Kontext die konkrete Arbeit vor Ort.

1 Ein Blick zurück

Vor hundert Jahren waren viele Männer im Krieg. Die Frauen blieben zurück. Oft wird der Erste Weltkrieg als ein Motor der Frauenbewegung in der Kirche beschrieben. Frauen wurden in der Zeit des Krieges in der Gesellschaft sichtbarer. Sie fuhren die Straßenbahn, arbeiteten in der Fabrik und waren vor allem in sozialen Berufen aktiv.[1] Nach dem Umbruch des verlorenen Krieges, der Abdankung des Kaisers, den regionalen Revolutionen veränderte sich auch die Rolle der Frauen in der Gesellschaft: Ein Zeichen dafür ist das allgemeine Wahlrecht, das Frauen in Deutschland 1919 erhielten. Die Anfänge der Frauenarbeit haben die bestehenden Strukturen auch in der sogenannten

---

1 Vgl. Hannah Beitzer, Heimatfront im Dienste der Männer, unter http://www.sueddeutsche.de/politik/frauenbewegung-im-ersten-weltkrieg-heimatfront-im-dienste-der-maenner-1.2071424, abgerufen am 23.02.2016.

verfassten Kirche infrage gestellt, was nicht nur mit Inhalten, sondern auch mit der Arbeitsweise zusammenhing: Die Frauen orientierten sich in vielen Landeskirchen weniger an bestehenden Strukturen und mehr an gemeinsamen Themen. Liest man über die Anfänge der Frauenarbeit fällt auf, dass sie sich – vor allem in Baden – nicht nur außerhalb gemeindlicher Strukturen organisierte, sondern auch fernhielt von gewohnten Hierarchien. Das bot die Möglichkeit, die neue Zeit für ein Stück Selbstbestimmung zu nutzen. Eine Zusammenarbeit mit dem Gemeindepfarrer – auf die erste Gemeindepfarrerin galt es noch 50 Jahre zu warten – war möglich, aber strukturell bestand Unabhängigkeit.[2] Das ermöglichte von Beginn an eine hohe Beteiligung von Ehrenamtlichen. Nicht nur darin war die kirchliche Frauenarbeit wegweisend. Außerdem ging es um Vernetzung: Wo gibt es schon Erfahrungen? Wovon kann man in anderen Gemeinden profitieren? Frauenarbeit geschieht von Beginn an im Austausch der Frauen miteinander auf Augenhöhe.

Inhaltlich war kirchliche Frauenarbeit an vielen Orten zum einen Bildungs- und zum anderen Fürsorgearbeit. Frauen haben sich um die Schwachen und Benachteiligten in der Gesellschaft gekümmert, haben sich aber auch für die berufliche Aus- und Weiterbildung von Frauen engagiert und dadurch Einfluss auf eigenständigere wirtschaftliche Perspektiven genommen. Der Anteil der Fürsorgearbeit wuchs nach dem Ende des Zweiten Weltkriegs: Die Strukturen der Frauenarbeit hatten sich durch die Naziherrschaft an vielen Orten verändert, oft wurde vereinheitlicht und gleichgeschaltet, drängende Versorgungsfragen standen vor Bildungsfragen. Gleichzeitig wurden die Frauen durch ihr Engagement in der Gesellschaft sichtbarer als zuvor.[3]

Diese sich immer wieder in Veränderung befindlichen und regional sehr unterschiedlichen Strukturen stellen auch die Frage nach dem Verhältnis der Frauenarbeit zur Gemeinde. Es ist kein statisches Verhältnis, das einmal geklärt werden kann, sondern eine Frage, die sich immer wieder stellt. Bis heute. Gerade in den Bereichen Bildung und Diakonie begegnet die Frauenarbeit anderen starken Stimmen, mit denen es sich zu vernetzen gilt. Unabhängig von den Strukturen der Einbindung in Landeskirchen, Kirchenkreisen und Dekanaten stellt sich die Frage nach der inhaltlichen Ausrichtung. Des-

2 Heide-Marie Lauterer, Frauen in der Männerkirche: Vom »Evangelischen Frauenverein der Inneren Mission« zur »Frauenarbeit der Badischen Landeskirche«, in: »Kraft und Würde sind ihr Gewand und sie lacht des kommenden Tages …« (Buch der Sprüche 31,25), Hrsg. Evangelische Frauen in Baden, Karlsruhe 2006, 19.

3 A. a. O., 17.

halb folgt ein kurzer Blick in unterschiedliche Gestaltungsformen der Frauenarbeit.

2 Formen der Frauenarbeit und ihre Bedeutung für die Gemeinden

Der Bastelkreis ist ein Klischee. Wie viele Klischees enthält er einen wahren Kern. Auch im Bastelkreis wird der Fürsorgeaspekt der Frauenarbeit deutlich: Das Erstellte wird auf dem Gemeindebasar verkauft und kommt der Gemeinde oder bestimmten Gruppen zugute. Gleichzeitig wird – neben Fürsorge und Bildungsanspruch – ein weiterer Aspekt der Frauenarbeit deutlich: die Gemeinschaft und der Austausch der Frauen untereinander.

Darüber hinaus sind die Frauengruppen eine zentrale Stütze der Gemeinde. Kaum ein Gemeindefest ist bis heute – gerade in ländlichen Strukturen – vorstellbar, in denen nicht Frauengruppen tatkräftig mithelfen. Auch dieses Bild der Frauen, die die Kuchen backen, ist ein Klischee. Zu Recht: Die Beteiligung der Frauen in der Gemeindearbeit geht weit darüber hinaus. Knapp 70 Prozent der Ehrenamtlichen sind weiblich.[4] Sie sind Lektorinnen, gestalten Kindergottesdienste und übernehmen Andachten, gestalten die Gemeinden also auch durch Verkündigungsinhalte. Besonders deutlich wird die tragende Rolle der ehrenamtlichen Frauen in Krisensituationen, also zum Beispiel dann, wenn eine Pfarrstelle vakant ist. Oft füllen die ehrenamtlichen Frauen organisatorische und inhaltliche Leerstellen und halten so die Gemeinde zusammen. Hier ist es auch Aufgabe der verfassten Kirche, die Kompetenzen der Frauen und Männer, die dann ehrenamtlich »einspringen«, zu würdigen. Gerade in solchen Situationen kann die Stärke der Ehrenamtlichen deutlich werden, die mehr sind als eine Hilfe für die Dinge, die der Pfarrer oder die Pfarrerin nicht (mehr) schafft, sondern eigenständig gemeindliche Projekte organisieren und daran Freude haben. Wichtiger noch als der Dank für die Anerkennung der Leistungen der Ehrenamtlichen ist es aber, deren Kompetenzen und Lebenserfahrungen auf Augenhöhe zu begegnen. Diese Erkenntnis zu verinnerlichen, ist für die Zukunft unserer Kirche von zunehmender Bedeutung. Hier können die engagierten Frauen ein Vorbild für das

---

4 Zahlen und Fakten zum kirchlichen Leben, hrsg. vom Kirchenamt der EKD, Hannover 2015, unter https://www.ekd.de/download/zahlen_und_fakten_2015.pdf, abgerufen am 23.02.2016.

Priestertum aller Getauften sein, von dem schon Martin Luther sprach und an dessen Umsetzung wir bis heute arbeiten.

Politische Arbeit stand schon seit dem Entstehen der Frauenbewegung in der Mitte des 19. Jahrhunderts auf dem Programm. Dies entwickelte sich mit der sich verändernden Rolle der Frauen in der Gesellschaft auch im kirchlichen Kontext weiter. Evangelische Frauen sprachen sich in den 70er Jahren des 20. Jahrhunderts deutlich gegen Gewalt gegen Frauen aus und engagierten sich in der Anti-Apartheids-Kampagne unter dem Titel »Kauft keine Früchte der Apartheid«. Die feministische Theologie gab der Perspektive von Frauen ihren Ausdruck und nahm die weibliche Perspektive auf biblische Texte ernst. Frauengestalten in der Bibel konnten anders wahrgenommen und die Lesart der Bibel geweitet werden. So ist die Frauenbewegung auch hier ein Beispiel dafür, wie Veränderung möglich ist, ohne sich von geistlichen Wurzeln zu verabschieden. Nicht der Bibeltext wurde abgelehnt, sondern die Art verändert, wie wir ihn lesen.

Als letztes Beispiel für die Vielfalt der Formen der Frauenarbeit sei der Weltgebetstag genannt, bei dem sich evangelische und katholische Frauen in ganz Deutschland jedes Jahr mit einem Land besonders auseinandersetzen. Hier kommen politisches Engagement, spirituelles Erleben und Gemeinschaft zusammen. Doch an dieser wie an anderen Formen der Frauenarbeit wird auch deren größte Herausforderung deutlich: Es mangelt an Nachwuchs.

Eine Selbststudie der Evangelischen Frauenarbeit in Württemberg von 1980 weist neben vielen Erfolgen auch auf die Fragen hin, vor denen die Frauenarbeit steht:[5] Junge Frauen sind schon 1980 in der Frauenarbeit weniger vertreten. Allgemein stagnierten laut Angaben der Studie die Zahlen der Teilnehmerinnen oder gingen zurück. Eine Ursache wird darin gesehen, dass Frauen häufiger berufstätig sind und die verwendeten Formen eher ältere Frauen ansprechen. Als häufigste Formen der Frauenarbeit werden in der Studie Tagungen, Seminare, Kurse sowie Zusammenkünfte zum Erfahrungsaustausch genannt.[6] An dieser Stelle müssen wir uns selbstkritisch fragen, wie weit wir seit 1980 gekommen sind und welche Ideen es heute gibt. Zur Zukunftsbestimmung folge ich dem Beispiel der feministischen Theologie und stelle einen Blick in die Bibel voran.

---

[5] Wir Frauen in der Kirche. Eine Selbststudie zur organisierten Frauenarbeit, Frauenarbeit der Evangelischen Landeskirche in Württemberg (Hrsg.), Gelnhausen 1980, 72.

[6] A. a. O., 87.

3 Frauenbilder der Bibel

Der Frauenarbeit, die ich – aufgrund des Umfangs des Textes verkürzt – beschrieben habe, liegt ein bestimmtes Frauenbild zugrunde. Es ist zu Beginn das einer dienenden, sich für die Schwachen engagierenden Frau. Sie ist – etwas überspitzt – sozial und diakonisch aktiv, hilft, wo sie gebraucht wird, stört nicht, wo sie nicht gefragt wird. Sie ist eine gute Seelsorgerin, die zuhört, wenn es nötig ist. Diese Frau kennt ihren Platz. Sie erinnert mich an Marta. Jesus ist zu Gast, Marta sorgt für das leibliche Wohl. Das Gegenbild ist Maria, die sich zu Jesu Füßen setzt und ihm zuhört. In der Tradition galt Marta lange als die Beschränkte, so, wie man heute vielleicht milde lächelnd auf den Handarbeitskreis in der Gemeinde blickt. Erstrebenswert scheint es, Maria zu sein, die sich dem Geistlichen widmet und dem Verstehen. Bildungsveranstaltungen gelten heute oft als höherwertig, eine dem Protestantismus eigentlich fremde Hierarchie wird in die Frauenarbeit eingezogen.

Hierin übernehmen Frauen, was sie in bestehenden Strukturen gelernt haben: Sie schauen sich und ihre Lebensformen herablassend an. Zu fragen ist doch eher: Wie bringen wir Maria und Marta zusammen?[7] Den Frauenkreisen das Handeln zu versagen, wäre das Ende vieler aktiver Gemeinden. Diese Arbeit ist ebenso zu wertschätzen wie das Handeln Martas. Zentrale Aufgabe der Frauenarbeit sollte es doch sein, beides zusammen zu denken statt strategisch Planende und praktisch Umsetzende zu trennen. Dazu gehört für mich, dass auch im Handarbeitskreis über Glaubensthemen gesprochen werden kann und sollte. Spirituelle Impulse gehören hier ebenso hin wie in jede Gemeindekirchenratssitzung und in die Bildungsveranstaltung. Gleichzeitig können diejenigen, die die Arbeit der Gemeinde planen, nicht ohne Absprachen auf die Arbeitskraft der Frauenkreise zugreifen. Die Arbeit der Ehrenamtlichen gilt es wertzuschätzen, Formen dafür gibt es inzwischen genug.

Dass Handeln und Denken nicht zu trennen sind, wird auch in der Geschichte zweier Hebammen deutlich, die sich dem Befehl des Pharaos widersetzen, alle Neugeborenen zu töten. Die Kraft für ihren Protest haben sie aus ihrem Glauben. Ihr Vertrauen in Gott lässt ihnen keine andere Wahl: »Aber die Hebammen fürchteten Gott und taten nicht, wie der König von Ägypten ihnen gesagt hatte, sondern ließen die Kinder leben« (Exodus 1,17). Die Sicherheit im Glauben kann für die Frauen Basis ihrer Entscheidungen werden.

---

7 Vgl. Dorothee Sölle, Gottes starke Töchter, Luzern 2013, 136ff.

Und diese Sicherheit Frauen heute zu vermitteln, ist eine wichtige Aufgabe der Frauenarbeit. Bei der Art der Veranstaltungen sind unterschiedliche Lebenssituationen, Altersstufen, Bildungsgrade, Milieus und vieles mehr zu berücksichtigen. Hier ist Kreativität gefragt. Doch auf diesen Aspekt zu verzichten würde nur den Traditionsabbruch verstärken, den die aktuelle Kirchenmitgliedschaftsuntersuchung schon beobachtet: Von hoher Bedeutung sind religiöse Prägung im Kindheits- und Jugendalter.[8] Und für diese Prägung braucht es Erwachsene, die in Glaubensthemen sprachfähig sind. Aufgabe der Kirche ist es, sie dabei zu unterstützen. Denn sonst stellt sich immer mehr die Frage: Wie kann mir etwas zur Hilfe werden, das ich nicht verstehen kann?

4 Aufgaben und Formen der Frauenarbeit heute

Handeln und Denken gehört zusammen. Das wird auch in den unterschiedlichen Bereichen deutlich, in denen sich die Frauenarbeit engagiert. Dabei findet das Engagement vor allem in den Bereichen Gemeindediakonie, Seelsorge, Gemeinschaftserlebnis und Verkündigung statt.

Frauen, die auf Gemeindeebene diakonisch aktiv werden, sind mehr als nur Unterstützung der professionalisierten Diakonie. Das zeigt sich in der ganz traditionellen Form des Besuchsdienstes. Selbst Menschen, die nur selten Gottesdienste besuchen, kommen so wieder in den Kontakt mit der Gemeinde. Im Blick auf die Analysen der Studie von 1980 könnte man hier fragen, warum vor allem ältere Gemeindeglieder besucht werden. Auch Alleinerziehende, junge Familien und neu Zugezogene könnten von Besuchen profitieren, in denen sie sich – auch mit älteren Gemeindegliedern – über Erfahrungen mit kleinen Kindern austauschen, Fragen nach Taufe und christlichem Glauben diskutieren könnten oder ihren neuen Wohnort aus der Perspektive von Menschen kennenlernen, die schon lange dort leben.

Schon am Beispiel der Besuche wird deutlich, dass die verschiedenen Bereiche ineinandergreifen. So sind seelsorgerliche Gespräche oft Teil von Besuchen, aber auch von anderen Begegnungen. Sich gegenseitig zuzuhören und zu unterstützen, kann auch weiterhin Aufgabe der Frauenarbeit vor Ort

8 Vgl. Detlef Pollack u. a., Religiöse Sozialisation und soziale Prägungen und Einflüsse, in: Vernetzte Vielfalt, Kirche angesichts von Individualisierung und Säkularisierung, Bedford-Strohm, Heinrich u. a. (Hrsg.), Gütersloh 2015, 140f.

sein. Oft geschieht sie am Rande, wenn eine Teilnehmerin in der Gruppe zum Beispiel davon erzählt, dass sie sich nach dem Tod ihres Mannes einsam fühlt. Hier könnte man weiter fragen: Wo brauchen Frauen noch Unterstützung, Zuspruch und Kraft? An diesen Fragen orientiert, können neue Formate entwickelt werden.

Verkündigung sollte Teil der verschiedenen Arbeitsbereiche der Frauenarbeit sein, gleichzeitig werden Frauen selbst in der Verkündigung aktiv. Im Blick auf Besuche könnte das bedeuten, auch bei theologischen Fragen auskunftsfähig zu sein und sich über einen Dialog zu Glaubensthemen zu freuen. Hier gibt es gerade bei Ehrenamtlichen oft eine gewisse Scheu. Glaubenskurse können helfen, sich im Austausch über verschiedene Themen sicherer zu fühlen und den eigenen Glauben zu reflektieren. Im Bereich der Verkündigung bietet die Aufnahme der Erkenntnisse der feministischen Theologie die Möglichkeit, die Perspektive von Frauen zu stärken. Diese finden in vielen Gemeinden kaum Aufnahme oder werden belächelt. Das »Fernstudium Theologie geschlechterbewusst – kontextuell neu denken« bietet auch Ehrenamtlichen die Möglichkeit, sich in diesem Bereich fortzubilden.[9]

Das Gemeinschaftserlebnis ist Teil der verschiedenen Aspekte der Frauenarbeit, ist aber oft nicht mehr Anlass der Treffen. Vielmehr entsteht die Gemeinschaft zunehmend dort, wo Frauen sich für die Gesellschaft engagieren, im Gottesdienst zusammenkommen oder Bildungsveranstaltungen besuchen. Das Gemeinschaftserlebnis allein reicht heute für die Begründung einer gesonderten Frauenarbeit nicht mehr aus.

Für alle Bereiche gilt es – auch in der Frauenarbeit –, die veränderte Situation der Kirche in der Gesellschaft zu beachten. Als noch ein Großteil der Menschen in einer Region sich einer kirchlichen Struktur zugehörig fühlte, kamen die Menschen an unterschiedlichen Punkten ihres Lebens mit der Kirche und ihren Angeboten in Berührung. Wo dies nicht mehr der Fall ist, ist die Gemeinde nicht ein Sozialraum im Ort, zu dem Menschen gehen, sondern zur Aufgabe gehört es, zu den Menschen zu gehen. Die Relevanz der Frauenarbeit zieht sich also daraus, Kirche für die Gesellschaft zu sein.

Neben den genannten konkreten Arbeitsbereichen der Frauenarbeit vor Ort sei auf eine alle Bereiche übergreifende Aufgabe hingewiesen: Frauen sind in den Leitungsstrukturen nach wie vor unterrepräsentiert. Das gilt sowohl für Ehrenamtliche als auch für Hauptamtliche. Ein Beispiel: In den Lan-

9 http://www.evangelischefrauen-deutschland.de/veranstaltungen/1233, abgerufen am 18.02.2016.

dessynoden sind neben 1.269 Männern 742 Frauen aktiv.[10] Kirchliche Leitungspositionen auf höherer Ebene sind im Schnitt zu 37 Prozent mit Frauen besetzt, auf mittlerer Ebene zu 21 Prozent.[11] Wir müssen weiter daran arbeiten, dass Kirche auf allen Ebenen von Frauen und Männern geleitet wird. Dazu gehört auch, Frauen zu ermutigen, Leitungsverantwortung zu übernehmen. Denn dass gemischte Teams – auch in der Leitung – bessere Arbeitsergebnisse erzielen, stellt auch in der Kirche schon lange niemand mehr infrage.

5 »Best practice« – Beispiele aktueller Frauenarbeit

Aus dem Gesagten wird deutlich, dass es kaum Formen geben kann, die überall funktionieren, dafür ist die Vielfalt der Gemeinden zu groß. Trotzdem seien hier drei Beispiele aktueller Frauenarbeit genannt, die Anregungen sein können:

5.1 Känguru

Seit über sieben Jahren unterstützen Ehrenamtliche in Berlin Familien in den ersten Monaten nach der Geburt eines Kindes. Organisiert wird das Projekt »Känguru« von der Berliner Diakonie.[12] Die Familienpatinnen besuchen die Familien zu Hause und unterstützen sie in der neuen Lebenssituation emotional und praktisch. Hauptamtliche Regionalkoordinatorinnen an neun Standorten in Berlin organisieren die Arbeit der Ehrenamtlichen. Die Koordinatorinnen arbeiten mit einem Netz von unterschiedlichen Kooperationspartnern in den Berliner Bezirken zusammen und sind persönliche Ansprechpartnerinnen bei allen Fragen rund um die Känguru-Patenschaften. Neben der ganz praktischen Hilfe haben die Patinnen auch Zeit, über Fragen zum

---

10 Zahlen und Fakten zum kirchlichen Leben, hrsg. vom Kirchenamt der EKD, Hannover 2015, unter https://www.ekd.de/download/zahlen_und_fakten_2015.pdf, abgerufen am 23.02.2016.

11 Atlas zur Gleichstellung von Frauen und Männern in der evangelischen Kirche in Deutschland. Eine Bestandsaufnahme, erarbeitet durch die Konferenz der Frauenreferate und Gleichstellungsstellen in den Gliedkirchen der EKD, https://www.ekd.de/download/Gleichstellungsatlas_1_2_16.pdf, abgerufen am 23.02.2016, 23.

12 http://www.diakonie-portal.de/kaenguru-hilft-und-begleitet, abgerufen am 18.02.2016.

Glauben ins Gespräch zu kommen, bei denen oft die Frage nach der Taufe des Kindes für die Eltern von besonderem Interesse ist.

5.2 Interreligiöses Frauennetzwerk Baden

Deutschlandweit wurde 2008 das erste interreligiöse Frauennetzwerk in Baden gegründet, zur Vernetzung, zum Austausch und gegenseitiger Unterstützung. Es ist ein Zusammenschluss von Frauen und interreligiösen Frauengruppen. Gemeinsame Veranstaltungen von Muslimas, Christinnen und Jüdinnen zu verschiedenen Themen ermöglichen einen Austausch, der so nur unter Frauen stattfinden kann. Einmal jährlich wird eine Akademietagung zu einem gemeinsamen Thema mit Vorträgen, Workshops und Gesprächsrunden durchgeführt. Im vergangenen Jahr zum Beispiel haben 63 Teilnehmerinnen sich in Bad Herrenalb über das Thema »Frauenleben zwischen Bilderverbot und Selfie« ausgetauscht.

5.3 Frühstück mit ethischem Impuls

Frauenfrühstücke erfreuen sich in vielen Gemeinden großer Beliebtheit, sowohl aus Berliner Stadtgemeinden als auch aus sehr ländlichen Regionen in der schlesischen Oberlausitz erzählen Frauen von positiven Erfahrungen. Das Frühstück bietet niedrigschwellig Gelegenheit zu Begegnung und Austausch. Wichtig ist aber – auch darin stimmen die Berichte überein –, dass es dabei nicht bleibt. Impulse zu ethischen Fragestellungen stoßen gerade bei jüngeren Frauen auf großes Interesse. Fragen des Alltags können im christlichen Glauben kontextualisiert werden und dadurch eine veränderte oder vertiefte Betrachtung erfahren und so auch den Austausch der Teilnehmerinnen untereinander bereichern.

6 Ein Blick in die Zukunft

In diesem kurzen Überblick wird deutlich, wie sehr die Rolle der Frau sich seit den Anfängen der Frauenarbeit verändert hat. Stand bis in die 80er Jahre hinein deutlich die Familienarbeit im Vordergrund, werden heute verstärkt Fragen nach Teilhabe in der Leitung und Aufgaben der Frauenarbeit gestellt. Die Frauenarbeit muss sich also verändern, wie sich die Gesellschaft verändert. Nichterwerbstätige Frauen suchten in der Frauenarbeit unter anderem Vernetzung und Bildungsanreize. Junge berufstätige Frauen haben Vernetzung und intellektuelle Herausforderung im Beruf, dementsprechend muss sich die Frauenarbeit heute noch stärker fragen: Was bieten wir, was Frauen woanders nicht bekommen können? Dabei ist es wichtig, Frauen mit ganz unterschiedlicher Ausbildung anzusprechen.

Dass auf neue Formen verzichtet wird, wird häufig damit begründet, dass es keine personellen Kapazitäten gibt. Das kann man bedauern oder kreativ damit umgehen. Denn so wichtig hauptamtliche Strukturen auch sind, sie bergen die Gefahr, dass sich Menschen darauf ausruhen, statt tätig zu werden. Von der mündigen Gestalterin kann man so zur passiven Konsumentin werden. Die Mitgestaltung der Angebote ist dann aber schwierig. Und Teil des Priestertums aller Getauften ist es auch, Verantwortung für die Inhalte des Glaubens und die Gestalt der Kirche zu übernehmen und das nicht den hauptamtlich Tätigen zu überlassen. Die personelle Situation unterstreicht die Rolle des Ehrenamtes und bietet dadurch der Frauenarbeit die Möglichkeit, eine ihrer Stärken auszuspielen. Die Ehrenamtlichen werden mit Freude eigenständige Projekte organisieren, Verantwortung übernehmen, dadurch in der Gemeinde ganz andere Dinge ausprobieren als im Beruf oder Gelerntes auf einem anderen Gebiet anwenden. Handeln und Denken, Teilnehmen und Leiten dabei nicht gegeneinander auszuspielen, sondern aufeinander zu beziehen, bleibt in allen Bereichen eine wichtige Aufgabe.

Evangelische Frauen – eine bunte und lebendige Vielfalt als ein hohes Gut, das es zu bewahren gilt

Cornelia Helfferich

Es ist ein Genuss gewesen, Frauen zuzuhören, die als »Evangelische Frauen« in der Kirche engagiert sind und die davon erzählt haben, was ihnen dieses Engagement bedeutet, wie sie dazu kamen und welche Meinung sie zu der Zukunft der Frauenarbeit in der Landeskirche haben. Wir, ein Team am Sozialwissenschaftlichen FrauenForschungsInstitut an der Evangelischen Hochschule Freiburg[1], hörten Beeindruckendes, als wir mit einer Bestandsaufnahme der Evangelischen Frauenarbeit (so hieß es 2011 noch) beauftragt wurden. Konkret wünschte Annegret Brauch, Kirchenrätin und damalige Leiterin der Frauenarbeit der Evangelischen Landeskirche in Baden, zwei Dinge: Zum einen wollte sie die Leistung der Frauen in der Evangelischen Frauenarbeit sichtbar machen. Zum anderen sollten Vorschläge gesammelt werden, wie junge, erwerbstätige Frauen als »Nachwuchs« erreicht und eingebunden werden können. Es gibt wohl keine bessere Gelegenheit als diese Festschrift, um einige unserer Eindrücke weiterzugeben.

Dabei müssen vorab Einschränkungen gemacht werden: So wurden nur 21 in der zurückliegenden Zeit und/oder aktuell aktive Frauen interviewt. Diese wurden aber bewusst so ausgewählt, dass sie sehr unterschiedliche Bereiche und Einstellungen abdecken. Damit kann die Breite und Unterschiedlichkeit der Sichtweisen und des praktischen Engagements eingefangen werden. Das Alter der Befragten reicht von 33 bis 82 Jahre, das Ausmaß der Erwerbstätigkeit von null Prozent bis 100 Prozent und ebenso variiert das Ausmaß des ehrenamtlichen Engagements. Frauen aus ländlichen ebenso wie aus städtischen Gemeinden konnten befragt werden. Es gab aber auch »Mehrheiten«: Die Mehrzahl der Frauen ist etwas älter, gut qualifiziert, und

1 Dem Team gehörten an: Lena Föll, Yvonne Heine, Mareike Schrey, Jennifer Wägerle.

fast alle sind verheiratet und haben Kinder, kaum eine hat einen Migrationshintergrund. Die Interviews wurden in der Zeit von November 2011 bis Februar 2012 geführt.

Wir möchten in diesem Beitrag zunächst einen Einblick in die Vielfalt der Evangelischen Frauen geben (1) und arbeiten anschließend Besonderheiten der »Frauenspezifik« und des Ehrenamtes heraus. Hier wird auf die Bedeutung der »Beziehungsarbeit« ebenso eingegangen wie auf die Einbettung in die Strukturen von Gemeinde und Landeskirche (2). In einem dritten Abschnitt wird speziell auf die Perspektiven jüngerer Frauen eingegangen (3). Die jüngeren Frauen stehen für den gesellschaftlichen Wandel und sind Potenzial ebenso wie Herausforderung für die zukünftige Gestaltung der ehrenamtlichen Arbeit von Frauen und in der Kirche.

1 Die Vielfalt der Evangelischen Frauen

Die Arbeit der Evangelischen Frauen deckt ein breites Spektrum ab. Höchst Unterschiedliches wurde von den befragten Frauen berichtet, darunter:

- Frauenkreise, Netzwerkarbeit mit Frauen,
- Weltgebetstagsarbeit und andere gesellschaftspolitisch Interessen vertretende Tätigkeiten,
- Gremienarbeit in der Bezirksfrauenarbeit und im Landesausschuss der Frauenarbeit,
- Musikgruppen, thematische Frauengesprächsgruppen, Frauenbibelkreise,
- Kindergottesdienste, Krabbelgruppen und Krabbelgottesdienste, »Mama-Stammtische«, Kinder-Musicals,
- regelmäßige »Events«: Frauensonntage, Frauenfrühstücke und -abende, Frauengottesdienste, »Paradiestage«, Wanderungen, besondere Segnungsfeiern,
- Basis-Netzwerkarbeit: Tauschbörsen, Organisation wechselseitiger Unterstützung, gemeinsamer Sport (Walken, Tanzen),
- Frauenabende/-tage im Zusammenhang mit »gemischten« Veranstaltungen
- Landfrauenarbeit.

Das Engagement spielt sich in der Bezirksarbeit, in Ausschüssen, in der Organisation von gemeinsamen Ereignissen oder in Frauenkreisen und Frauengruppen, die gemeinsam z. B. Bibeltexte lesen, ab.

Vielfältig ist auch die Bedeutung der Frauenarbeit im Leben der Befragten.

In der Forschung arbeitet man gern unterschiedliche Akzente heraus – wohl wissend, dass sich die realen Menschen nicht eindeutig zuordnen und auf jeweils einen und nur einen Aspekt festlegen lassen. Die im Folgenden genannten Möglichkeiten, sich zur Kirche und zum Glauben zu verhalten und das eigene Engagement in diese grundlegenden Positionen einzubetten, sind so wie Grundfarben zu verstehen, aus denen in verschiedensten Mischungen eine große Menge individueller Farbtöne erzeugt werden kann.

So fanden wir »*berufene Frauen*«, die den Bezug zum Glauben und zur Kirche und das Christ-Sein in den Mittelpunkt stellen. Der Weg zur Frauenarbeit führte über einen Pfarrer oder eine andere Person, die bat, Frauenkreise zu initiieren oder zu übernehmen, oder über eine »*Berufung direkt von Gott*«. Frauenarbeit ist wesentlich Frauenkreisarbeit oder Aufbau von Frauennetzwerken. Frauenkreise sind eine in einer Gemeinde anerkannte und selbstverständliche Möglichkeit, den Glauben zu leben und andere Menschen – hier eben Frauen – zu erreichen und einzubinden. Frauenarbeit ist persönliche Ansprache und Gelegenheit, für die Kirche zu werben »*und damit auch den christlichen Glauben weiterzugeben. Weil man so in die Häuser kommt und den Kontakt mit den Frauen aufbauen kann und die dann miteinander vernetzen und untereinander stärken kann.*« Diese Frauen verstehen sich als persönliche Vermittlerinnen einer Glaubensbotschaft, die sich an Frauen richtet, z. B. über Bibelarbeit.

»*Gremienarbeiterinnen*« nannten wir diejenigen, die sich in den Gremien insbesondere in der Bezirksfrauenarbeit und im Landesausschuss der Frauenarbeit bewähren und die stärker in die institutionellen Strukturen der Landeskirche eingebunden sind. Hier geht es mehr darum, die Frauenarbeit – zum Beispiel Treffen von Frauen für Projekte, Initiativen oder den Weltgebetstag etc. – zu organisieren, bekannt zu machen sowie praktisch und konzeptuell weiterzuentwickeln. Die Übernahme von Aufgaben in den Gremien erfolgt nicht immer aus eigenem Streben, sondern über Anfragen und Aufforderungen, mitunter auch aus einem Gefühl der Verpflichtung heraus, und bedeutete überwiegend richtig viel Arbeit und nicht in jedem Fall Gemeinschaftlichkeit und Spaß.

Die »*Gesellschaftspolitischen*« wiederum sehen das eigene Engagement darin, eine bunte und bereichernde Gemeinsamkeit mit unterschiedlichsten Frauen anderer Religionen, Konfessionen und Herkunft zu schaffen und so eine politische (Glaubens-)Botschaft in die Welt zu tragen. Frauenarbeit – insbesondere am Weltgebetstag – steht hier für das Zusammenwirken von Kirche bzw. Spiritualität und, »*untrennbar damit verbunden, ›politischem Weltengagement‹*, von ›*Kirche und Gesellschaft*‹« – mit dem Akzent mehr auf Kirche

(»kritisch schauen auch auf Glaubensfragen«) oder auf Gesellschaft *(»ich will die Welt verbessern«)*. Die Arbeit mit Frauen zusammen bietet dabei die *»Ummantelung«* und die notwendige Unterstützung durch Materialien, Schulungen und Organisation. Es gilt, das gesellschaftliche Geschehen mitzuverfolgen und mitzugestalten, weil Kirche sich nicht *»abschotten«* darf. Die Frauen sehen sich als Multiplikatorinnen und wollen diese Perspektive weitergeben: Die Gruppe wird so auch zum Mittel, *»die eigene Hilflosigkeit«* zu überwinden, Verantwortung zu leben und sich für Gerechtigkeit einzusetzen. Die Begegnungen bewirken eine *»Horizontweitung«* und führen dazu, neue Perspektiven *»dann wieder hier in unseren Alltag zu transportieren«*. Die gemeinsame Sache gibt Kraft.

Für die *»Gemeinschaftsorientierten«* stehen *»Frauenthemen«*, Gemeinschaft und Spiritualität an erster Stelle. Gefragt wird: ›Wo ist der Platz für Frauen und für die Themen von Frauen in der Kirche?‹ Das gemeinschaftliche Organisieren von Aktivitäten, Ereignissen und Gruppen von Frauen für Frauen und gemeinsame Themen schaffen eine Zugehörigkeit, eine *»Nische«* oder ein *»Zuhause«*. Zugehörigkeit stiften auch Frauenkreise, in denen sich Frauen zu *frauenspezifischen* Themen wie Wechseljahre, Kinder oder die Situation von Frauen zwischen Familie und Beruf austauschen. Immer wieder genannt werden Krabbelgruppen, die organisiert, geleitet oder genutzt werden: Hier lassen sich Kontakte knüpfen und Aktivitäten initiieren. Ein anderes wichtiges Thema sind Angebote der Stärkung für erschöpfte Frauen z. B. *»Paradiestage«* als *»Tage für die Seele«* und den *»inneren Frieden«*. Das ›*Eigene*‹ von und für Frauen steht hier im Vordergrund.

Zwei interviewte Frauen äußerten sich kritisch. Wir nannten sie die *»Enttäuschten«*. Eine Interviewpartnerin, die über viele Jahre in unterschiedlichen Aktivitäten, teils in der Frauenarbeit, teils in der Gemeindearbeit allgemein, engagiert war, beschrieb die Überlastung und Erschöpfung aufgrund von schwierigen Bedingungen für das Engagement auf der persönlichen Ebene und auf der Ebene der Gemeindestrukturen. Das Interview handelt von Spannungen, Enttäuschungen und Ernüchterung. Auch eine andere hat ihr Engagement reduziert. *»Es bläst mir total der Wind ins Gesicht […]. Es war halt immer obermühsam mit dieser Struktur.«*

1.1 Gemeinsamkeit in der Vielfalt: Was die Evangelischen Frauen bieten und leisten

Die unterschiedlichen Anliegen und Perspektiven im Hinterkopf, konnten wir drei übergeordnete Punkte herausarbeiten, was die Evangelischen Frauen bieten und leisten (die »Evangelischen Frauen« werden hier als eine landeskirchliche Struktur verstanden, bestehend aus einigen institutionalisierten ›Pfeilern‹ und einem Netz von vielen, vielen ehrenamtlich Engagierten, versehen mit einem breiten evangelischen Selbstverständnis als Frauen). Diese Darstellungen sind eine Würdigung dessen, was in der Gemeinschaftlichkeit erzeugt werden kann. Natürlich gibt es auch Streit, Ärger, Verletzungen und Frustrationen. Bei den Befragten überwiegt aber die positive Bilanz.

Frauenarbeit erreicht (neue) Frauen: Frauenarbeit ist wesentlich ein besonderer, von Frauen gestalteter Zugang zu Menschen und speziell zu Frauen. Frauenarbeit ist in dieser Hinsicht nach außen gerichtet und spricht auch ›neue‹, also noch nicht kirchenverbundene Frauen an: »*So war es nie Selbstzweck, wenn wir uns treffen, aber es hat immer eine Außenwirkung, wenn wir das tun.*« Dass Frauen Frauen als Frauen ansprechen, ›weiblich‹ kommunizieren und Frauenthemen aufgreifen, ist einladend und erfolgreich. Wenn die Aktiven auf Resonanz stoßen, Menschen erreichen und eine positive Rückmeldung bekommen, spüren sie ein »*Echo*« und den »*Segen*«, der auf ihrer Arbeit ruht. Die positive Rückmeldung verschafft ein Gefühl von Selbstwirksamkeit und die Befriedigung, etwas Schönes geschaffen und etwas Sinnvolles bewirkt zu haben. Die Kehrseite ist allerdings der Frust bei ausbleibendem Erfolg, z. B. dann, wenn Veranstaltungen schlecht besucht werden, wenn »*es bröckelt*« und niemand erreicht werden kann. Wichtig ist zu sehen, dass der persönliche Erfolg für die Frauen und der Gewinn für die Gemeinde zusammenfallen: »*Es bringt mir persönlich was, und ich denk, es tut natürlich auch gut, wenn man sieht, es bringt den Frauen oder halt der Gemeinde, die dann da ist, dass die viel mitnimmt.*«

Frauenarbeit ermöglicht Lernen und Bestärkung in der Gemeinschaft: Im geschützten Rahmen der Frauenarbeit erfahren Frauen, dass sie als Person wahrgenommen werden, und sie können für Frauen als untypisch erachtete Verhaltensweisen einüben. Sie werden darin bestärkt, etwas zu präsentieren, eine eigene Meinung zu vertreten, mutig zu sein. Sie können Hemmungen abbauen und gewinnen aus den gemeinsamen Aktionen Kraft.

In der Gemeinschaft ist es möglich, kreativ Neues zu gestalten und etwas zu bewegen. Neues entsteht, »*wenn Frauen – es müssen gar nicht immer viele sein – zusammentreffen, um gemeinsam etwas zu erarbeiten, etwas durchzusetzen, etwas zu entwickeln*«. Kreativität und Organisationsgeschick werden kultiviert, und die Veränderbarkeit von Verhältnissen macht Mut und Lust.

Frauenarbeit ist Arbeiten in Beziehungen. Offenheit, Vielfalt und Toleranz sind dabei Ressourcen. Insbesondere in den Frauenkreisen »*wird Gemeinschaft gepflegt*«; man kommt ins Gespräch und tauscht sich aus. Wiederkehrend wird die Offenheit und Toleranz als ein Merkmal genannt, das diese Form des Engagements in besonderer Weise attraktiv macht. Das umfasst eine positive Bezugnahme aufeinander mit Wertschätzung und einer persönlichen Annahme der einzelnen Frau in ihrer Individualität und in ihrem persönlichen Glauben. Diese Offenheit bezieht sich bei der Weltgebetstagsarbeit und bei ökumenischen Veranstaltungen auf die Unterschiedlichkeit der Frauen, die teilnehmen. Frauenarbeit ist hier »*bunt*« und vielseitig. Ein offenes und ehrliches Sprechen stellt Nähe zwischen Frauen mit verschiedenen Lebensentwürfen her und erteilt Grabenkämpfen und Glaubenskriegen eine Absage.

2 Bezugspunkte der Arbeit der Evangelischen Frauen

Kaum eine der folgenden Aussagen würde von *allen* befragten Frauen gleichermaßen unterschrieben werden. In ihrer Gesamtheit aber ergeben die – auch persönlicher gefärbten – Eindrücke eine gute Skizze. Die Darstellung konzentriert sich dabei auf zwei wesentliche Merkmale: Es handelt sich erstens um ein gemeinschaftliches Engagement von Frauen und zweitens um ehrenamtliches Engagement.

2.1 Warum Frauen, warum sind keine Männer dabei?

Es finden sich viele Äußerungen einer grundlegenden Überzeugung, dass Frau und Mann sich unterscheiden. Diese im Alltag erfahrene Differenz betrifft »*Denkweisen*« und das »*Ticken*«. Frauen werden eher Kreativität, Spiritualität, Fantasie zugeschrieben, Männern Rationalität, Realitätsbezug, spezielle Freizeitinteressen (»*Wanderwochenende oder den Fahrrad- oder Motorradausflug mit ein paar Kumpels*«) und eine stärker hierarchische Kommunikation. Dabei wird nicht versäumt, darauf hinzuweisen, dass Kreativität und Spiritualität unter Frauen zwar verbreiteter, aber auch bei Männern zu finden sind – »*vielleicht auf eine andere Art und Weise*« – oder »*[…] dass es […] auch Frauen gibt, die genau die gleichen Spiele ›wie Männer‹ spielen. Aber die sind weitaus weniger.*« Man merkt: Frauen gibt dieser Zusammenschluss unter Frauen viel, ohne deshalb Männer auszugrenzen.

Die Kommunikation unter Frauen wird als weniger status- und machtorientiert erlebt als die Kommunikation mit und unter Männern. Gruppen von ausschließlich Frauen gelten als weniger konkurrent, als neutraler, entspannter und der Umgang »*von Frau zu Frau*« als verständnisvoller und Raum und Halt gebender. »*Man kann auch mal mit seinen Problemen kommen oder wenn es einem nicht gut geht und wird trotzdem als die Person wahrgenommen, ohne dass es gleich gewertet wird.«* Frauenkommunikation wird auch als Gegenentwurf zu einem von Hierarchien und Kalkül gekennzeichneten, von Männern dominierten gemischtgeschlechtlichen Rahmen und explizit als ein »*Schutzraum*« erlebt, in dem Frauen »*anders auch mit ihrer eigenen Geschichte, mit Konflikten umgehen und diese einbringen*« können. Dabei ist nicht alles Gold, was glänzt: Es gibt durchaus auch Berichte von Spannungen in den Beziehungen unter Frauen, z. B. wenn unterschiedliche Vorstellungen von Frauenarbeit aufeinandertreffen und wenn es informelle Hierarchien und Dominanzen gibt. Bei der hohen Bedeutung der Beziehungen bleiben Enttäuschungen nicht aus.

2.2 Vereinbarkeit Familie – Beruf – Ehrenamt

»*Es gibt eine Männerwelt und eine Frauenwelt, und die sind nicht immer kompatibel miteinander, zwei Welten einfach.*« Diese Erfahrung einer – zumindest phasenweisen – Trennung der Lebensbereiche in eine häusliche Welt der Kindererziehung und eine außerhäusliche Erwerbssphäre machen Frauen mit Kindern. Die Unterschiede werden nicht per se infrage gestellt: »*Das ist auch in Ordnung [...], das ergänzt sich*«; »*das ist auch schön*«. Die zwei Welten gehören trotz oder gerade wegen ihrer Verschiedenheit zusammen. Es gibt eine Gemeinschaft der Frauen, Männer, Alten und Jungen: »*Es gehört ja alles zusammen [...]. Wir sind einfach ein Teil von einem großen Ganzen.*«

Dabei wird keiner der beiden Seiten in irgendeiner Weise eine Höherrangigkeit eingeräumt oder ein Vorrecht auf bestimmte Begünstigungen zugestanden. Im Gegenteil: Es gibt eine hohe Sensibilität gegenüber der Diskriminierung und Abwertung von frauentypischen Tätigkeiten, eine klare Ablehnung der Unterordnung von Frauen und sowie eine Forderung von Teilhabe, Gerechtigkeit und Gleichstellung. Das heißt auch, dass es Männern zugetraut wird – bzw. von ihnen (perspektivisch) verlangt wird –, sich in der ›Frauenwelt‹ der Kindererziehung zu bewähren, und dass Frauen eine außerhäusliche Erwerbstätigkeit in der ›Männerwelt‹ nicht als unvereinbar mit dem Frausein ansehen.

Bei Frauen – das ist eben eine Folge der unterschiedlichen Lebenswelten – darf das Ehrenamt nicht dazu führen, dass die Familie hintenansteht. Die Familie kommt eben zuerst, dann folgen andere Verpflichtungen unterschiedlicher Art, je nach Lebenskontext der Befragten. In der verbleibenden Zeit konkurrieren dann Freizeit und Ehrenamt miteinander. Angesichts der Priorität bei der Familie hat es eine besondere Bedeutung, dass die »*Familie mitzieht, sonst geht es nicht*«. Es gibt positive Berichte über Unterstützung vor allem bei der Kinderbetreuung, aber auch Skepsis, ob die heutige Generation der Männer »*schon so weit ist*«, Gleichstellung zu leben. Auch das Umfeld kann eine Quelle der Entlastung sein.

Als Zwischenfazit: Erstens haben Frauen andere Themen als Männer (z. B. die Familie), und zweitens »*versteht ›man sich‹ von Frau zu Frau [...] einfach besser*«. Daher machen Gruppen, in denen Frauen unter sich sind, Sinn: »*Es ist dann ganz gut, wenn mal die Frauen auch alleine sind. Man kann eher Themen ansprechen, ja, die Frauen stärken, sage ich jetzt mal, ohne die Männer.*« Eigene Räume für Frauen wie Männer, gleichberechtigt nebeneinander und neben dem gemeinsamen Raum, werden gewünscht: »*Beides [...] kann gut nebeneinander laufen, und wir können auch vieles gemeinsam machen. Und trotzdem braucht jeder auch seinen Bereich.*«

2.3 FRAUENARBEIT – EHRENAMTLICHE ARBEIT

Die Arbeit und der aktive Einsatz der Frauen selbst sind in den meisten Bereichen und vor allem an der ›Basis‹ unbezahlt. Die ehrenamtliche Ausrichtung der Frauenarbeit wird in keinem Interview prinzipiell infrage gestellt und von den meisten begrüßt (»*Das ist gut so*«). Sie hat den Vorteil der »*Freiheit*«, denn Ehrenamtliche können nicht mit verbindlichen Tätigkeiten und dauerhaften Pflichten beauftragt werden. Das entlastet zwar, stimmt aber nicht immer mit der Realität überein, denn viele Befragte fühlen sich dennoch stark verpflichtet, und einige erleben es, wie Hauptamtliche eingespart und die Aufgaben an sie als Ehrenamtliche weitergegeben werden. Freiwilligkeit macht auch die internen Strukturen weniger verlässlich. »*Für mich heißt Ehrenamt immer noch, dass ich sagen kann: Das ist mir zu viel, das findet jetzt nicht statt*«, »*Als Ehrenamtliche kann ich sagen: ›Jetzt habe ich genug, tschüss‹*«. Verlässlichkeit muss durch hauptamtliche Strukturen hergestellt werden. *Es müssen Strukturen da sein, dass sich ihr Amt, ja, daran hochrankt, oder wie man es nennen will.*« »*Ehrenamt ist sonst auch ganz schnell völlig ausgepowert und zu ausgenutzt dann.*« Ohne die Arbeit der Hauptamtlichen wird das Ehrenamt überfordert. Aufgrund des freiwilligen Charakters wird ehrenamtliche Arbeit auch schneller abgewertet.

Als ehrenamtliche Arbeit braucht auch die Frauenarbeit eine Einbettung in funktionierende, unterstützende Strukturen. Dies spielt eine wesentliche Rolle für die Zufriedenheit, die Produktivität und die Weiterentwicklung. Von den strukturellen Bedingungen hängt ab – das besagen die Interviews ganz deutlich –, ob Frauen sich »*mittendrin*« erleben, »*Anregungen*« bekommen, Erfolge verzeichnen, oder ob sie erschöpft und ausgelaugt sind, sich alleingelassen fühlen und resignieren.

Die Unterstützung der Frauenarbeit auf Gemeindeebene ist sehr unterschiedlich, abhängig von den Bedingungen in den Gemeinden und der Personen der Pfarrerin bzw. des Pfarrers. Es wird großes Lob geäußert bezogen auf die Offenheit für Anliegen und Fragen der Frauen, technische Unterstützung, Aufmerksamkeit und positive Rückmeldung. Es kommen aber auch viele frustrierte Klagen, dass Frauenarbeit ein »*Stiefkind*« ist, das nicht oder nur als zusätzliche Arbeit wahrgenommen wird und betteln muss. Das betrifft z. B. Unterstützung bei Veranstaltungen und Öffentlichkeitsarbeit oder einen kleinen finanziellen Zuschuss. Mehrfach wird die Geringschätzigkeit, mit der ›klassische Frauen-Dienste‹ in der Gemeinde wie Kaffee kochen, »*sich um Schwache kümmern*« etc. behandelt werden, kritisiert. Vermisst wird auch die Anerkennung ›unkonventioneller‹ und neuer Themen, die von evangelischen Frauen eingebracht werden, und eigenständiger, neuer Wege der Vermittlung und Organisation. Fehlende Mitgestaltungsmöglichkeiten und zu wenig Vertrauen – so lautet dann die Kritik, die vor allem von Frauen mit einer kritischen und/oder feministisch-theologischen Position kommt. Diese Kritik ist verbunden mit der Klage über ein veraltetes Frauen- und Familienbild und darüber, dass manche ältere Frauen in der Gemeinde sich schwertun mit den veränderten Lebensbedingungen junger Frauen.

Wünsche richten sich auch an den Evangelischen Oberkirchenrat. Als hilfreich angesehen werden feste Stellen, die regelmäßig Impulse geben, oder die Einbindung gemeinsamer Aktivitäten in einen regelmäßigen Rahmen (insbesondere der Weltgebetstag). Gewünscht wird auch mehr organisierte Weitergabe von Know-how und Arbeitsmaterialien, Entlastung bei Organisationsaufgaben und allgemein eine positive Wahrnehmung und Anerkennung der geleisteten Arbeit. Sowohl für die Landesebene (EOK) als auch für die Gemeinde wird als Problem benannt, dass Frauenarbeit zu oft »*unsichtbar*« ist oder Frauen darauf reduziert werden. Das teilt Frauenarbeit mit Beziehungs- oder Hausarbeit: Sie wird als selbstverständlich vorausgesetzt, und Erwerbsarbeit wird höher geschätzt. Aus der Unsichtbarkeit erwachsen ein Rechtfertigungsdruck und ein Kampf um Anerkennung und Gehör. Zu beachten ist aber, dass Frauenarbeit nicht nur Basisarbeit ist, sondern auch in den Gremien vertreten ist. Angesprochen wird hier auch eine allgemeine Kritik an der Gremienstruktur, die von einigen Frauen an der Basis als verwirrend und wenig transparent eingeschätzt wird. Gewünscht wird eine dezentralere Entlastung durch Hauptamtliche auf Bezirksebene.

Die fehlende strukturelle Einbettung und Unterstützung, die aber keineswegs durchgängig zu beobachten ist, ist angesichts des Wandels ehrenamtlichen Engagements ein Problem. Wenn nämlich das Engagement abnimmt –

weil die, die da sind, kürzer treten und/oder weil kaum neue Frauen dazukommen –, konzentriert sich die viele Arbeit auf weniger Schultern, und das führt zu Überlastung, Erschöpfung und Frust. Die stete Ansprache, neue Frauen in Aktivitäten einzubinden, verstehen die Engagierten als Teil ihrer Arbeit, der aber zunehmend schwieriger und mühsamer wird.

3 GENERATIONENUNTERSCHIEDE UND DIE JÜNGEREN FRAUEN

Das Alter spielt eine doppelte Rolle: Zum einen gibt es einen Generationenunterschied zwischen den Älteren und den Jüngeren. Die Spanne beträgt insgesamt 50 Jahre, und die über 65-Jährigen hatten noch eine Kriegs- und Nachkriegskindheit, während die Jungen schon »*moderne*« Eltern hatten und in einem Wohlstandsland aufwuchsen. Die Einstellungen haben sich geändert. Die Vorstellung von Frauenarbeit als »*Dienst*« wird eher (aber nicht ausschließlich!) von Älteren formuliert. Die Jüngeren fragen, was die Kirche ihnen »*bietet*« (und inzwischen ist die Kirche ist nicht mehr alleinige Anbieterin für Sinnsuche), und wollen gesehen werden. In den Generationenunterschieden spiegelt sich die Entwicklung, die Elisabeth Beck-Gernsheim als Individualisierungsprozess für Frauen in einem Buchtitel auf den Punkt gebracht hat: ›*Vom Dasein für andere zum Anspruch auf ein Stück eigenes Leben*‹.

Zum anderen gibt es einen Unterschied im chronologischen Alter und in den Lebensphasen. Die Jüngeren haben kleine Kinder im Kindergarten oder in der Schule, und viele sind zumindest Teilzeit berufstätig. Sind die Kinder klein, absorbieren sie die Zeit. Werden sie größer, kommt der Beruf hinzu. »*Jetzt sind unsere Kinder aus dem Gröbsten raus, dann steigt man halt wieder in den Beruf ein. Und dann noch eben dieses Engagement zu bringen, in der Kirche da am Ball zu bleiben, das ist einfach unglaublich schwer.*« In bestimmten Lebensphasen bleibt kaum Zeit für die Frauenarbeit übrig. »*In den Phasen, in denen sie Berufstätigkeit und Kleinkinderfamilie integrieren müssen, ist der Raum einfach nicht da.*« War für die Älteren die *ideelle* Unterstützung des Ehemannes von großer Bedeutung, fordern die Jüngeren eher auch die *praktische* Unterstützung des Mannes ein und delegieren Aufgaben an ihn – doch hier gibt es starke Grenzen. Die Arbeitsbedingungen im beruflichen Bereich – zum Beispiel flexible Arbeitszeiten und großzügige Vorgesetzte – wirken sich auf die Möglichkeiten des Engagements aus und können nur schwer beeinflusst werden. Wenn die Kinder aus dem Haus und die Befragten etwas älter geworden sind, entspannt sich der Alltag in zeitlicher Hinsicht.

Die Qualität der Zeit wird wichtiger mit dem Wunsch, auch einmal kürzerzutreten, Dinge nur für sich zu machen und Zeit für sich selbst zu haben. Die noch Älteren sind nicht (mehr) berufstätig (so selbstverständlich für Jüngere der Beruf ist, so weisen einige Ältere mit Recht darauf hin, dass auch in der älteren Generation viele *»ihr Schaffen«* gehabt haben). Sie haben mehr Zeit, aber vielleicht lassen ihre Kräfte nach.

Die Älteren verfügen zudem über ein Netzwerk von anderen Frauen, die sie aus der Gemeinde und von der Frauenarbeit schon lange kennen. Die Jüngeren sind möglicherweise erst neu an einem Ort und haben noch keine langanhaltenden Kontakte. Sie sind mobiler.

Inhaltlich interessieren sich *Frauen mit kleinen Kindern* für Fragen der Familie und für einen Austausch über die Kinder. Junge Mütter haben ähnliche Interessen, ähnliche Tagesstrukturierungen und sie können sich rasch zusammenschließen. Ein Thema ist dann, wenn die Kinder größer sind, auch der Beruf. Spezielles Thema der Älteren ist eher z. B. das Älterwerden, Altersarmut und Rente.

Wie kann mit diesen Unterschieden umgegangen werden? Einerseits wird ein Austausch in homogenen Gruppen mit Frauen, die in einer ähnlichen Lebenssituation sind, gewünscht: *»Dann müsste man verschiedene Gruppen auch machen. Weil ich glaube nicht, dass es kompatibel ist, eine 25-Jährige und eine 65-Jährige zusammenzusetzen. Die Interessen von einer Studentin bis zur Großmutter, das ist eine zu große Spanne.«* Die Themen der Älteren sind für die Jüngeren nicht (immer) attraktiv. *»Der Schnitt der Frauen lag damals zwischen 50 und 80. Und ich war 30, war mir einfach zu alt.«* Andererseits werden gerade die Vielfalt und die Öffnung für Frauen in *unterschiedlichen* Lebenssituationen wertgeschätzt. *»So eine Mischung, wir haben das in unserem Frauenkreis, so eine Mischung tut gut. Sowohl den Älteren dieses Frische, die neuen Dinge von den jungen Frauen und vielleicht für die Jüngeren vielleicht dieses Gelassene, diese Reife auch schon von den Frauen, die haben schon viel erlebt, die haben schon viel hinter sich, das tut den jungen Frauen auch gut.«*

3.1 Wo stehen die jüngeren Frauen?

Die Frage, wie junge Frauen für das Engagement in der Evangelischen Landeskirche gewonnen werden können, beschäftigt viele. Insbesondere die Älteren stellen fest, dass die Jüngeren fehlen. Ihr großes Thema ist das *»Bröckeln«* im Vergleich von früher und heute *(»Es bröckelt natürlich alles ab«)* und das Abgeben, Reduzieren und Zurücknehmen in der Verausgabung. Das Reduzieren hat den Hintergrund im Alter *(»Wenn man 70 ist, muss das nicht* *mehr sein«, »Wie lange ich es noch machen kann, weiß ich auch nicht. Denn ich bin wirklich jetzt auch schon 71 und da kann es mal schnell anders sein«*). Abgeben an sich ist nicht das Problem, aber an wen? Es steht auch die Sorge an, ob die Arbeit überhaupt noch gebraucht wird und wie es weitergeht. Das alte Engagement sei *»etwas Aussterbendes«*, befürchten die Älteren, und eine Befragte bezeichnet die Generation der 30- bis 45-Jährigen, die jetzt Kinder hat, als *»der Kirche verlorengegangene Generation«. »Es ist niemand da, der es weitermacht«*, und daher ist es so wichtig, jüngere Frauen zu gewinnen, *»denn wenn das nicht der Fall ist, dann geht die Sache unter«*. Es gibt neben der Ratlosigkeit, Angst und Sorge aber auch Optimismus und Gelassenheit. Schließlich waren auch in früheren Zeiten die jungen Frauen eher in der Minderzahl. Sie waren da, wenn auch nicht als *»große Masse«*.

In die Sichtweise der Älteren mischt sich auch die Sorge um den gesellschaftlichen Wandel des Frauenlebens. Es stellt sich damit nicht nur die Frage, wie man allgemein junge Frauen oder Frauen mit kleinen Kindern erreicht, was schon immer schwierig war, sondern auch die Frage, ob sich die Kirche den *modernen jungen Frauen und dem, was sie an Vorstellungen mitbringen*, öffnen sollte oder muss.

Wenn wir ins Detail gehen, müssen wir die Bezeichnung ›jung‹ konkretisieren. Sind das Frauen mit kleinen Kindern, 30- bis 40-Jährige oder Studentinnen? Natürlich ist das relativ: Aus der Perspektive von 70-Jährigen fängt ›jünger‹ bei den 40-Jährigen an, während die 40-Jährigen mit ›Jüngeren‹ Frauen Mitte 20 meinen. Die Diskussionen der befragten Frauen lassen sich zu sechs Erklärungen bündeln, warum es schwierig ist, jüngere oder junge Frauen zu erreichen.

- *Frauen bis 20 oder Mitte 20 sind in einer Altersphase, in der sie »anderes im Kopf« haben.* Sie verlassen die Gemeinde, um eine Ausbildung oder ein Studium zu beginnen, was insbesondere für den ländlichen Raum gilt. Sie haben kein Interesse und verbinden mit Frauenarbeit eher *»was für alte Frauen«* und Zuständigkeit für Kaffee und Kuchen. Frauenzusammenschlüsse sind für sie nicht selbstverständlich. Die Einschätzungen gehen auseinander, ob das nun ein Problem sei oder ob man nicht eben diese Frauen in einem höheren Alter oder als junge Mütter durchaus ansprechen könne.
- *Junge Frauen und Mütter werden nicht angesprochen, altersübergreifende Kontakte sind nicht da.* Am besten funktioniert die persönliche Ansprache und die persönliche Einladung durch die, die in einer ähnlichen Lebenssituation sind. Ältere können schlechter Jüngere gewinnen. In dem Moment

aber, in dem keine Jüngeren mehr eingebunden sind, gibt es auch keine Multiplikatorinnen für das Gewinnen Jüngerer mehr.

- *Frauen, die zwischen Mitte 25 und 40 Jahre alt sind, die Kinder zu versorgen haben und zudem noch berufstätig sind, bzw. Frauen, die Vollzeit berufstätig sind, haben keine Zeit.* Die Berufstätigkeit ist eine Notwendigkeit. Die jungen Frauen »*müssen heutzutage berufstätig sein, um das Auskommen finanzieren zu können.*« »*Die Belastungen werden immer stärker: Frau muss im Beruf Karriere machen, Frau darf auch nicht mehr groß aussteigen […].*« Das wurde oben schon angesprochen.
- *Frauen unter 50 Jahren haben andere und vor allem stärker selbstbezogene Bedürfnisse.* An Frauen werden heute vielfältige hohe Ansprüche gestellt. Gesucht wird dann eine ehrenamtliche Betätigung, die nicht noch mit weiteren Ansprüchen und Pflichten verbunden ist, sondern mit Entspannung.
- *Die organisatorisch-zeitlichen Strukturen der Aktivitäten und des Ehrenamts sind zu unflexibel für zeitlich ausgelastete Frauen.* Junge Frauen können Termine tagsüber nicht wahrnehmen. »*Wenn halt der Frauenkreis ab 60 sich dienstagmittags trifft, dann ist das für die eher einrichtbar wie jetzt für junge Frauen.*« Sie wollen »*auch nicht wöchentlich oder jeden Sonntag um zehn in der Kirche stehen […], so der traditionelle Sonntagsgottesdienst ist, glaube ich, für Frauen in meinem Alter einfach nicht so*«. Wichtig sind flexible, selbstbestimmbare Termine.
- *Der Trend geht hin zu punktuellem Engagement statt langfristiger Festlegung.* Festgestellt wird bei Jüngeren »*die Tendenz, würde ich jetzt sagen, eher so dieses Freisein. Ich suche mir da ein Tüpfchen und da ein Tüpfchen, wenn es mir gefällt, nehme ich da was. Aber jetzt wirklich so sich mal für was zu entscheiden, ist, glaube ich, ein schwieriger Punkt.*« Die langfristige Verbindlichkeit, die das ›alte‹ Engagement kennzeichnete, ist nicht mehr zu erwarten. Allein schon verbindliche, regelmäßige feste Termine sind schwierig wahrzunehmen. Kurzfristige Engagements sind eher machbar. Die jüngeren Frauen mit Familie sind nicht die »*typischen, regelmäßigen Gottesdienstbesucherinnen*«; das wird aber erwartet, wenn sie z. B. für ihre Aktivitäten Räume in der Gemeinde nutzen wollen.
- *Jüngere müssen an ihre Rente denken.* In größerem Umfang ehrenamtlich tätige Frauen in der älteren Generation waren nach dem klassischen Rollenverständnis durch die Erwerbstätigkeit bzw. Rente des Mannes abgesichert. Dies gilt aber für Jüngere nicht mehr. Zwei Frauen sprechen diesen Aspekt der prekären Absicherung durch abgeleitete Rentenansprüche an, durch die sie im Alter trotz der vielen geleisteten Arbeit benachteiligt werden und arm sind. Diese Aspekte sind relevant für die Diskussion

der Zukunft des Ehrenamts allgemein und nicht spezifisch für die ehrenamtliche Frauenarbeit. Sie haben aber eine besondere Bedeutung für Frauen.

- *Das Frauen- und Familienbild und hierarchische Strukturen sind veraltet.* Eher von jüngeren Frauen wird kritisiert, dass die Offenheit »*für neue Familienmodelle*« und veränderte »*Familienbilder*« sowie ein »*Blick für die Generation*« fehlen. »*Kirche [hat] noch nicht verstanden […], in welchem Spektrum sich Frauen bewegen.*« Insbesondere sind Jüngere sensibler bezogen auf Diskriminierung und fehlende Gleichberechtigung und kritisieren das Frauenbild der Kirche und Anforderungen, sich ein- und unterzuordnen.
- *Man vertraut jungen Frauen und einer Selbstorganisation nicht und will nichts Neues.* Sie können und wollen sich selbst zu ihren Themen organisieren. »*Also junge Frauen lassen sich das nicht mehr bieten. Die möchten was übernehmen und möchten verantwortlich sein, die tauschen sich gerne miteinander aus und sagen: Komm, lass uns das so und so machen, aber sie lassen sich nicht irgendwo organisieren.*« Wo die Strukturen und die Wertschätzung sich an einem ›alten‹ Verständnis von Ehrenamt und Engagement von Frauen ausrichten, sehen Jüngere ihr Engagement nicht wertgeschätzt und unterstützt.

Es wurden vielfältige Lösungsvorschläge formuliert. So sollte bereits bei Jugendlichen angesetzt und geworben werden. Persönliche Ansprache kann auch genutzt werden, um ein falsches Bild der Frauenarbeit zu korrigieren. Angebote sollen stärker an den Bedürfnissen der jüngeren Frauen ausgerichtet sein, sei es, dass man auch die »*selbstbezogenen*« Bedürfnisse aufgreift, sei es, dass deren lebensphasenspezifische Aspekte aufgegriffen werden von Krabbelgruppen über Berufsnetzwerke bis zu Wellnessangeboten. Den zeitlichen Möglichkeiten der jüngeren Frauen und dem Trend zur Vermeidung langfristiger Festlegungen kann man mit flexiblen Terminen, Projektarbeit, Events und offene Angeboten entgegenkommen. Und schließlich können sich die Kirche und die Gemeinden für neue Modelle des Engagements, neue Familienbilder und eine Kultur der Toleranz und Gleichberechtigung in der Kirche öffnen.

Frauenarbeit als ehrenamtliche Einbindung von Frauen hat die gleichen Probleme wie das Ehrenamt allgemein. Dies betrifft unter anderem das Verhältnis zwischen Ehrenamtlichen und Hauptamtlichen und zwischen den (ländlichen) Regionen, der Bezirksebene und dem Zentrum des EOK. Bezogen auf den EOK wird über praktische Unterstützung, aber auch Rechtfertigungsdruck und zu geringe Wertschätzung der geleisteten Arbeit berichtet. Gewünscht wird z. B. eine zentrale Unterstützung durch den EOK sowohl bei Materialien als auch bei der Organisation von größeren und aufwendiger vorzubereitenden Ereignissen sowie eine Entlastung durch hauptamtliche Ansprechpartnerinnen und eine Stärkung der Bezirksebene.

Auf Gemeindeebene haben die Pfarrer und Pfarrerinnen als Personen und die Ältestenräte eine große Bedeutung für die Möglichkeiten der Frauenarbeit vor Ort. Hier werden positive Beispiele von Offenheit und Unterstützung genannt und ebenso frustrierende und zur Resignation führende Behinderungen. Es sollten Überlegungen angestellt werden, wie Unterstützung auf Gemeindeebene gesichert werden und mit ablehnender Haltung in Gemeinden umgegangen werden kann. Mehr Öffentlichkeit, Unterstützung bei der Ansprache und Verbreitung der Informationen, was es an Bestehendem gibt, ist ebenso notwendig wie die praktische Unterstützung von Eigeninitiative für Neues.

4 Ein Ausblick

Dieses aus den unterschiedlichen Einzelstimmen zusammengesetzte Bild zeigt die Zusammenarbeit unter Frauen als ein vielfältiges, ›buntes‹, befriedigendes und sinnstiftendes Engagement, verbunden mit positiven Visionen einer offenen und toleranten Kirche – offen auch für Frauen und deren Anliegen. Die Quantität der genannten Tätigkeiten kann in einer qualitativen Studie nicht gemessen werden. Die Interviews geben aber den Eindruck wieder, dass die engagierten Frauen sich und ihre eigenen zeitlichen Ressourcen nicht schonen und vielfältige Aufgabenbereiche gestalten.

- Sie übernehmen praktisch-organisatorische Arbeit und ›Beziehungsarbeit‹, die vielfach unsichtbar bleibt, weil sie, wie Hausarbeit auch, erst dann wahrgenommen wird, wenn niemand sie leistet.
- Sie sprechen andere Frauen an und gewinnen sie für ein kirchliches Engagement.
- Sie gestalten eine lebendige Kirche.

Sie machen Kirche sichtbar in der Verbindung gesellschaftlich relevanter Fragen und christlichem Glauben. Die insgesamt genannten materiellen Ressourcen (Räume, Infrastruktur, Materialien, bezahlte Arbeit) haben einen geringen Umfang. Die Frauenarbeit ist somit Ressource für die Landeskirche, verfügt selbst aber über das unbezahlte Engagement hinaus über wenige Ressourcen. »*Die Frauenarbeit die kommt wirklich mit einem Minimum an personellen Ressourcen sehr, sehr weit.*«

Frauenarbeit ist wesentlich Beziehungsarbeit. Dieser Aspekt und die Erfahrung der Gemeinschaftlichkeit macht Frauenarbeit zu etwas Besonderem. Frauenarbeit steht für Offenheit, Toleranz und Vielfalt und für eine wenig status- und dominanzorientierte Kommunikationskultur. Damit ist Frauenarbeit ein Schutz- und Freiraum. Die persönlichen Erfahrungen, die in der Frauenarbeit gemacht werden können, stärken die Frauen, unabhängig davon, ob sie diese Stärke zur Verkündung der Glaubensbotschaft oder für das Finden des eigenen Wegs nutzen. Gemeinsam können Dinge bewegt und kann Neues entwickelt werden. Negative Aspekte im Sinne von Spannungen unter den Frauen kommen auch vor, wurden aber nur wenig berichtet. Was die Inhalte angeht, so wird einerseits die Bedeutung der speziellen, an die jeweilige Lebenssituation nach Alter und Familienphase gebundenen Themen unterstrichen, zu denen sich Frauen als Gleiche zusammenfinden. Auf der anderen Seite wird auch altersübergreifendes Kennen und Wertschätzen gewünscht und Vielfalt der Lebensentwürfe geschätzt.

Prinzipiell sind neue Formen des Ehrenamtes notwendig. Bei der Frauenarbeit ist der nicht reversible, großformatige Wandel der Lebensläufe und Lebensformen der Hintergrund, der die »*alten Formen*« des Ehrenamtes nicht mehr praktikabel macht – hier ist die Notwendigkeit, sich auf Veränderungen einzulassen, unübersehbar. Das ›Früher‹ liefert keine angemessenen Bezugspunkte für die Zukunft. Das zeigt sich gerade in dem Generationenvergleich bei den evangelischen Frauen. Das Alte sollte nicht gegen das Neue aufgewogen werden, denn der Wandel hat längst Fakten geschaffen. »W*ir leben heute einfach in einer anderen Zeit.*«

> Frauenarbeit bietet einen guten Ort für die Suche nach Antworten auf die Herausforderungen. Die Kreativität von Frauen, die »*Lust, was Neues zu schaffen und zu zeigen, Kirche ist nicht eingestaubt und es ist wert, auch seinen Glauben zu leben*«, *ist eine wichtige Ressource der Frauenarbeit.* »*Ich sehe für die Frauenarbeit in der Zukunft eigentlich nicht schwarz. Es wird sich einiges verändern müssen, es hat sich in den letzten Jahren auch einiges verändert. Wir müssen einfach bereit sein, mit Veränderungen umzugehen und zu versuchen, diese zu transportieren. [...] Wir bewegen uns manchmal eben nur in diesen alten, gewohnten Rahmen, und ich denke, wir müssen diese alten Denkmuster fallen lassen und bereit sein, uns aufzumachen, neue und kreativere Denkmuster anzuwenden.*«

Daher kann hier exemplarisch erarbeitet und vorgelebt werden, wie sich Kirche verändern und wie ein Leitbild von Toleranz, herrschaftsfreier Kommunikation, Gemeinschaft und Offenheit umgesetzt werden kann: »*Dass man denen einfach mal zeigt: Mensch, das gibt es auch. So könnte Kirche auch sein.*« Die Evangelischen Frauen können eine »*Vorreiterrolle*« einnehmen: »*Auf Bezirksebene ist der ganze Kirchenbezirk froh, dass wir als Frauenarbeit in unserem neuen Kirchenbezirk das getan haben, was der ganze Kirchenbezirk eigentlich will: so ein Zusammengehörigkeitsgefühl in Annäherung zu schaffen.*«

Das Interreligiöse Frauennetz in Baden

Annegret Brauch

Interreligiöse und interkulturelle Kompetenz gewinnen zunehmend an Bedeutung für das friedliche Miteinanderleben in unserer Gesellschaft und weltweit. Obwohl der mit der Säkularisierung verbundene Prozess der Entkirchlichung in Europa voranschreitet, ist gleichzeitig eine Wiederkehr des Religiösen als gesellschaftlicher Kraft zu beobachten. Religion hat eine neue Beachtung gefunden als aktuelles, gesellschaftliches und zum Teil auch konfliktträchtiges Thema. Fundamentalistische Bewegungen nehmen weltweit in allen Religionsgemeinschaften zu und versuchen, politischen Einfluss zu gewinnen; aber auch explizit atheistische, agnostische bzw. antireligiöse Strömungen sind wahrzunehmen.

Vor diesem Hintergrund stellen sich viele Fragen: Wie gestalten wir ein friedvolles und gerechtes Zusammenleben in unseren religiös und kulturell pluralen Gesellschaften? Welchen Beitrag kann der interreligiöse Dialog dazu leisten? Wie können Vorurteile abgebaut werden; wie kann Verstehen zwischen Angehörigen unterschiedlicher Religionsgemeinschaften gelingen? Welchen Beitrag leisten Frauen in diesem Prozess? Wie bringen sie sich ein und gestalten mit?

1 Entstehung und Selbstverständnis des Interreligiösen Frauennetzes in Baden

Vor diesem Hintergrund fand auf Initiative der Evangelischen Frauenarbeit im Frühjahr 2007 in Bad Herrenalb die 1. Interreligiöse Frauentagung statt. Eingeladen waren insbesondere Frauen, die bereits im interreligiösen und interkulturellen Dialog aktiv waren. Die Idee: die bestehenden Aktivitäten und Gruppen besser zu vernetzen, ein Forum für Begegnung und Austausch sowie zur gegenseitigen Unterstützung zu initiieren, den Beitrag der Frauen zu würdigen und ihrer Stimme gemeinsam mehr Gewicht zu verleihen.

Hebammendienste für dieses Vorhaben leisteten Mitglieder der Sara-Hagar-Initiative Rhein-Main und eine der Mütter des Europäischen Projekts für interreligiöses Lernen (EPIL), Dr. Reinhild Traitler[1]. Etwa 30 Christinnen, Musliminnen und Jüdinnen nahmen an dieser Tagung teil. Später waren es dann über 80, die zu den Tagungen kamen. Unsere Rechnung ging auf: Das Interesse an Austausch, Vernetzung, gegenseitiger Unterstützung und Ermutigung war groß, ebenso der Wunsch nach Anregungen und Impulsen für die Arbeit vor Ort.

Beim nächsten Treffen wurde die Netzidee weitergesponnen und gemeinsam konkretisiert: *Welche Erwartungen und Wünsche an ein solches Netz habe ich, haben wir? Welche Erfahrungen und Stärken bringen wir als Frauen mit? Wie können wir diese deutlicher zur Geltung bringen? Welches sind unsere Themen? Was ist für unseren Alltag wichtig? In welcher Struktur wollen wir zusammenarbeiten?*

Die Ergebnisse wurden bei der 2. Interreligiösen Frauentagung im darauffolgenden Jahr eingebracht, und das Interreligiöse Frauennetz in Baden wurde im April 2008 in Rastatt gegründet. Als Selbstverständnis wurde formuliert:

Wer wir sind

Das interreligiöse Frauennetz Baden ist ein Zusammenschluss von Frauen und Frauengruppen, die in interreligiösen und interkulturellen Initiativen engagiert sind. Es vernetzt die dort gesammelten Erfahrungen und Kompetenzen, dient der Begegnung, dem Austausch und der gegenseitigen Unterstützung und fördert neue Dialoginitiativen unter Frauen. Darüber hinaus versteht es sich als Ort des miteinander und voneinander Lernens und als Forum zur Diskussion und Bearbeitung von religiösen, kulturellen, sozialen, gesellschaftlichen und politischen Fragestellungen aus der Perspektive von Frauen und vor dem Hintergrund der je verschiedenen religiösen und kulturellen Traditionen der beteiligten Frauen.

---

1 Reinhild Traitler / Teny Pirri-Simonian, Towards a Pedagogy of Religious Diversity, Antelias 2015.

Was wir wollen

Wir wollen das Engagement und die Kompetenzen von Frauen in der interreligiösen und interkulturellen Dialogarbeit deutlicher sichtbar machen und dem Beitrag und den Perspektiven von Frauen in der Öffentlichkeit mehr Gewicht verleihen. Wir wollen Frauen ermutigen und ermächtigen zu selbstbewusster Teilhabe und zur Mitgestaltung in allen Feldern der Gesellschaft. Wir wollen Frauen bestärken, selbst initiativ zu werden als Brückenbauerinnen für ein gutes und respektvolles Miteinander in unserer Gesellschaft.

Was wir tun

Wir laden Frauen ein, sich mit uns in der interreligiösen und interkulturellen Dialogarbeit zu engagieren. Regelmäßige Netztreffen dienen der Begegnung, dem Austausch und der Information; Bildungsveranstaltungen und Workshops bieten die Möglichkeit, sich mit religiösen, kulturellen und gesellschaftlichen Fragestellungen vertieft auseinanderzusetzen.

Was uns besonders am Herzen liegt

- einander respektvoll und offen, mit Wertschätzung und Interesse zu begegnen
- einander als gleichwertige Gesprächspartnerinnen zu achten
- durch gegenseitiges Kennenlernen Vorurteile abzubauen
- durch Dialog sich und andere besser zu verstehen
- von anderen staunend zu lernen, Gemeinsamkeiten zu entdecken, Unterschiede zu respektieren
- Gastfreundschaft zu pflegen.

Die Koordination übernahm die Evangelische Frauenarbeit in Baden. Inzwischen arbeiten 15 Gruppen, Initiativen und Kreise von Immenstaad bis Mannheim im Interreligiösen Frauennetz Baden zusammen.[2]

---

2 Annegret Brauch, Das Interreligiöse Frauennetz in Baden, in: Evangelische Landeskirche in Baden (Hrsg.), Als Frauen und Männer geschaffen. Zur Rolle der Geschlechter im interreligiösen Dialog, Karlsruhe 2013, 92–96.

2 Arbeitsweise und Arbeitsstruktur

Um die Arbeit der bestehenden Gruppen nicht zu doppeln, wurde folgende Struktur verabredet: zwei Treffen pro Jahr; im Frühjahr jeweils eine thematische Wochenendtagung mit Fachreferentinnen und Workshops, bei der das gemeinsame Arbeiten, Lernen, Feiern und die Begegnung im Mittelpunkt stehen; im Herbst das jährliche Netztreffen, das vor allem dem Austausch von Erfahrungen und ›good practice‹ dient, als Marktplatz für Ideen, zum Knüpfen neuer Kontakte, zur Verabredung und Planung gemeinsamer Vorhaben, zur Vorbereitung der nächsten Tagung.

Ein Großteil der Aktivitäten geschieht in den Gruppen vor Ort. In Bruchsal sind es Frauen vom Internationalen Frauencafé, die sich als Stadtteilmütter und in Sprachkursen engagieren, gemeinsam die religiösen Feste feiern, einen interreligiösen Kalender herausgegeben haben. In Mannheim treffen sich Frauen seit über zehn Jahren im interreligiösen Gesprächskreis zur gemeinsamen Lektüre von Bibel und Koran, zum Austausch über theologische und kulturelle Themen. In Karlsruhe bringt die Frauenkommission in der christlich-islamischen Gesellschaft das interreligiöse Gespräch voran, engagiert sich zusammen mit dem Deutschsprachigen Muslimkreis in der Flüchtlingsarbeit, beteiligt sich am Garten der Religionen. Andere Gruppen bringen sich im Schul- oder Konfirmandenunterricht ein, veranstalten Vortragsreihen und Begegnungsabende, engagieren sich als Patinnen für Flüchtlinge oder Kulturmittlerinnen, bieten interkulturelle Koch- und Nähkurse an, begleiten bei Behördengängen. Oder sie besuchen gemeinsam eine Kirche, eine Moschee, eine Synagoge, laden zum sommerlichen Ausflug ein, kochen und essen gemeinsam. Die Aktivitäten sind vielfältig. Wichtig ist immer: Wir tun etwas gemeinsam, wir lernen uns besser kennen, wir erleben die Begegnung als bereichernd, wir bringen uns ein und gestalten unser Gemeinwesen mit. Beziehungen und Vertrauen wachsen.

3 Lernerfahrungen

Wie lernen wir von- und miteinander? Wie treten wir einander gegenüber? Wie begegnen wir uns?

Erhellend und anschaulich erläuterte dies Birgit Rommelspacher, Professorin mit Schwerpunkt Interkulturalität und Geschlechterstudien an der Alice-Salomon-Hochschule in Berlin, bei einer der Interreligiösen Frauentagungen: »Begegnungen zwischen Menschen unterschiedlicher kultureller oder religiöser Herkunft sind nicht voraussetzungslos. Man täuscht sich, wenn man glaubt, man könne auf den anderen einfach unbefangen zugehen und ihn oder sie neu kennenlernen. Die Welt ist voller Bilder, die jede und jeden prägen. Jede und jeder hat bestimmte Erwartungen und Vorstellungen von anderen, wenn er sich auf eine Begegnung einlässt. Das bedeutet, dass Toleranz, Offenheit und Neugier nicht genügen. Sie sind zwar Voraussetzungen für eine echte Begegnung, reichen jedoch nicht. Dabei kann man von einer tatsächlichen Begegnung nur dann sprechen, wenn die Beteiligten sich dabei verändert haben, wenn ihre Vorstellungen vom anderen und von sich selbst sich in irgendeiner Weise verschoben haben.«[3]

Begegnung bedeutet also Arbeit, Selbstreflexion, Hinterfragen meiner eigenen Vorstellungen, Infragestellung auch meiner Person, dessen, was mir bekannt und vertraut ist, Bereitschaft, mich auf Neues und vielleicht Unbekanntes einzulassen. »Zunächst fragt sich, was sind die Bilder, die einen bei einer solchen Begegnung bestimmen. Auf welchem Wissen basieren sie? Das Wissen über andere Kulturen und Religionen ist ein weites Feld. Was wird ausgewählt? Wer hat es ausgewählt? Ist es angemessen oder verzerrt? Wie wird es bewertet?«[4]

Bilder und Projektionen entstehen kulturell beeinflusst. Fremdheit wird dadurch hergestellt und reproduziert. Diese Erkenntnis ermöglicht Bewusstwerdung der eigenen Prägung und damit deren Veränderbarkeit. *Wenn wir erkennen, dass wir verschieden sind, haben wir etwas gemeinsam.* Neben Neugier, Offenheit und Toleranz sind diese Einsicht sowie der doppelte Blick auf die andere *und* auf mich selbst notwendige Voraussetzung für wirkliche Begegnung und Dialog. Dann passiert etwas, was Fürüzan Kübach, eine der engagierten Frauen aus Bruchsal, stellvertretend für viele andere so formuliert: »Man ist nicht nur auf die anderen, sondern auch auf sich neugierig und fragt sich, wie einen die Begegnungen selbst weiterbringen. Das ist auch das Positive an der ganzen Sache, dass die Frauen mit großem Interesse kommen, dass es immer weitergeht, dass es sich nicht erschöpft – und das jetzt schon seit acht Jahren!«[5]

---

3 Birgit Rommelspacher, Von Unterschieden und Gemeinsamkeiten. Der Blick auf die Andere und das Eigene, in: Annegret Brauch (Hrsg.), Mode Körper Geschlecht. Wie kulturelle und religiöse Traditionen Frauenbilder formen, Karlsruhe 2010, 7–22.

4 Rommelspacher, a. a. O, 7.

5 Fürüzan Kübach, Ich lebe als Muslima in Freiheit und Eigenverantwortung, Interview in: Evangelische Landeskirche in Baden (Hrsg.), Als Frauen und Männer geschaffen. Zur Rolle der Geschlechter im interreligiösen Dialog, Karlsruhe 2013, 27–30.

Wichtig ist, an der eigenen inneren Haltung zu arbeiten, den Dialog einzuüben. Und es braucht klare Spielregeln, Frustrationstoleranz, Konfliktfähigkeit und eine Vertrauen stiftende Beziehungsarbeit. Mit Reinhild Traitler haben wir bei der ersten Tagung grundlegende Dialogregeln eingeübt. Dazu gehören:

1. eine lernende Haltung einnehmen, mit ›Anfängergeist‹, Interesse, Neugier;
2. radikalen Respekt zeigen, d. h., die Selbstdefinition der jeweils anderen respektieren und umgekehrt offenlegen, was und warum mir das in meiner Tradition wichtig ist; versuchen, in den Schuhen der anderen zu gehen;
3. von Herzen sprechen, d. h. von dem, was mich bewegt, mir wirklich wichtig ist; auf Belehrungen u. Ä. verzichten;
4. aktiv und empathisch zuhören, den oder die andere ins Sprechen bringen;
5. Annahmen und Bewertungen suspendieren oder in der Schwebe halten;
6. *produktiv* plädieren, d. h., am Denk*prozess* beteiligen, anstatt Denk*produkte* zu präsentieren;
7. die ›Landschaft‹ erkunden: aufrichtige, echte Fragen stellen; Unterschiede und Vielfalt sichtbar machen;
8. offen sein;
9. Verlangsamung zulassen;
10. die innere Beobachterin beobachten.

Wir sind alle Lernende und Übende. Manchmal gelingt das Verstehen besser, manchmal bleibt etwas fremd. Wichtig ist, dranzubleiben und dem langen Atem zu vertrauen. »Als Mensch allein kann man nichts erreichen«, weiß Aselefech Demissie vom Internationalen Frauencafé in Bruchsal, »zusammen aber schon. Auch wenn es nur ein kleiner Schritt ist, so hilft doch jeder kleine Schritt weiter. Ich bin mit Freude dabei, andere Kulturen, Traditionen und Religionen zu erfahren und anderen von meinem Glauben zu erzählen. Wenn jeder auch so einen kleinen Schritt macht, dann können wir etwas bewegen!«[6]

6 Aselefech Demissie, Wenn jeder einen kleinen Schritt macht, dann können wir etwas bewegen! in: Evangelische Landeskirche in Baden (Hrsg.), a. a. O., 51–55.

4 DIE INTERRELIGIÖSEN FRAUENTAGUNGEN UND IHRE THEMEN

Die Tagungen werden jeweils von einem interreligiösen Team geplant und vorbereitet. Sie nehmen religiöse, gesellschaftliche oder soziale Fragen auf und reflektieren sie jeweils vor dem Hintergrund und in der Perspektive der verschiedenen religiösen und kulturellen Kontexte. Entsprechend werden Referentinnen eingeladen, die diese verschiedenen Perspektiven repräsentieren und weiterführende Impulse zur Diskussion stellen. Themen der Tagungen waren bisher z. B.: ›Die Rolle der Frauen in der jüdischen, der christlichen und der muslimischen Tradition‹; ›Wie leben wir als Jüdinnen, Christinnen und Musliminnen unseren Glauben im Alltag?‹; ›Mode Körper Geschlecht‹; ›Wenn wir älter werden […]‹; ›Was uns wert ist […]‹; ›Auf der Suche nach dem Glück‹; ›Gastfreundschaft‹.

Die Struktur mit Vorträgen, Workshops und Arbeitsgruppen ermöglicht vielfältige Begegnungen, auch mit der religiösen Praxis der anderen. Die Tagungen beginnen am Freitagabend meist mit einer Feier zur Begrüßung des Schabbat, zu der alle Teilnehmerinnen eingeladen sind. Am Sonntagmorgen laden wir zu einem ökumenischen Gottesdienst ein. Es gibt Zeiten, in denen Texte und Gebete aus der muslimischen Tradition und der Tradition der Bahai gelesen werden, und meist schließt die Tagung mit einem interreligiösen Friedensgebet ab. Es gilt religiöse Gastfreundschaft, alle sind eingeladen, niemand ist verpflichtet. An den Samstagabenden haben wir oft zusammen getrommelt, getanzt, gesungen. Diese Abende waren und sind etwas Besonderes. Sie zeigen, dass Freude an Musik und Bewegung verbindet über Grenzen der sozialen oder kulturellen Herkunft, des Alters, der Ausbildung, der religiösen Prägung hinweg. Sie weiten Herzen und Sinne.

Es ist nicht möglich, die vielfältigen Erfahrungen, Aha-Erlebnisse, Irritationen, Erkenntnisse, Anregungen, beglückenden Momente von Begegnung und Verstehen hier zu beschreiben, aber als roter Faden, als bunt geflochtenes Band aus vielen Fäden lässt sich festhalten:

Wir suchen das Verbindende, die Gemeinsamkeiten in unseren Traditionen und Religionen. Wir nehmen auch die Unterschiede wahr und benennen sie. Wir stellen fest, es gibt eine Vielfalt von religiösen Traditionen auch innerhalb der einzelnen Religionen. Auch in meiner eigenen religiösen Tradition entdecke ich mir Fremdes und Irritierendes. Als Christinnen sind wir evangelisch, katholisch, orthodox oder gehören einer Freikirche an, besuchen regelmäßig den Gottesdienst oder nur an den hohen Festtagen. Als Jüdinnen verstehen wir uns als orthodox oder liberal. Als Musliminnen gehören wir zur sunnitischen oder schiitischen Glaubensrichtung, bedecken unser Haar oder nicht, sind Alevitinnen oder gehören der Ahmadiyyah an.

Bei allen Unterschieden und Variationen gibt es vieles, was verbindet: die Sorge um die Familie, die Sehnsucht nach Verbundenheit, nach Freundschaft und Liebe, das Ideal der Treue und das Bestehen auf Wahrhaftigkeit. Diese Werte kennzeichnen Kulturen rund um die Welt.[7] »Dies wird uns manchmal nicht deutlich«, so Regine Ammicht Quinn, Leiterin des Bereichs ›Ethik und Kultur‹ am Internationalen Zentrum für Ethik in den Wissenschaften (IZEW) der Universität Tübingen, »weil in unterschiedlichen Traditionen oft vertraute und von uns geschätzte Werte mit uns fremden Gebräuchen verbunden sind – so dass wir nur noch die Gebräuche sehen und nicht mehr die verbindenden Werte.«[8] Wichtig ist deshalb neben den grundlegenden Werten Toleranz, Solidarität, Mut und Gerechtigkeit das Erzählen von Lebensgeschichte(n). Dies schafft mehr Vertrauen als das Austauschen von Lehrsätzen und ermöglicht Empathie und Verständnis.

5 Perspektiven und Ausblick: was weiterhin wichtig ist

In allen religiösen Traditionen verlaufen die Wertegrenzen *innerhalb* der Religionsgemeinschaften, zwischen ›Fundamentalisten‹ und tolerant Gesinnten. Im Kontext unserer pluralen und offenen Gesellschaften und ihrer vielreligiösen Situation haben Frauen in besonderer Weise den Auftrag, ihre Werthaltungen, ihre Erfahrungen und ihre interkulturelle und interreligiöse Kompetenz und Kraft in den gesellschaftlichen Dialog einzubringen. Immer wieder ist zu beobachten, dass es Frauen in der Regel leichter fällt, in Kontakt und ins Gespräch miteinander zu kommen. Sie finden schnell verbindende Themen, teilen, trotz aller Verschiedenheit der Einzelnen, eine Vielzahl gemeinsamer oder ähnlicher Erfahrungen. Frauen haben weniger Berührungsängste, haben in der Regel weniger Positionen oder Standpunkte zu verteidigen, suchen eher das Gemeinsame, Verbindende als das Trennende. Frauen sind risikofreudiger im Gespräch und in ihrer Neugier auf andere. Das Interesse,

---

7 Regina Ammicht Quinn, Was uns wert ist. Handlungsperspektiven für die interreligiöse und interkulturelle Begegnung, in: Annegret Brauch (Hrsg.), Was uns wert ist. Perspektiven der interreligiösen und interkulturellen Begegnung, Karlsruhe 2012, 7–22.

8 Ammicht Quinn, a. a. O., 12.

mehr über die andere zu erfahren, über ihr Leben, ihre Lebensart, ihren Glauben, ist groß; ebenso der Wunsch, gemeinsam etwas zu bewegen und zu gestalten. Frauen sind weltweit die *Change-Agents*,[9] sie treiben Veränderungsprozesse voran, sie gestalten das Zusammenleben im Alltag und im Gemeinwesen, pflegen Beziehungen, sind Brückenbauerinnen für die Zukunft.

Wichtig ist deshalb auch in Zukunft, Räume bereitzustellen und zu gestalten, in denen Beziehungen und Vertrauen wachsen können. Das Interreligiöse Frauennetz eröffnet und ermöglicht solche Räume, auch mit anderen zusammen. Weiter geht es um die Entwicklung und das Selbstverständnis eines ›neuen Wir‹.[10] Wir brauchen eine Normalität des interreligiösen Austauschs. Interreligiöser Dialog muss auf vielen Ebenen geführt und gepflegt werden, in Schulen und Ausbildungsstätten, in Gemeinden und Nachbarschaften. Religion ist ein wichtiger Teil des öffentlichen gesellschaftlichen Lebens. Etwas über die andere Religion zu lernen, heißt meistens auch, etwas über die eigene zu erfahren. Wichtig ist, das Gespräch aktiv zu suchen, sich nicht entmutigen zu lassen, sondern das andere oder das Fremde als eine Erweiterung der Möglichkeit zu betrachten, Mensch zu sein und das Göttliche zu denken; das friedensschöpferische Potenzial der Religionen zu erkunden und im Alltag zu fördern; Gastfreundschaft zu üben und Engel zu beherbergen (vgl. Hebräer 13,2). Ich möchte schließen mit einem Wort von Martin Buber, dem großen Lehrer des Dialogs:

> Die Zusammenarbeit der Religionen ist in unserer Zeit notwendiger denn je zuvor, weil die allen gläubigen Menschen gemeinsame Sorge um die Zukunft der Menschheit auf diesem Planeten zur Beängstigung geworden ist, und weil ihr nur durch gemeinsames Werk unter gemeinsamer Anrufung der Hilfe Gottes begegnet werden kann. Die Voraussetzung ist eine grundlegende Wandlung des Toleranzbegriffes. Die Mitglieder der verschiedenen Glaubensgemeinschaften sollten einander nicht nur ›dulden‹, sondern in einem gemeinsamen Dienst am Menschen die Bindung an Gott als Gemeinschaft erfahren und bewahren. Wer heute in dieser Welt eine Religion lebt, ohne das Gespräch mit den anderen zu suchen, begeht eine Form der Nachlässigkeit. Wir müssen das Gespräch suchen, weil wir sonst so viel falsch machen und so vielen Verletzungen zufügen, dass dies unverantwortlich ist.

---

9 Der Zukunftsforscher Matthias Horx hat das 21. Jahrhundert deshalb das Jahrhundert der Frauen genannt.

10 REINHILD TRAITLER, Herausforderung Integration?, in: A. a. O., 60–72.

Gruppenbild, Interreligiöses Frauennetzwerk Baden, Bad Herrenalb 2009

Initiative Frauenmahl

Diana Schwach

1 Die zündende Idee

»1.000 Frauenmahle sollen es werden«, so lautete die mutige Prognose der Mitinitiatorin Ulrike Wagner-Rau, Professorin für Praktische Theologie, bei der Auftaktveranstaltung in Marburg. Zu Beginn der Initiative im Oktober 2011 war den Pionierinnen aber noch nicht klar, dass sich das Format wirklich wie ein Lauffeuer in ganz Deutschland und Nachbarländern verbreiten sollte: Bald 150 Frauenmahle haben in den letzten vier Jahren stattgefunden, und bis zum Reformationsjubiläum 2017 sind noch viele weitere in Planung. Etwa 1.000 Frauen haben als Tischrednerinnen ein Votum zur Zukunft von Kirche, Religion und Gesellschaft eingebracht. Die Zahl der Besucherinnen und Besucher geht in die Zehntausende. Geschrieben wurde diese ungewöhnliche Erfolgsgeschichte mit erstaunlichem Ideenreichtum, viel Eigeninitiative und großer Begeisterung.

Erfunden wurde das Format vom Frauenstudien- und -bildungszentrum in der EKD (FSBZ), der Philipps-Universität Marburg und der Erwachsenenbildung der Evangelischen Kirche von Kurhessen-Waldeck. Wer sich jetzt einen Konzepttag mit professioneller Moderation vorstellt, liegt falsch: Die Idee entstand – wie die meisten guten Gedanken – informell bei Flammkuchen und neuem Wein. Die Gedanken kreisten um die Reformationsdekade und ihr in den Anfängen doch eher männliches Antlitz einer Lutherdekade. Wie also könnten Frauen einen sichtbaren Beitrag leisten und sich in der Dekade Gewicht verschaffen? Zum Glück – für die Frauen und für die Dekade – kam an diesem Abend die zündende Idee.

1.1 Wie bei Luther zu Haus

Ein Frauenmahl: Rund 100 Gäste kommen zu einer großen Tischgemeinschaft zusammen. Während mehrerer Menügänge wird gespeist, gedacht, gelacht und geredet ... Zwischen den Gängen halten interessante und oft prominente Frauen Tischreden. Meist sind das anregende, sehr persönliche Statements. Allen gemeinsam ist der zukunftsgewandte Blick auf Religion, Kirche und Gesellschaft. Unter einem bestimmten Themenschwerpunkt werden Rednerinnen mit ganz verschiedenen Berufs- und Erfahrungshintergründen eingeladen. Es sprechen Vertreterinnen aus den christlichen Kirchen, anderen Religionsgemeinschaften, aus Politik, NGOs, Kultur, Wissenschaft, Journalismus und Frauen, die einfach etwas Besonderes erlebt oder Wichtiges zu sagen haben. Und ja, am Redepult haben nur Frauen das Sagen, denn Ziel ist es, Interessen von Frauen öffentlich zu diskutieren. Mit den Tischreden lehnen sich die Frauenmahle an die überlieferte Praxis im Hause Luther an. »Luther gelang es in seinen Tischreden, Theologie und Alltag überzeugend zusammenzubringen«, erklärt Ulrike Wagner-Rau, »dieses Redeformat möchten wir für heute neu entdecken.« Programmatische, innovative Gedanken auf einer traditionellen Basis fußen zu lassen, zeugt von der steten Entwicklung, die Kern des protestantischen Wesens ist.

Ein Frauenmahl ist aber keine reine Podiumsveranstaltung. Die Besucherinnen (und manchmal auch Besucher) kommen in ihrer jeweiligen Tischgemeinschaft zu Wort. So enden viele Reden mit einer Frage, die die Diskutierlust der Gäste entfacht. Auch Gastgeberinnen an den Tischen regen das Gespräch an und nehmen, wichtiger noch, dessen Essenz als Zukunftsvotum mit.

1.2 Jedes ist besonders

Auf den ersten Blick stehen das Essen und der – meist kirchen- und gesellschaftspolitische – Diskurs beim Frauenmahl im Vordergrund. Aber genauso wichtig ist es, eine Atmosphäre zu schaffen, die die Gäste ganzheitlich anspricht. Zu Speise und Gespräch kommen also musikalische, künstlerische oder spirituelle Impulse hinzu. Schon der Ort, an dem das Mahl stattfindet, kann bewusst und passend zum Thema gewählt sein. Viele Veranstaltungen finden in Kirchen statt, die sie für diesen Abend in ein g(l)änzlich neues Licht rücken. So wird das Frauenmahl zu einem besonderen Festakt jenseits des Alltags, dessen Inhalte aber im täglichen Leben der Teilnehmenden Relevanz gewinnen.

Die Frauenmahle sind keine Veranstaltungsreihe, jedes steht für sich, jedes ist besonders. Ausgerichtet werden sie auf landeskirchlicher genauso wie auf EKD- und Kirchenkreis- oder Gemeindeebene. Alle Veranstaltungen bauen auf der initialen Idee der Vorbereitungsgruppe des Marburger Frauenmahls auf. Die Frauenmahle haben sich gegenseitig inspiriert und fühlen sich verbunden, aber es gibt keine übergreifende Organisation. Die Ausgestaltung der Abende kann nach diesem Prinzip sehr unterschiedlich aussehen. Zur Planung eines Frauenmahls tun sich meist mehrere Einrichtungen aus einer Region zu einem Organisatorinnenteam zusammen. Oft vernetzen sich dabei Kirchenfrauen mit nichtkirchlichen Bildungsträgern oder Frauenorganisationen. So entstehen neue Kontakte und Bekanntschaften zwischen Akteurinnen, die sich für eine Sache einsetzen. Oft sind dabei schon weitere gemeinsame Projektideen entstanden. Um die individuellen Planungen zu unterstützen, hat das Gleichstellungsbüro der Evangelischen Landeskirche in Württemberg eine Handreichung herausgegeben, die auf der Internetseite der Frauenmahl-Initiative zum Herunterladen bereitsteht.

1.3 Mehr als ein Wohlfühl-Abend

Bei aller emotionalen Präsenz hat auch eine ganz andere Seite entscheidenden Anteil am Erfolg der Initiative: die mediale Aufbereitung. Trotz der Unterschiedlichkeit und eigenständiger Vorbereitung werden die Frauenmahle und deren Inhalte digital miteinander in Bezug gestellt. Dazu dient die Internetplattform *www.frauenmahl.de*. Dort sind die meisten Tischreden nicht nur nachzulesen, sie sind auch im Blick auf verschiedene Kriterien filterbar. Mit wenig Mühe kann also recherchiert werden, was auf verschiedenen Veranstaltungen z. B. zum Thema »Interreligiöser Dialog und Ökumene« zu »Umwelt- und Weltverantwortung« oder im Blick auf die »Bibel« gesagt wurde. Vielfältige Perspektiven zu bestimmten Themenkreisen werden hier gebündelt und können als Impulse für Personen z. B. in der Kirchenleitung dienen, die ein strategisches Interesse daran haben. So ist die Zusammenkunft mehr als nur ein Wohlfühl-Abend. Die Veranstalterinnen möchten mit dem Frauenmahl einen demokratischen Diskurs um die Zukunft von Kirche und Religion voranbringen, dessen Notwendigkeit in einer zunehmend religionsfernen und teilweise auch kirchenkritischen Gesellschaft in den letzten Jahren immer deutlicher geworden ist.

2 Badische Frauenmahle – Traumreisen und mehr

Die Evangelischen Frauen in Baden waren mit ihren jährlichen Frauenmahlen einer der Motoren der Initiative. Bereits fünf Veranstaltungen haben die Badnerinnen initiiert und mitorganisiert. 2012 startete die Reihe in Karlsruhe. Geplant ist ein Frauenmahl pro Jahr bis zum Reformationsjubiläum, dem programmatischen Abschlussjahr der Initiative. Es folgten 2013 Heidelberg, 2014 Freiburg, 2015 Basel und – ebenfalls 2015 – ein Frauenmahl auf dem Deutschen Evangelischen Kirchentag in Stuttgart in Kooperation mit den Evangelischen Frauen in Württemberg.

Was das Besondere an einem Badischen Frauenmahl ist? Machen Sie sich bereit für eine kurze Traumreise ins herbstliche Freiburg:

> *Sie sind eingeladen, alles ist für Sie gerichtet. Der rote Teppich sinkt beim Einlaufen festlich-flauschig unter Ihren Schuhsohlen ein, um Sie einzustimmen auf einen ganz besonderen Abend. Die Tische sind gedeckt. Aber erst einmal müssen Sie den richtigen Platz für sich finden. Sie sind allein gekommen. Sie hatten einfach Lust, ein Frauenmahl zu erleben, nachdem Sie öfter davon gelesen haben. Das Thema FRAUEN MACHT MA(H)L hat Sie neugierig gemacht. Ein wenig aufregend ist das ja schon – ein Abend mit ganz unbekannten Tischnachbarinnen zu verbringen. Ob Sie gut ins Gespräch finden werden? Der gereichte Sekt erfreut Sie sehr. In der Mitte des Raumes ist ein Tisch mit einem freien Platz – Ihrem freien Platz! Die Damen, die bereits sitzen, laden Sie ein. Eine Gastgeberin am Tisch stellt nochmal alle untereinander vor: gegenüber eine Kirchengemeinderätin, links die alleinerziehende Mutter des zweijährigen Jonas, die sich freut, dass die Diakonie sie eingeladen hat, rechts zwei Krankenschwestern, die sich schon lange kennen und nun in der Rente manchmal etwas zusammen unternehmen … Eine sprudelnde Mischung! Der erste Gang wird schon durch das passende Gedeck angekündigt: Die Suppentasse ziert noch eine rote Serviettenrose. Sie starten also mit Suppe – Markgräfler Kartoffelsuppe mit Scharwaie, so sagt es zumindest das Menü – gekocht ehrenamtlich durch die Diakonie. Und dann? Herbstsalat mit Granatapfel und Balsamico, Lasagne von Berglinsen, Verführung durch dunkle Schokolade und Kirsche. Auf den Nachtisch freuen Sie sich jetzt schon! Aber die anderen Gänge klingen auch vielversprechend, und dass alles vegetarisch ist, ist ganz in Ihrem Sinne. Wasser, Wein, Musik – alles ist für Sie gerichtet. Sie lehnen sich zurück und lauschen dem Lebenskünstlerinnen-Chor, der die Wartezeit verkürzt. Und Lebenskunst hören Sie klingen.*

Dann geht es los. Sie werden warm und freundlich begrüßt durch die Organisatorinnen und die Kirchenleitung: Extra angereist aus Karlsruhe, freut sich Kirchenrätin Karen Hinrichs ganz herzlich über das Kommen so vieler Frauen, die genauso gespannt auf den Abend sind wie Sie. Als der erste Gang angekündigt wird, meldet sich Ihr Hunger deutlich! Und endlich erfahren Sie, dass Scharwaie ein leckeres, frisches Fladenbrot ist, das zu Kartoffelsuppe herrlich mundet. Nach der Suppe sind Sie gestärkt für einen weiteren wichtigen Teil der Veranstaltung: Die erste Tischrede. Bilkay Öney, die baden-württembergische Integrationsministerin, spricht kurz, pointiert und politisch über Integration. Sie betont die Leistungen von Frauen, die hier in einer anderen Kultur klarkommen. Wie Bilkay Öney haben auch die anderen fünf Rednerinnen wirklich etwas zu sagen: Professorin Renate Kirchhoff, Rektorin der Evangelischen Hochschule Freiburg, Professorin Elisabeth Hartlieb, Privatdozentin für Systematische Theologie, Journalistin Laura Meritt, Finanzberaterin Cornelia Bertsch, Kerstin Andreae, stellvertretende Fraktionsvorsitzende der Grünen. Die Reden sind kurz und pointiert, oft persönlich und provokant. Und dazwischen das Essen, das Gang für Gang fast noch besser zu munden scheint – bis zum heiß ersehnten Nachtisch! Selbst die Ansagen der Gerichte sind poetisch und manchmal auch ziemlich lustig. Musik zwischen Reden und Essen schenkt Ruhepausen. Cello und Gitarre, eine seltene, harmonische Kombination, die unter die Haut geht. Beim Zuhören, Essen, Diskutieren verfliegt die Zeit bis zum Schlusssegen.
Dann ist es aber zum Glück noch nicht ganz vorbei: Als Sie hinausschlendern – erhoben, bereichert und festlich erfüllt –, thronen Törtchentürme am Ausgang. Selbst gebacken! Wieder war die Diakonie am Werk. Es ist wirklich alles, alles für Sie gerichtet. Der Abend kam Ihnen vor wie … wie eine Traumreise. Ihren Cupcake in der Hand, treffen Sie draußen noch auf eine mobile Espresso-Station. Dort sehen Sie Ihre linke Nachbarin wieder und laden Sie kurzerhand zum Kaffee und Stehplausch ein. Endlich kommen Sie dazu, Nummern auszutauschen, Sie wohnen nämlich in der Nähe. Vielleicht kann Ihre Tochter ja mal auf den kleinen Jonas aufpassen, und Sie beide haben dann etwas Zeit, weiter zu plauschen …

Auch die Frauen vom Organisatorinnenteam hatten in Freiburg eine erfüllende Zeit, wenn sie auch sehr anstrengend war. Mitarbeiterinnen der Evangelischen Frauen in Baden, der Evangelischen Bezirksfrauenarbeiten und der Diakonischen Werke Freiburg und Breisgau-Hochschwarzwald haben keine Mühen gescheut, den Abend rundum perfekt zu machen. Sie wollten Geist, Körper und Seele der Gäste berühren. »Ich habe das Gefühl, dass uns das gut gelungen ist. Die Stimmung war feierlich, und die Frauen in den Tischgemeinschaften sind rege ins Gespräch gekommen«, resümiert Pfarrerin Ute Niethammer von den Evangelischen Frauen in Baden den Abend. »Mir selbst hat es großen Spaß gemacht, den jeweils nächsten Gang mit einem kleinen Kommentar einzuleiten. Humor darf an so einem Abend nicht zu kurz kommen.«

Im Laufe eines Vorbereitungsjahres schmiedeten die Organisatorinnen zahlreiche Pläne, knüpften Kontakte, fragten an, reagierten auf Unwegsamkeiten und freuten sich über Gelingendes. Das alles schweißte das Team immer mehr zusammen. »Einige von uns haben sich beim ersten Planungstreffen kennengelernt – wir haben uns so gut aufeinander eingespielt, dass wir schon wieder dabei sind, das nächste Projekt zusammen zu organisieren«, verrät Ute Niethammer.

3 Facetten der Macht

Nicht nur atmosphärisch, auch inhaltlich bereichern die Frauenmahle ihre Gäste, aber auch die Kirche als Ganzes. »Mit den vier Evangelisten Matthäus, Markus, Lukas und Johannes hätten wir es schon früher lernen können, dass dieselbe Botschaft aus verschiedenen Blickwinkeln unterschiedliche Gestalt annimmt.« Mit diesem Vergleich gibt Barbara Bauer, geschäftsleitende Oberkirchenrätin der Landeskirche, als Grußwortgeberin des ersten Badischen Frauenmahls in Karlsruhe der Wirksamkeit der Frauenmahle im Kontext der Landeskirche einen Rahmen. Die Vielzahl von Perspektiven, die die Frauenmahle zu einem Themenkreis einholen, ist als Beitrag zu verstehen, der den Blick auf das eigene Profil schärft und Entwicklungsperspektiven aufzeigt.

Die Vielfalt des Gesagten kommt aus einer großen Breite von Berufsfeldern und sehr unterschiedlichen Lebenssituationen. Im Überblick war Macht ein zentrales Thema der Frauenmahle von Karlsruhe bis Freiburg, das in vielen Facetten berührt wurde.

Diese Vielfalt auf einige schlagkräftige Voten zu bündeln, geht nicht ohne Verluste. Trotzdem hilft der Versuch, einige Linien zu ziehen, um die Impulse der Badischen Frauenmahle für noch mehr Menschen zugänglich zu machen.

4 Die Voten

- Für Frauen kann es gewinnbringend sein, die Macht-Dimension eines Themas wahrzunehmen. Es gibt viele Schauplätze der Macht: Geld liegt nahe, aber Machtausübung durch Essen oder Nicht-Essen ist ein überraschender Gedanke.
- Im Berufsleben werden Angebote wichtiger, die ermöglichen, Führungs- und Familienverantwortung zu vereinbaren.
- Im beruflichen und gesellschaftlichen Zusammenleben gewinnen Netzwerke durch Frauen, die fremd oder anders scheinen. Fremdheit ist in der jüdisch-christlichen Tradition die Wurzel der Gotteserfahrung.
- Ein selbstbestimmter gut vertrauter Körper ist eine große Quelle von Energie, Freude und Lebendigkeit.
- Der Glaube an Gott ist vielfach Richtschnur oder gar Rettungsanker.
- Die bestehenden Strukturen in Kirche und Gesellschaft sind kritisch zu hinterfragen. Gerade von Theologinnen wurden Vertrauen und tiefes spirituelles Wissen als wichtige gesellschaftsprägende Faktoren jenseits von Macht aufgezeigt.

Für weitere Inspiration finden Sie die ungekürzten Tischreden im Internetportal *www.frauenmahl.de.*

5 Stadt der Frauen

Im Jubiläumsjahr der Evangelischen Frauen in Baden 2016 wurde doppelt geschmaust, zum einen in der üblichen jährlichen Folge, die die Besucherinnen nach Konstanz führte, diesmal zu einem historischen Frauenmahl, bei dem sie auf Figuren, Vorbilder und Ikoninnen aus unserer Vergangenheit trafen. Auch ein Frauenmahl aus besonderem Anlass stand 2016 auf der Agenda: Der bundesweite Konvent evangelischer Theologinnen traf sich zur Jahrestagung in Bad Herrenalb. Auf dieser Tagung gab es einen besonderen Grund zu feiern: Vor 100 Jahren bestand Elisabeth Oberbeck als erste Frau ihr Theologisches Examen. Ein wichtiges Datum, das feierlich durch ein Frauenmahl gewürdigt wird. Diesen Herbst gibt es nochmal die Chance dabei zu sein: dann führt uns der Abschluss der Initiative nach Pforzheim. Ein Frauenmahl unter dem Motto »Stadt der Frauen« würdigt die außergewöhnliche Autorin Christine de Pizan, die in ihrem gleichnamigen Werk schon 1405 (!) die faszinierende Utopie einer Gesellschaft schuf, in der Frauen gleichgestellt sind. Im Kontext dieser Utopie wird in interkulturellem und interreligiösem Rahmen über Heimat gesprochen. Das vielstimmige Gespräch lässt berufstätige Pendlerinnen ebenso zu Wort kommen wie Frauen, die aus ihrer Heimat geflüchtet sind.

An jedem dieser Abende werden neue Tischreden das Spektrum der Voten zur Zukunft von Kirche, Religion und Gesellschaft erweitern. Das Themenfeld rund um Macht wird seine bisherigen Facetten ausbauen und neue hinzugewinnen. Die Bedeutung von Gegenkultur, vor allem zur Berufs- und Wirtschaftswelt, könnte dabei aus Sicht der Religionen genaueres Hinschauen wert sein. Besonders zukunftsgewandt könnte sich auch ein Blick auf Kinder- und Familienzeit und deren Auswirkung auf den Lebensverlauf von Frauen (und Männern) gestalten.

Ob nun in Baden, in Deutschland oder anderen Ländern der Welt: Bis zum Reformationsjubiläum machen sich noch viele Organisatorinnenteams gemeinsam auf den Weg, tragen noch viele Tischrednerinnen ein Votum zur Zukunft von Kirche und Religion bei, und es werden noch viele Frauen (und Männer) miteinander essen, reden, reformieren. »1.000 Frauenmahle sollen es werden!« Die Wette gilt, auch noch nach 2017. Die Impulse, die von der Initiative für Leib und Seele ausgegangen sind, streben allerdings schon jetzt gegen unendlich.

Durlacher Frauenmahl in der Karlsburg, 2012

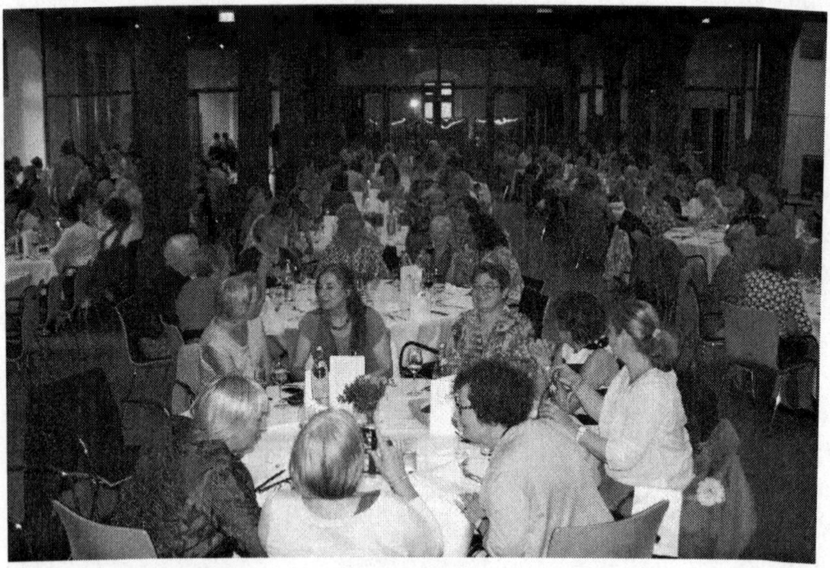

Konstanzer Frauenmahl im Konzilsgebäude, 2016

Eine Frau, ein Wort

Die Frauen, die Kirche, ihre Zukunft

Christina Brudereck

1 Frauen und ein Wortgefecht

100 Jahre Evangelische Frauen in Baden! Zur Feier dieses Jubiläums gehört auch ein Frauen-Preacher-Slam. Eine Mischung aus Poetry-Slam und Predigt-Wettstreit. Ein Turnier der Sprache. Ein Fest der gewählten Worte. Das Publikum ist die Jury. Verschiedene Frauen präsentieren ihre je eigene Idee zur Größten, zur Liebe. Beteiligt sind Ehrenamtliche, Studentinnen, Pfarrerinnen, Religionslehrerinnen, Diakoninnen, Prädikantinnen. Frauen der Kirche feiern ihre Geschichte mit einem spielerischen und unterhaltsamen Wortgefecht.

Ein alberner, abgedroschener Volksspruch sagt: »Ein Mann, ein Wort. Eine Frau, ein ganzes Wörterbuch.« Beim Frauen-Preacher-Slam stehen Frauen für ihr Wort ein. Sie sprechen in ganz pointierter Weise. Sie zeigen uns ihren Wortschatz. Sie teilen aus der Fülle ihrer spirituellen Erfahrung. Die Liebe ist ihr Thema. In allen ihren Facetten: Gottesliebe, Selbstliebe, Nächstenliebe, Entfeindungsliebe. Liebe zur Kirche und zur Kunst. Die Liebe zum Wort, zur Bibel und zur Rede. Liebe zu Kindern, Geflüchteten, Außenseiterinnen. Zu Maria und Pippi. Zur Schechina und zur Heiligen Geistkraft. Zu Europa und zu Baden. Gereimt und gerufen, schnell und mit Pausen. Mehr als ein knappes, mageres Wort. Weit mehr als ein nützliches Wörterbuch, das ja aber nicht anregt. Frauen und ein Wortgefecht. Das ist Inspiration, die unsere Kirche braucht.

In der evangelisch-reformierten Tradition gibt es ein wichtiges Bekenntnis. Es entstand bei einer Synode der Bekennenden Kirche 1934 und wandte sich gegen das Naziregime, die herrschende menschenverachtende Ideologie, gegen die sogenannten Deutschen Christen. Darin heißt es: »Jesus Christus ist das eine Wort Gottes …« Der eine, Jesus, der Christus und das eine Wort, sind Maß und Kraft. Ein widerständiges Wort. Gegen Heil und Hitler, Großdeutsch und Reich. Ein Mann, ein Mensch, ein Wort. Immer wieder ist die Kirche dazu gerufen, dieses Wort auszusprechen. Zu übersetzen. Mit Beispielen auszumalen. Mit Taten zu beglaubigen. In zeitgemäße Rede zu kleiden. Das ist eine Herausforderung, denen sich die Kirche immer wieder stellt.

Oft habe ich erlebt, dass Frauen in der Kirche teilen: Ihre Träume, ihren Wunsch nach Segen und Frieden, für ihre Seele, für ihre Kinder, für alle Kinder von Familie Mensch. Wie sie schufen, was ihnen fehlt, (in der Kirche wie in dieser Welt): Sinnlichkeit und Tiefe, Demokratie, wahre Beteiligung, Ermutigung zum Kühnen. Und: Ausdrucksformen, die jenseits der Worte liegen oder Worte, die nicht herrisch daherkommen. Frauen feiern Gottesdienste. Sie laden ein, mitzufeiern. Sie laden in den heiligen Raum. In Gottesumgebung. Atmosphäre des Vertrauens. Wo die Ewige wirkt, der Befreier liebt, die Geistkraft weht. Sie dirigieren heilige Feiern. Ein Frauen-Preacher-Slam ist ein Beispiel, wie begabte Zeuginnen Kultur, Kirche, Liebe, Leidenschaft und Zeitansage verbinden. Das ist ein Geschenk für die Kirche.

2 Worte und Wertung

Beim Poetry-Slam beurteilt das Publikum jeden Beitrag. So auch beim Frauen-Preacher-Slam. Die Zuhörenden einigen sich in Gruppen und verteilen dann mindestens einen und höchstens zehn Punkte pro Slammerin. Am Ende gibt es eine Gewinnerin. Neben Punkten äußert das Publikum sich mit Applaus, Raunen und Lachen. Das ist für Predigende eher eine ungewöhnliche Erfahrung. Eine Kanzelrede wird vielleicht mit Nicken oder leichtem Kopfschütteln aufgenommen. Nach dem Gottesdienst bedankt sich der eine oder die andere vielleicht für einen Impuls.

Beim Frauen-Preacher-Slam stellen sich die Sprecherinnen dem direkten Feedback des Zuhörenden. Dazu gehört Mut! Die Slammerinnen sind sichtbar. Sie brauchen eine gute Portion Kühnheit. Niemand geht ohne Punkt von der Bühne, aber manche bekommt mehr Punkte als die andere und nur eine die meisten. Diese Idee findet mancher in der Kirche aufregend, viele finden sie beunruhigend. Darf eine Predigt so direkt beurteilt werden? Nun werden Predigt und Kirche natürlich dauernd bewertet. Die Menschen stimmen nicht mit Applaus oder Punktevergabe, sondern mit den Füßen ab. Sie verlassen die Kirche, besuchen den Gottesdienst seltener, muten sich keine Predigt mehr zu.

Das Frauen-Wortgefecht übt den spielerischen, genussvollen Umgang mit der Reaktion der Zuhörenden. Trotzdem gilt gleichzeitig: »Jeder hat das Recht, seine Meinung in Wort, Schrift und Bild frei zu äußern und zu verbreiten. Eine Zensur findet nicht statt« (Deutsches Grundgesetz, Artikel 5, Absatz 1). Der Slam ermutigt ausdrücklich die freie Rede und Meinungsäußerung. Diese Freiheit ist nicht selbstverständlich. Läuft alles normal, lernen wir heutzutage hier bei uns Lesen und Schreiben in der Grundschule. Aber: Etwa 16 Prozent der erwachsenen Weltbevölkerung sind Analphabeten. Fast zwei Drittel von ihnen sind Frauen.

Der freie Umgang mit dem Wort ist also ein Privileg. Das UN-Entwicklungsziel, die Analphabetenrate bei Erwachsenen bis zum Jahr 2020 um die Hälfte zu reduzieren, wird wohl nicht erreicht; zurzeit ist der Trend sogar rückläufig. Das freie Wort hat also Feinde. Und die größte Feindin ist die Armut! Die Armut lässt Eltern sagen: »Wir können es uns nicht leisten, unser Kind zur Schule zu schicken. Das Kind wird auf dem Feld gebraucht.« Diese Armut ist oft weiblich, denn Mädchen haben noch weit schlechtere Chancen, Schulbildung genießen zu dürfen.

Neben der Armut gibt es noch eine weitere Feindin des freien Wortes: die Zensur.

Die Organisation »Reporter ohne Grenzen« führt ein Barometer, eine Rangliste der Staaten dieser Welt. Sie fragt, wo die Pressefreiheit eingeschränkt ist, wo Journalisten bedroht, inhaftiert oder sogar ermordet werden. Auf Platz eins liegt zurzeit Dänemark, gefolgt von Finnland und Norwegen, Deutschland belegt Platz 18. Die letzten vier Plätze belegen Eritrea, Nordkorea, Iran und Birma. Und dann gibt es noch eine andere Zensur: die Selbstzensur. Schlechte Noten sind entmutigend. Die Angst davor, bewertet zu werden, kann eine Schere im Kopf sein. Sie ist eine große Feindin der Kultur, der Demokratie, der Spiritualität. Die Selbstzensur sagt: »Das darf man nicht sagen … Nicht fragen, vorschlagen, empfinden, aussprechen.« Oder auch: »Was kann ich schon tun?« oder »Mir hört eh niemand zu« oder »Das ändert sich nie«. Die Selbstzensur verhindert, dass Menschen sagen, schreiben, äußern, was sie eigentlich denken.

Der Frauen-Preacher-Slam sagt ein großes Ja zur Freiheit. Das Format ist eine ausdrückliche Übung, in aller Freiheit zu sprechen. Gerade weil die Freiheit nicht selbstverständlich ist, will die Poesie des Glaubens sie üben. Sie ist getragen von einem großen Vertrauen in das Wort. Die Frauen zeigen die Wirkmacht der Worte. Nicht Gerede, Propaganda, Phrasen, sondern wahrhaftige Worte. Gewertet von ihrem Thema, der Liebe.

Die Erfindung des Buchdruckes machte die Verbreitung von Worten einfacher. Zur gleichen Zeit entdeckte der Protestantismus die Bibel wieder. Martin Luther übersetzte sie ins Deutsche. Sie sollte nicht länger nur von Profis und Priestern gelesen werden können. Plötzlich waren die großen Geschichten zugänglich. Alle, die lesen konnten, konnten jetzt in ihrer Muttersprache lesen. Der Buchdruck und die Reformation brachten die Demokratie ins Lesen. Der Frauen-Preacher-Slam bejubelt diesen reformatorischen Gewinn.

3 Worte und Brot

100 Jahre Evangelische Frauen in Baden! Glückwunsch, dass Frauen großzügige Gastgeberinnen sind. Menschen leben nicht vom Brot allein, ja. Aber hungrig hört sich schlecht. Traurig hört sich schlecht. Frauen schenken Worte, verbunden mit dem Hunger nach Gerechtigkeit, dem Durst nach Schönheit. Großzügig und weitherzig und kühn sind die Frauen der Zukunft der Kirche. Sie teilen, was ihnen heilig ist. Statt es für sich zu behalten. Sie kämpfen. Sie arbeiten alle engagiert und können auch genießen. Sie lieben Familie Mensch. In allen Farben. Sie wissen: Brot allein macht nicht satt. Liebe macht satt. Sie erlauben Gott, ihre Gastgeberin zu sein in dieser Welt.

Frauen sind Theo-Poetinnen, Predigerinnen, Wortkünstlerinnen, Schriftstellerinnen. Und sie wissen um die Grenzen des Wortes. Deshalb beschenken sie die Kirche mit Kuchen. Mit gutem Kaffee, Schlagsahne und Schokolade. Mit üppigem Schmuck aus frischen Blumen und leuchtenden Kerzen. Mit Musik und Gesang. Mit Tänzen. Mit Gesten. Bildern, Symbolen und Mahlfeiern.

Frauen stiften Gemeinschaft. In einer Kirche, die Familie nicht als Ideal sieht, sondern familiäre Räume schafft. Sie gewährt Gastfreundschaft. Sie muss sie nicht perfekt beherrschen, aber üben. Weltweite Gastfreiheit, Verbundenheit mit Familie Mensch und konkrete Verbundenheit vor Ort mit unseren Nachbarinnen. Die Frauen der Zukunft der Kirche erinnern immer wieder daran, dass wir von außen verschieden sind, aber innen alle ein Herz haben.

Wir alle haben Mütter. Unsere Muttersprachen unterscheiden sich. Manchmal ist es schwer, sich zu verständigen. Wieder: Worte sind eben begrenzt. Aber das geteilte Brot spricht. Die offene Tür. Die Umarmung. Die Geste. Die Hand.

4 Frauen und das Unsagbare

Zuhörerinnen sind die Frauen der Zukunft der Kirche. Sie hören hin. Sie hören zu. Frauen sprechen und sie schweigen. Freiwillig. Nicht etwa, weil »das Weib« zu schweigen habe. Nicht etwa, weil sie nichts zu sagen hätten. Sondern weil sie hören. Auf die innere leise Stimme. Auf die Sprache der Bäume. Weil sie ihren Kindern zuhören. Und weil sie neben den Stummen sitzen, trösten und Unsagbares mit aushalten. Weil sie zulassen, sprachlos zu sein angesichts dieser Welt mit ihren vielen irritierenden Erfahrungen. Weil sie um Worte erst ringen. Weil sie ihre Stimme dann einbringen, wenn ihre Worte stimmig sind. Weil sie das Wort immer wieder erst aufspüren.

5 Frauen mit Verdacht

Menschen haben ihren Glauben, ihr Gottvertrauen immer auch in Worte gefasst. Das Unfassbare, Unverfügbare, Heilige. In kleine Zeilen, in Reime und Lieder. In Hymnen, die Gott loben, jubelnd, beschwörend. In Psalmen, die danken, bitten, flehen und erinnern. Beim Lesen, Singen und Beten solcher Zeilen können wir Verbundenheit erleben. Wenn wir merken, dass hinter den Erfahrungen von einzelnen Menschen größere Zusammenhänge aufleuchten. Wenn wir entdecken: Es gibt tiefe Wahrheit, die sich vermittelt in kleinen Szenen, Urerfahrung, die weitergereicht wird von Generation zu Generation. Vielleicht glaube ich selber nicht alles, was in einem Lied im Gottesdienst gesungen wird, aber ich reihe mich ein. Gerade dann, wenn ich die jahrhundertealten Choräle singe, die Hymnen des Vertrauens. Dann lasse ich mich mittragen von den vielen anderen, die mit mir singen, die lange vor mir gesungen haben und noch nach mir weiter singen.

Meine Großmutter war eine alte Dame, blind, seit vielen Jahren Witwe, eine witzige und stolze Person. Sie sagte zu meinen Schwestern und mir: »Lernt einzelne Worte der Bibel auswendig. Es können ja Zeiten kommen, in denen du nichts mehr siehst. Oder nichts mehr zu sagen hast. Oder sprachlos bist und stumm. Oder nichts mehr hören willst. Oder nicht glauben kannst. Dann sind sie da, die alten Worte.«

Der Mensch lebt nicht allein vom Brot, sondern von den heiligen Worten. Das hieß für meine Großmutter, sich in vertrauten Worten wiederzufinden. Sie suchte kaum neue, brauchte nur ganz selten eigene Worte. Sie fand sich wieder in Zeilen, die sie sich erobert hatte, ihrer Seele vertraut gemacht. Lieder aus dem Gesangbuch, einzelne Verse, die Bergpredigt. Jochen Klepper,

Paul Gerhardt. Psalm 23, das Vaterunser, die Seligpreisungen, Jesajaverse. »Der Wolken, Luft und Winden gibt Wege, Lauf und Bahn, der wird auch Wege finden, da mein Fuß gehen kann« (Paul Gerhardt). Oder sie rief energisch ein paar kleine Verse aus der Bibel in ihre eigene Richtung, wie um sich selbst einen Schubs zu geben: »Lobe den HERRN, meine Seele! Und vergiss nicht, was er dir Gutes getan hat« (Psalm 103,2). Bei ihr hörte es sich so an, als würde sie ein bisschen mit ihrer alten Seele schimpfen und sie aufmuntern, sich nicht hängen zu lassen, etwa eben in Vergesslichkeit. Ihr konnte ich es glauben. Sie hat es nicht dahergesungen. Sie hat das Leben durchgebetet und ihre Gebete durchlebt.

Die Bibel ist mehrheitlich in männlicher Sicht und Sprache geschrieben. Männer sind meist die Handelnden und die Angesprochenen. Frauen sind »mitgemeint«, versteckt oder einzelne, exotische Ausnahmen. Die Bibel kennt auch weibliche Gottesbilder, aber die Gottesrede ist männlich. Auch in den meisten aktuellen Übersetzungen. Obwohl Gott die Menschen als göttliches Bild schuf, männlich und weiblich (nach Genesis 1,27). Theologinnen haben mit Liebe, Mühe und Fleiß (und mit Hilfe unterstützender Theologen) diese Diskriminierung und ihre innerbiblische Kritik aufgedeckt. Mit einer Hermeneutik des Verdachts haben sie ihre Fragen gestellt und wurden mit neuen Antworten belohnt. Der Frauen-Preacher-Slam ist Ansporn zu kreativer Gottesrede. Neue, eigene und originelle Bilder sind nicht nur zugelassen, sondern erwünscht. Ausgefallene, amüsante und tiefsinnige Worte, die über die Frauen, die Kirche der Zukunft und Gott sprechen. Das mag provozieren, amüsieren, zum Nachdenken anregen, zum Umdenken auffordern – es ist eine Gabe! Slammerinnen und ihre Zuhörerinnen sind Predigerinnen, Schwestern, Prophetinnen, Richterinnen, Heldinnen, Evangelistinnen.

6 Worte und Dialoge

Frauen sprechen und hören. Und sie verbinden Worte. Sie sind Übersetzerinnen. Wenn sie sich neben andere Frauen setzen. Neben Mütter. Nachbarinnen. Gäste. Sie üben den Dialog. Sie teilen die Worte ihrer eigenen Erzählgemeinschaft mit den Worten anderer Traditionen. Sie wissen: Kein Mensch ist ein unbeschriebenes Blatt. Jede von uns erzählt ihre Geschichte. Frauen suchen heute den Dialog. Mit Gläubigen, Ungläubigen und Andersgläubigen. Mit Zugehörigen anderer Weltreligionen, mit Suchenden und spirituell Kreativen. Sie erleben, wie Bibeltexte inspirieren. Zum Frieden. Zum Verzeihen und Vertrauen. Zur Gastfreundschaft. Sie widerspricht, unterbricht, ermutigt, wirbt, deckt auf, deckt zu, lädt ein, öffnet, schenkt. Mit Respekt und Neugier verbinden die evangelischen Frauen ihre Worte mit anderen. So entstehen Dialoge, Zwiegespräche, ein Flow von Worten, ein Ineinandergreifen. Die Fähigkeit, das eigene Wort ins Gespräch zu bringen, ist ein bedeutender Beitrag zum Frieden. Ich schließe meine Überlegungen zum Wort und zu den Frauen der Zukunft der Kirche mit einer kleinen Szene. Ein Abend mit Frauen in einem Kochkurs. Djamila kochte Couscous. Sie geriet ins Erzählen beim Kochen: »Perser sind so gastfrei, dass man oft schon von den Vorspeisen satt wird. Wie oft hat meine Mutter das Hauptgericht wieder zurück in die Küche gebracht.« Djamila, ihr Name bedeutet »die Schöne«. Ihre Heimat ist Shiraz, in Fars, im südlichen Iran.

Das Erzählen brachte sie ins Erinnern: »Wo ich herkomme – meine Stadt – ist berühmt für ihre Gärten und die Rosenzüchtungen. Und für den Wein, die Reben sind süß und schmecken nach dunklen Beeren. Und die berühmtesten persischen Dichter sind hier begraben. Wusstet ihr das?« Einige gaben zu: »Nein. Unsere Bilder von deiner Heimat sehen anders aus, staubiger.«

Shanti legte den Arm um sie. Ihr Name bedeutet Friede. Wir schwiegen alle. Neigten intuitiv den Kopf. Ich weiß noch, ich schloss die Augen und war mir sicher, alle anderen taten es auch.

Als wir wieder aufsahen, trafen sich unsere Blicke. Der Moment war heilig. Wir wussten uns nah und miteinander verbunden. Charda seufzte damals sehr tief. Ihr Name bedeutet, das erzählt sie immer mit Stolz, »Ausreißerin«. Und Djamila flüsterte: »Liebgewinnen ist ein gutes deutsches Wort.«

Entdeckungen, Erfahrungen, Momente wie diese wünsche ich den evangelischen Frauen in Baden. Als Initiatorinnen, Beteiligten und Gäste. Liebgewinnen ist ein gutes deutsches Wort.

1. Frauen-Preacher-Slam in der Heidelberger Peterskirche, »Himmlische Liebesgrüße«, 2016

Chronologie Evangelische Frauen in Baden

12. Juli 1916
Gründung »Verband Evangelischer Frauenvereinigungen für Innere Mission in Baden« – ein Zusammenschluss aus über 50 evangelischen Frauenvereinen; 1923 Eintrag ins Vereinsregister

1916
Erste Vorsitzende bis 1934 Marie Freifrau von Marschall zu Bieberstein, geb. von Gemmingen

1. Oktober 1918
Gründung der Evangelischen Frauenberufsschule für kirchliche und soziale Arbeit, heute Evangelische Hochschule für Soziale Arbeit, Diakonie, Religionspädagogik Freiburg. Erste Leiterin war Helene Freiin von Dungern, danach kam Dr. Lina Mayer-Kulenkampff, die spätere Direktorin der staatlichen Augusta-Schule in Berlin, für zwei Jahre als Leiterin – von 1923 bis 1954 hatte Dr. Julie Schenk die Leitung inne.

2. Advent 1916
Auf Antrag von Marie von Marschall an den Evangelischen Oberkirchenrat Einrichtung eines landesweiten badischen Frauensonntags

1923
Beginn der Müttererholung in Baden

1925
Erwerb des Müttererholungshauses Sonnenhaus, Königsfeld

1927 bis 1942
1. Hauptamtliche Sekretärin 1927 Frl. Amalie Bayer

1933
Namensänderung: Der Verein nennt sich nun Frauenwerk der Evangelischen Landeskirche in Baden e. V.

1934
Marie von Marschall gibt ihr Amt auf; es folgt Dr. Elisabeth Schumacher, Nationalökonomin (1934–1956)

1. Oktober 1935
Vikarin Renate Scherer, erste landeskirchliche Theologin in der Frauenarbeit, Schwerpunkt ihrer Arbeit war der Mütterdienst, dort ab 1938 Leiterin, später theologische Lehrerin an der Sozialen Frauenschule in Freiburg

1938
Namensänderung: Das Frauenwerk kommt unter dem Namen Frauenarbeit der Evangelischen Landeskirche Baden e.V. unter das Dach der Landeskirche

1940 bis 1963
Dr. Grete Gillet, die 1923 als erste Frau in den landeskirchlichen Dienst als Religionslehrerin übernommen wurde; in der Frauenarbeit erste Hauptamtliche Geschäftsführerin (Geschäftsführerin 1940–1949; später erste Theologische Leiterin 1949–1963)

1942
Auflösung der Vereinsstruktur und Übernahme als Frauenarbeit in die Landeskirche, um die Frauenarbeit vor dem Zugriff der Nationalsozialisten zu schützen

1942
Übernahme des Hauses Sonnenhaus durch die Innere Mission

1943
Übernahme der Trägerschaft der Sozialen Frauenschule durch die Evangelische Landeskirche in Baden, um sie vor dem Zugriff der Nationalsozialisten zu schützen

1954
Beginn der Spätaussiedlerinnenarbeit in Baden bis 2007

1955
Namensänderung: Frauenarbeit in Frauenwerk der Evangelischen Landeskirche in Baden

1955
Müttergenesungsheim Baden-Baden; Erwerb der Landeskirche

1956
Erste evangelische Dorfhelferin, Lydia Wenz, in Boxberg

1959
Verein zur Förderung der Evangelischen Dorfhelferinnenarbeit in Baden bis 1999

1960
Müttergenesungshaus Marie-von-Marschall-Haus in Hinterzarten, Erwerb der Landeskirche

1966
50-jähriges Jubiläum »Es gilt der Frau zu helfen, ihr Leben zu bewältigen«

1978
Namensänderung: Aus Frauenwerk wird Frauenarbeit der Evangelischen Landeskirche in Baden

1978–1994
Beteiligung an der Protestaktion »Kauft keine Früchte aus Südafrika« auf Initiative der Evangelischen Frauen Deutschland (EFD)

1978–1981
Ökumenisches Studienprogramm »Die Gemeinschaft von Frauen und Männern in der Kirche«

1983
Beginn der Frauenfriedensbewegung in Baden »Unterwegs für das Leben« aus dem »Bittgang für das Leben«

1986
70-jähriges Jubiläum »Wer wir sind. Was wir wollen. Was wir tun«

1988–1998
Beteiligung an der Ökumenischen Dekade »Solidarität der Kirchen mit den Frauen«

1989
Synode der Evangelischen Kirche in Deutschland in Bad Krozingen mit dem Schwerpunktthema »Die Gemeinschaft von Frauen und Männern in der Kirche«

1990
Das Dorfhelferinnenwerk geht an das Diakonische Werk Baden

29. Juni 1996
80. Jubiläum Albert-Schweitzer-Saal »*jubeln-weiblich*«

1999
Verkauf des Müttergenesungshauses Baden-Baden durch die Landeskirche

2002
Grundkurs Feministische Theologie »Lebendige Theologie der Frauen« zum ersten Mal in Baden durchgeführt

2004
Verkauf des Marie-von-Marschall-Hauses durch die Landeskirche

2006
Gründung der Frauenstiftung GRATIA

2006
Bibel in gerechter Sprache erscheint

2006
90-jähriges Jubiläum »Und sie lacht des kommenden Tages«

2007
Gründung Interreligiöses Frauennetz Baden

2007
Ökumenischer Frauenkongress in Stuttgart »Aus der Fülle handeln – Frauen gestalten Zukunft«

2012
Namensänderung: Aus Frauenarbeit wird Evangelische Frauen in Baden

2012–2013
Fernstudium Feministische Theologie

2012–2017
Frauenmahl – 2012 Karlsruhe-Durlach; 2013 Heidelberg; 2014 Freiburg »Frauen und Macht«; 2015 Basel »Grenzgängerinnen«; 2016 Konstanz »Frauen im Konzil – leidenschaftlich, politisch, heilig«; 2016 Pforzheim »Stadt der Frauen«

2016
Erster Frauen-Preacher-Slam und Frauen-Sing-Tag in Baden

2016
100-jähriges Jubiläum »Über mich hinaus«

2017–2018
Fernstudium Theologie – Feministisch, kontextuell, genderbewusst

Namen der ehrenamtlichen Vorsitzenden

1916–1934	Marie Freifrau von Marschall Vorsitzende des Evangelischen Frauenverbands für Innere Mission in Baden
1934–1956	Dr. Elisabeth Schumacher Landesführerin bis 1942, Landesleiterin im Frauenwerk der Evangelischen Landeskirche in Baden
1956–1967	Anni Horch Landesleiterin im Frauenwerk
1967–1984	Dr. Ingrid Hetzel Vorsitzende des Landesausschusses
1984–1990	Hilde Diefenbacher Vorsitzende des Landesausschusses
1990–1998	Marga Bühler-Schleicher Vorsitzende des Landesausschusses
1998–2008	Aline Jung Vorsitzende des Landesausschusses
Seit 2008	Uschi Schmitthenner Vorsitzende des Landesauschusses

Vorsitzende der Bezirksbeauftragtenversammlung

1982–1988	Ruth Gomer
1988–1992	Birgit Kollmann
1992–1998	Irmgard Endlich
2003–2008	Uschi Schmitthenner
Seit 2008	Sybille Jammerthal

Hauptamtliche Geschäftsführerinnen und theologische Leiterinnen der Geschäftsstelle

1927–1942	Amalie Bayer Sekretärin der ehrenamtlichen Geschäftsführung
1940–1949	Dr. Grete Gillet, Theologin Geschäftsführerin
1949–1963	Dr. Grete Gillet, Theologin Theologische Leiterin
1949–1954	Hilde Schneider, Pfarrfrau, Kriegswitwe Geschäftsführerin
1956–1971	Gertrud Hamann, Landesfürsorgerin Geschäftsführerin
1962–1981	Ruth Pfisterer, Pfarrerin Theologische Leiterin
1971–1985	Annelise Fehrholz, Sozialarbeiterin Geschäftsführerin
1981–2000	Eva Loos, Pfarrerin Theologische Leiterin
1985–1996	Doris Eck, Sozialarbeiterin Geschäftsführerin
1996–1999	Eva Adam, Grund- und Hauptschullehrerin, Frauenbeauftragte Geschäftsführerin
2000–2012	Annegret Brauch, Pfarrerin, Kirchenrätin Leiterin der Geschäftsstelle
seit 2013	Anke Ruth-Klumbies, Pfarrerin, Kirchenrätin Leiterin der Geschäftsstelle

Verzeichnis der Autorinnen und Autoren

Asche, Susanne, Dr., geb. 1955 in Paderborn, Studium der Literaturwissenschaft, Geschichte, Politik und Pädagogik an der Philipps-Universität Marburg, Promotion mit einer Arbeit zur Literatur der Romantik. Direktorin, Leiterin des Kulturamtes der Stadt Karlsruhe, zahlreiche regional- und stadthistorische Beiträge.

Banhardt, Sarah, geb. 1989, Stud. Theol. (Abschlussziel Kirchliches Examen, Evangelische Landeskirche in Baden), Würzburg.

Bayer, Ulrich, Dr. theol., geb. 1962 in Bruchsal, Studium der Geschichte und der evangelischen Theologie in Tübingen, Wien und Heidelberg, 1991–1993 Assistent an der Kirchlichen Hochschule Berlin, 1993–1995 wissenschaftlicher Angestellter beim EKD-Forschungsprojekt »Staat und Kirche in der DDR«, seit 1996 Pfarrer der Badischen Landeskirche, seit 2002 Pfarrer an der Markuskirche Freiburg, seit 2008 Lehrbeauftragter für Kirchengeschichte an der Evangelischen Hochschule Freiburg. Mitherausgeber: In Gottes Wort gehalten. 200 Jahre evangelisch in Freiburg. Die Evangelische Kirchengemeinde Freiburg 1807–2007, Freiburg 2006; mehrere Veröffentlichungen zur deutschen und badischen Kirchengeschichte des 20. Jahrhunderts, zuletzt: Die 68er und das Pfarrhaus, in: Das evangelische Pfarrhaus im deutschsprachigen Südwesten, Oberrheinische Studien Bd. 32, Ostfildern 2014.

Bejick, Urte, Dr. theol. Dipl.-Diakoniewissenschaftlerin, geb. 1958. Evang. Theologie, Geschichte, Diakoniewissenschaft, Bereichsleiterin »Arbeit und Seelsorge mit älteren Menschen in Einrichtungen der Altenhilfe«, Vorsitzende der Kommission »Ökumenische Diakonie« der ACK Baden-Württemberg, Mitglied im Geschäftsführenden Ausschuss Altenpflegeheimseelsorge EKD, Ökum. Frauenpredigtpreis 2014.

Bitz, Hilde, Pfarrerin i. R., geb. 1929 in Mannheim, 1949–1955 Theologiestudium in Heidelberg, 1955–1971 hauptamtliche Religionslehrerin (Pfarrerin/Oberstudienrätin) am Elisabeth-Gymnasium Mannheim, 1971–1982 Pfarrerin der Paul-Gerhardt-Gemeinde Mannheim, 1982 bis Ruhestand Krankenhauspfarramt, Forschungen zur Geschichte der Evangelischen Theologinnen insbesondere in Baden, veröffentlicht in mehreren Aufsatzsammlungen.

Brauch Annegret, geb. 1957; Studium der Evangelischen Theologie in Göttingen und Basel; Pfarrerin der Badischen Landeskirche; nach Stationen im Schuldienst und in der Erwachsenenbildung von 2001 bis 2013 Leiterin der Frauenarbeit der Evangelischen Landeskirche in Baden; seit 2013 persönliche Referentin des Landesbischofs und Leiterin des Bischofsbüros.

Brudereck, Christina, geb. 1969, Theologin, Lyrikerin, Schriftstellerin, Gründerin der Initiative Sisterhood, Mitglied der evangelischen Kommunität Kirubai.

Ehmann, Johannes, Dr. theol., geb. in Pforzheim, verheiratet, ein Kind. Studium in Berlin, Jerusalem, Göttingen, Tübingen und Heidelberg. Lehrt (hauptberuflich) als apl. Prof. Kirchengeschichte an der Uni Heidelberg, Vorsitzender des Vereins für Kirchengeschichte in der Evang. Landeskirche in Baden, stellvertr. Vorsitzender des Programms »Studium in Israel e.V.«.

Gause, Ute, Prof. Dr., geb. 1962, 1990 Wissenschaftliche Mitarbeiterin am Seminar für mittlere und neuere Kirchengeschichte der Ev.-Theol. Fakultät in Münster, Promotion 1992, 1. Theologisches Examen 1994, 1996 bis 2007 Professorin für Kirchen- und Theologiegeschichte und Fachdidaktik der Ev. Theologie an der Universität-Gesamthochschule Siegen, seit 2007 Professorin für Kirchengeschichte (Reformation und Neuere Kirchengeschichte) und seit 2015 Dekanin an der Evangelisch-Theologischen Fakultät der Ruhr-Universität Bochum. Schwerpunkte der Forschung: Diakoniegeschichte und Frauen-/Gendergeschichte.

Helfferich, Cornelia, Prof. Dr., Soziologin, Professorin an der Ev. Hochschule Freiburg; Leiterin des Sozialwissenschaftlichen FrauenForschungsInstitut SoFFI F. an der EH Freiburg. Wichtigste Veröffentlichungen: »Die Qualität qualitativer Daten« (4. Auflage 2011, VS Verlag), »Familie und Geschlecht« (erscheint 2016, UTB-Verlag/ Barbara Budrich). Helge-Pross-Preis für herausragende Leistungen in der Familiensoziologie.

Kirchhoff, Renate, Prof. Dr. theol., geb. 1960, Studium der Theologie und der Pädagogik, Rektorin der Evangelischen Hochschule Freiburg, Mitglied im Vorsitz der Gemischten Fachkommission für die Ausbildung im diakonischen und gemeindepädagogischen Bereich (GFK III) der EKD.

Loos, Eva, geb. 1947, Theologiestudium in Heidelberg, Edinburgh, Marburg, Sprecherin des Sozialpolitischen Arbeitskreises Heidelberg, Sprecherin des Badischen Komitees »Freiheit für Wort und Dienst in der Kirche«, 25 Jahre lang Mitglied im Heidelberger Arbeitskreis für sozialgeschichtliche Exegese, Mitarbeit in der Ecumenical Association of Third World Theologians, EATWOT, aktiv in der Friedensbewegung, Elternbeirätin der »Internationalen Gesamtschule Heidelberg, eine Friedensschule«.

Von 1977 bis 1981 Theologische Mitarbeiterin der Ev. Frauenarbeit in Baden und von 1981 bis 2000 theologische Leiterin, Leiterin des Projekts »Neue Familien und ihre soziale Zukunft« beim Diakonischen Werk in Baden, Mitarbeiterin am Diakoniewissenschaftlichen Institut der Universität Heidelberg, von 2003 bis 2010 Religionslehrerin an der IGH Heidelberg, von 2003 bis 2014 Lehrbeauftragte an der Pädagogischen Hochschule Heidelberg.

Reutemann, Ingrid, geb. 1950 in Karlsruhe, Studium der Sozialen Arbeit an der EH Freiburg, Masterstudiengang Supervision an der EH Freiburg, Abteilungsleitung Familie, Arbeit und Soziales im Diakonischen Werk Baden, Referentin für Soziale Arbeit, Referentin für Frauenthemen in der Diakonie, Supervisorin M.A.

Schelb, Sonja, geb. 1986, Stud. Theol. (Abschlussziel Kirchliches Examen, Evangelische Landeskirche in Baden), Freiburg.

Schwach, Diana, M.A., geb. 1982, Beauftragte für Gleichstellung und Chancengerechtigkeit der Evangelischen Landeskirche in Baden, Studentin der Theologie an der Universität Marburg, Mitglied im Landesausschuss der Evangelischen Frauen in Baden, Mitgründerin der Initiative Frauenmahl.

Schwaetzer, Irmgard, Dr., geb. 1942, Bundesministerin a. D., Pharmazeutin und Politikerin, seit 2013 Präses der Synode der Evangelischen Kirche in Deutschland.

Übel, Brigitte, Dr., geb. 1961, Studium der Mittleren und Neueren Geschichte / klassische Archäologie, akademische Mitarbeiterin an der Pädagogischen Hochschule Karlsruhe, Arbeitsschwerpunkte: 19. und 20. Jh. u. a. Geschichte der Fürsorge/Medizingeschichte/Gender/Archiv- und Museumspädagogik.

Ulrichs, Hans-Georg, Dr. phil., geb. 1966 in Ostfriesland, Studium der evangelischen Theologie, Pfarrer der badischen Landeskirche, 2005/2006 WM-Pfarrer der EKD, 2009/2010 Professorenvertreter an der EFH Bochum, seit 2010 Hochschulpfarrer in Heidelberg, Mitglied des Moderamens des Reformierten Bundes, Schatzmeister der Gesellschaft für die Geschichte des reformierten Protestantismus e.V.

Wennemuth, Udo, Dr., Kirchenrat, geb. 1955, Studium der Geschichte, Germanistik, Geographie und Musikwissenschaft, Abteilungsleiter Archiv, Bibliothek und Registratur im Evang. Oberkirchenrat Karlsruhe, Geschäftsführer des Vereins für badische Kirchengeschichte, Mitglied der Verbandsleitung des Verbandes kirchlicher Archive, Leiter der Fachgruppe kirchliche Archive im VdA, Mitglied der Altbestandskommission in der Arbeitsgem. kirchlicher Bibliotheken, ord. Mitgl. der Kommission für geschichtliche Landeskunde in Baden-Württemberg, Herausgeber des Jahrbuchs für badische Kirchen- und Religionsgeschichte.